高等教育学前教育专业实践应用型系列教材

学前儿童社会教育

主　编:李　辉

副主编:张　华　夏　婧

参　编:丁金霞　任智茹

戴明丽　肖英娥

东南大学出版社
SOUTHEAST UNIVERSITY PRESS

图书在版编目(CIP)数据

学前儿童社会教育/李辉主编. —南京:东南大学出版社,2016.5

高等教育学前教育专业实践应用型系列教材

ISBN 978-7-5641-6473-7

I.①学… II.①李… III.①学前儿童—社会教育 IV.①G611

中国版本图书馆 CIP 数据核字(2016)第 089235 号

学前儿童社会教育

出版发行	东南大学出版社
社　　址	南京市四牌楼 2 号　　**邮编**　210096
出 版 人	江建中
网　　址	http://www.seupress.com
电子邮箱	press@seupress.com
经　　销	全国各地新华书店
印　　刷	兴化印刷有限责任公司
开　　本	787mm×1092mm　1/16
印　　张	15
字　　数	338 千
版　　次	2016 年 5 月第 1 版
印　　次	2016 年 5 月第 1 次印刷
书　　号	ISBN 978-7-5641-6473-7
定　　价	28.00 元

本社图书若有印装质量问题,请直接与营销部联系。电话(传真):025-83791830

前　言

人生百年,立于幼学。幼学之道,重在化人。促进儿童从自然人向社会人的转化是学前教育的重要使命,需精心组织适宜的教育内容和活动,学前儿童社会教育是其中的重要组成。而学前教育教育活动实施成效的关键因素在于师资。

学前教育师资严重匮乏。自 2010 年国家在《国家中长期教育改革和发展规划纲要(2010—2020 年)》中提出"基本普及学前教育"战略以来,学前教育师资队伍建设被提到了前所未有的高度。高等学校作为培养学前教育师资的主力军,作为幼儿园教师新生力量的主阵地,肩负着为学前教育事业培养合格师资的使命。如何培养能扎下去、用得好的学前教育人才是高等学校应着力思考的。

为推动高等学校适应经济发展方式转变、产业结构转型升级的迫切要求,解决新增劳动力就业结构性矛盾的紧迫要求,2014 年,国家吹响了高等教育转型发展的号角。2015 年 11 月,教育部、国家发改委、财政部印发《关于引导部分地方普通本科高校向应用型转变的指导意见》,有序引导地方本科院校尤其是 2000 年以来升格为本科的地方普通高校转向应用型学校。应用型高校(含高职高专院校)为培养适应行业职业需要的人才,需在人才培养模式、课程设置、教材选用等方面进行调整。本套丛书在此背景下应运而生。

本教材以培养具备扎实教育能力、能快速适应幼儿园教师岗位需要的应用型人才为主旨,以培养能较好胜任学前儿童社会教育领域活动设计与实施工作、掌握促进儿童社会性发展的途径方法的人才为目标,以 2012 年教育部颁布的《3～6 岁儿童学习与发展指南》中"社会"领域的目标与内容为导向,以编者的《学前儿童社会教育》教学讲稿和国内外学前儿童社会教育的研究成果和最新理念为基础,以儿童与自身、儿童与他人、儿童与社会三大关系为主线编写而成。

本教材体例、内容较新颖。在体例上,本教材分为概述篇、基础篇和拓展篇。其中,第一篇是概述篇,包括导论,学前儿童社会教育的目标、内容与方法;第二篇为基础篇,主要介绍学前儿童社会性发展的趋势特点与教育促进;第三篇为拓展篇,重点介绍学前儿童社会适应促进和学前儿童社会问题行为干预。全书以儿童与自身、儿童与他人、儿童与社会三大关系为主线构建章节内容,分别对应第三、四、六章(因学前儿童社会适应的相应内容从发展的角度介绍较少,所以放入拓展篇)。道德和亲社会行为发展是儿童社会化过程中应掌握的核心经验,将之放入基础篇;而学前儿童社会问题行为日益受到关注,将之放入拓展篇。从内容上来看,本书尤其是第六章"学前儿童的社会适应与促进",是所见的学前儿童社会教育教材中涉及较少的,且该章还介绍了"财商教育"这方面比较新颖、与时俱进的内容。

本教材针对性强、应用性突出。教材内容选择主线清晰,注重呈现儿童社会性发展的关键经验与突出问题,具有较好的针对性。同时,教材着力从体例安排、内容组织入手,突出应用性特点。从体例安排来看,各章节开头有"引导案例",引导读者在鲜活的案例中进入章节内容的学习;文中有丰富的生活案例或教育活动设计案例,并加之评析,有助于读者理解相应问题,掌握某种教育手段或方法等;文中"延伸阅读"板块内容丰富、生动,有助于拓展读者对相关问题的进一步了解;每章后的检测题既有思考题,也有案例分析题,可以让读者将理论与实际问题结合起来。从内容组织上来看,基础篇在介绍学前儿童社会性发展相关内容的基础上,注重提出相应教育策略,进行教育活动设计;拓展篇更是围绕非常实际的入园/入学教育、多元文化教育、财商教育、儿童社会问题行为干预等,进行介绍和阐述。

本教材由南阳师范学院李辉担任主编并进行全书的大纲制定与统稿工作,南阳师范学院张华、首都师范大学夏婧担任副主编,其他参编人员有海南师范大学丁金霞、北京市通州区教师研修中心任智茹、马鞍山师范高等专科学校戴明丽、福建幼儿师范高等专科学校肖英娥。各章节编写分工如下:第一章由夏婧编写;第二章由肖英娥编写;第三章由张华编写;第四章由任智茹编写;第五章由丁金霞编写;第六章由李辉编写;第七章由戴明丽编写。丁金霞为本书大纲的制定提出了宝贵建议。副主编张华为本书的统稿工作倾注了大量的精力。东南大学出版社的张丽萍责任编辑细致地对书稿提出了不少修改建议。编写过程中参考并借鉴吸收了国内外许多专家、学者及同行的研究成果,在此一并表示感谢。

由于编者的学识和能力有限,本书如有不妥之处,敬请批评指正,以便不断修改完善。

李 辉

2016.1.26

目 录

第一篇　学前儿童社会教育概述

第一章　导论 …… 003
　第一节　学前儿童社会教育的意义 …… 003
　　一、研究学前儿童社会性发展的意义 …… 004
　　二、学前儿童社会教育对于儿童社会性发展的意义 …… 006
　　三、学前儿童社会教育与其他领域教育的关系 …… 006
　第二节　学前儿童社会性发展的内涵 …… 008
　　一、社会化与社会性的内涵 …… 008
　　二、学前儿童社会性发展的结构与内容 …… 010
　第三节　学前儿童社会性发展的影响因素 …… 018
　　一、儿童自身的因素 …… 019
　　二、社会环境 …… 021

第二章　学前儿童社会教育的目标、内容与方法 …… 026
　第一节　学前儿童社会教育的目标和内容 …… 027
　　一、学前儿童社会教育的目标 …… 027
　　二、学前儿童社会教育的内容范围 …… 034
　第二节　学前儿童社会教育的原则、途径和方法 …… 041
　　一、学前儿童社会教育的原则 …… 042
　　二、学前儿童社会教育的途径 …… 045
　　三、学前儿童社会教育的方法 …… 048

第二篇　学前儿童社会性发展与教育

第三章　学前儿童自我意识的发展与教育 …… 063
　第一节　学前儿童自我认知的发展与教育 …… 064
　　一、自我意识发展的总趋势 …… 064

二、自我概念的发展 ·· 066

三、自我评价的发展 ·· 068

四、性别角色认同 ·· 074

第二节　学前儿童自尊、自信的发展与教育 ················· 079

一、学前儿童自尊的发展与教育 ······················· 079

二、学前儿童自信的发展与教育 ······················· 081

第三节　学前儿童自我控制的发展与教育 ····················· 085

一、自我控制的概念 ·· 086

二、幼儿自我控制的结构 ·· 086

三、幼儿自我控制的发展 ·· 087

四、学前儿童自我控制能力的培养 ·································· 088

第四章　学前儿童人际关系的发展与教育 ················· 094

第一节　学前儿童亲子关系的发展与教育 ····················· 094

一、亲子关系对学前儿童发展的意义 ······················· 095

二、亲子依恋的概念和特点 ·· 096

三、亲子依恋关系的发展阶段 ·· 098

四、亲子依恋的类型 ·· 098

五、亲子依恋关系的影响因素 ·· 100

六、学前儿童亲子关系的培养 ·· 103

第二节　学前儿童师幼关系的发展与教育 ····················· 105

一、良好的师幼关系的意义和价值 ·································· 106

二、师幼关系的内涵 ·· 107

三、师幼关系的结构、类型 ·· 108

四、积极有效的师幼互动关系的基本特征 ······················ 108

五、良好师幼关系的培养 ·· 109

第三节　学前儿童同伴关系的发展与教育 ····················· 112

一、学前儿童同伴关系的意义和价值 ······························ 113

二、同伴关系的概念与结构 ·· 113

三、学前儿童同伴关系的类型 ·· 114

四、学前儿童同伴关系的发展 ·· 115

五、学前儿童同伴关系的培养 ·· 117

第五章　学前儿童道德与亲社会行为的发展与教育 ·········· 122

第一节　学前儿童道德的发展与教育 ··························· 123

一、学前儿童道德发展概述 ………………………………………………… 123
二、学前儿童道德发展的相关理论 ………………………………………… 125
三、学前儿童道德教育 ……………………………………………………… 130
第二节 学前儿童亲社会行为的发展与教育 ……………………………… 137
一、学前儿童亲社会行为的发展 …………………………………………… 138
二、学前儿童亲社会行为的培养 …………………………………………… 144

第三篇 学前儿童社会教育拓展

第六章 学前儿童的社会适应与促进 ……………………………………… 153
第一节 学前儿童的入园适应与促进 ……………………………………… 154
一、入园适应的内涵与意义 ………………………………………………… 155
二、入园适应的问题及其影响因素 ………………………………………… 156
三、入园适应的策略 ………………………………………………………… 157
第二节 学前儿童的入学适应与促进 ……………………………………… 161
一、入学准备与入学适应 …………………………………………………… 162
二、入学准备的内容 ………………………………………………………… 163
三、入学准备的途径与策略 ………………………………………………… 165
四、入学适应的问题 ………………………………………………………… 172
第三节 学前儿童的多元文化适应与促进 ………………………………… 174
一、学前儿童多元文化适应的目标和内容 ………………………………… 175
二、学前儿童多元文化适应的途径与方法 ………………………………… 177
第四节 学前儿童社会变化适应与促进 …………………………………… 181
一、信息时代与学前儿童的信息技术教育 ………………………………… 182
二、市场经济时代与学前儿童的财商教育 ………………………………… 185

第七章 学前儿童社会问题行为及其干预 ………………………………… 191
第一节 学前儿童社会问题行为的类型和成因 …………………………… 191
一、学前儿童社会问题行为的含义与类型 ………………………………… 192
二、学前儿童社会问题行为的影响因素 …………………………………… 196
第二节 学前儿童常见的社会问题行为及干预 …………………………… 200
一、学前儿童常见的社会问题行为 ………………………………………… 200
二、学前儿童社会问题行为的干预 ………………………………………… 209

参考文献 ……………………………………………………………………… 226

第一篇

学前儿童社会教育概述

第一章

导 论

学习目标

- 了解学前儿童社会教育的意义
- 理解学前儿童社会性发展的内涵以及社会化与社会性的关系
- 了解学前儿童社会性发展的影响因素
- 熟悉学前儿童社会性教育的内容,开展教育活动

本章导读

　　学前儿童社会性发展是幼儿全面和谐发展的重要构成部分,学前儿童社会教育是幼儿园五大领域教育内容之一,并在五大领域中处于引导性地位。[①] 但由于学前儿童社会教育相较于其他四大领域而言更具抽象性、生活性和渗透性,且教育效果比其他领域更具延迟性,因而在幼儿园的实际教育活动中,幼儿的社会性教育易被忽视而处于弱势地位。社会教育是个体从自然人向社会人过渡的充分且必要条件,是个体获得人际交往技能,不断适应社会环境的重要途径。作为本教材的引导性章节,本章重点为读者阐述学前儿童社会教育的意义、学前儿童社会性发展的内涵以及影响因素,帮助大家提纲挈领地把握本教材的意义和价值,以便对后续章节进行深入系统的学习。

第一节　学前儿童社会教育的意义

引导案例 1-1

获得诺贝尔奖的老科学家的故事

　　1978 年,75 位诺贝尔奖获得者在巴黎聚会。

---

① 甘剑梅.学前儿童社会教育的内涵、性质与课程地位[J].学前教育研究,2011(1).

人们对于诺贝尔奖获得者都非常崇敬,有个记者问其中一位:"在您的一生里,您认为最重要的东西是在哪所大学、哪所实验室里学到的呢?"

这位白发苍苍的诺贝尔奖获得者平静地回答:"是在幼儿园。"

记者感到非常惊奇,又问道:"为什么是在幼儿园呢? 您认为您在幼儿园里学到了什么呢?"

诺贝尔奖获得者微笑着回答:"在幼儿园里,我学会了很多很多。比如,把自己的东西分一半给小伙伴们;不是自己的东西不要拿;东西要放整齐;饭前要洗手;午饭后要休息;做了错事要表示歉意;学习要多思考,要仔细观察大自然。我认为我学到的全部东西就是这些。"

所有在场的人对这位诺贝尔奖获得者的回答报以热烈的掌声。

事实上,大多数科学家认为,他们终身所学到的主要东西就是幼儿园教师教给他们的良好习惯,以及与人相处的能力。

思考:案例说明幼儿园教育,包括学前儿童社会教育最重要的是应该给儿童什么?

幼儿园是幼儿从家庭向社会过渡的第一场所,在这里,幼儿要学习如何融入班级环境,如何与他人相处,还要学会如何照顾、保护自己等,这些都是幼儿园社会教育必不可少的内容。学前儿童社会教育[①]是以促进学前儿童自我意识,增进学前儿童社会认知,激发学前儿童社会情感,引导学前儿童社会行为,提高学期儿童社会适应能力,培养学前儿童良好道德品质为主要内容的教育。自 20 世纪以来,我国学前儿童社会教育在学前教育中已逐步发展成为一门重要且不可或缺的学科,与健康、语言、科学、艺术共同构成学前教育的课程体系,成为学前儿童全面和谐发展的重要领域之一。

一、研究学前儿童社会性发展的意义

马克思曾说过:"人生来就是社会实体。"人不可能完全脱离社会而独立存在,人需要通过社会化来逐步适应社会,并实现自我价值。"人生百年,立于幼学",幼儿期是个体社会性发展的重要时期,研究学前儿童社会性发展有其必要性。

(一)研究学前儿童社会性发展是促进学前儿童全面和谐发展的必然要求

2001 年,我国颁布的《幼儿园教育指导纲要(试行)》(简称《纲要》)明确指出:"幼儿园教育应当贯彻国家的教育方针,坚持保育与教育相结合的原则,对幼儿实施体、智、德、美诸方面全面发展的教育……幼儿实际的学习是综合的、整体的……教育过程中应依据幼儿的学习特点进行整合处理,以使幼儿通过真实而有意义的活动生动、活泼、主动地学习,获得完整的经验,促进身心全面和谐的发展。"并进一步将幼儿园的教育内容划分为

---

① 杨丽珠,吴文菊.幼儿社会性发展与教育[M].大连:辽宁师范大学出版社,2000.

健康、社会、语言、科学和艺术五大领域。2012 年,我国出台的《3～6 岁儿童学习与发展指南》(简称《指南》)在《纲要》精神的指导下,进一步阐述了五大领域对幼儿发展的重要作用。《指南》明确指出:"健康、社会、语言、科学、艺术,既是幼儿最基本、最重要的学习领域,也是幼儿发展最基本、最重要的方面;幼儿通过在这些领域的学习,其个体将获得身体的、社会性的、认知的、语言的、美感与表现等各方面的发展。"

学前儿童的发展是整合的、全面的发展,必须兼顾五大领域,不能偏废其一,因此,研究学前儿童社会性发展必然成为促进幼儿全面和谐发展不可或缺的一部分。

(二) 研究学前儿童社会性发展是推进学前儿童社会教育的前提和基础

学前儿童社会教育的目的在于促进儿童的社会化,使儿童从出生时的自然人逐渐成长为适应社会生活的社会人,在此过程中不断发展其社会性。而学前儿童社会教育的实施不仅要顺应国家的教育方针和社会发展的需要,同时还要充分考虑学前儿童身心发展的特点和年龄特点。如《3～6 岁儿童学习与发展指南》中明确指出学前儿童社会性发展主要包括人际交往和社会适应,但在具体的目标要求中,不同年龄段幼儿社会性发展的侧重点各有不同。因此,研究学前儿童社会性发展是我们实施和推进学前儿童社会教育的前提和基础。

(三) 研究学前儿童社会性发展是提高学前儿童社会教育地位的重要途径

社会性发展与认知发展、人格发展共同构成儿童发展的三大方面,21 世纪的教育更加注重人的全面、完整、和谐的发展。人们越来越认识到,做人比做事更重要,个体的社会性发展比知识增长更重要。已有研究表明,儿童早期社会性的发展,会直接影响其今后的成长。如爱利克·埃里克森(Erik H Erikson, 1902—1994)将人的一生从出生到死亡划分为八个相互联系的阶段,每个阶段都包含两个对立的相互斗争的特定心理社会任务,如果儿童解决了冲突,完成了每个阶段的任务,就能形成积极的个性品质,反之则会形成消极的品质。

延伸阅读 1-1 >>>

埃里克森的人生发展阶段论

心理的危机	年龄范围	积极品质	消极品质
1. 信任—不信任	乳儿期	希望	恐惧
2. 自主—羞耻、怀疑	婴儿期	意志和自我控制	自我怀疑
3. 主动—愧疚	幼儿期	目的和方向	无价值
4. 勤奋—自卑	学龄期	能力	无能
5. 自我同一—角色混乱	青少年期	忠诚	不确定
6. 亲密—孤独	成年早期	爱	两性关系混乱
7. 繁殖—停滞	成年中期	关怀	自私
8. 自我整合—绝望	成年晚期	智慧	失望和无意义

(资料来源:俞国良,辛自强.社会性发展心理学[M].合肥:安徽教育出版社,2004.)

同时,学龄期也是个体社会性发展的关键期。研究表明,2～4岁是儿童秩序感发展的关键期,3～5岁是儿童自我控制发展的关键期,4岁是儿童同伴交往发展的关键期,5岁是儿童由生理性需要向社会性需要发展的关键期。[①]因此,在学前期对幼儿实施适当的社会教育,能够有效地促进幼儿未来的成长和发展,体现学前教育的真正价值。通过对学前儿童社会性发展的深入研究,能够帮我们理清学前儿童社会教育的重要性和迫切性,从而提高社会教育的地位和价值。

二、学前儿童社会教育对于儿童社会性发展的意义

《纲要》指出:"幼儿园要从不同角度促进幼儿情感、态度、能力、知识、技能等方面的发展。"尤其要避免只注重知识、技能,忽视情感、态度和社会性的发展。从中可看出,《纲要》已旗帜鲜明地指出幼儿教育主要在于培养让幼儿终身受益的品质,促进其社会性的发展,逐步从自然人发展为社会人。学前儿童社会教育对儿童社会性发展的意义主要体现在以下两个方面:

(一) 加快幼儿社会化的进程

社会化是个体在与社会环境的相互作用过程中,不断由自然人向社会人转变的过程。在复杂的社会环境中,积极的社会化需要教育者创造积极的教育环境并加以适当的引导才能实现,从这个意义上来说,学前儿童社会教育是加快幼儿社会化的有效手段和途径。学前儿童的社会教育最主要、最规范、最系统的实施场所是幼儿园,幼儿园将社会文化知识、社会规范、社会技能以幼儿能够接受的方式传授给幼儿,并在一日生活中不断强化,使其内化为幼儿自身的行为准则。因此,系统的学前儿童社会教育能够以最小的成本消耗,加快幼儿社会化的进程,促进幼儿社会性的最大发展。

(二) 促进幼儿积极的社会性发展

个体社会化的过程会不断受到社会环境的各种影响,社会环境作为一个复杂客体,对个体的影响有积极和消极两方面。学前儿童社会教育主要是为幼儿积极的社会性发展营造良好的、健康的环境,并对环境中的消极方面加以适当的引导以降低其对幼儿的不利影响。教育工作者在实施教育的过程中会有意识地引导幼儿向积极的社会性方面发展,并为幼儿提供积极健康的生活环境,帮助幼儿形成正确的、被社会所认可的情感态度价值观。

三、学前儿童社会教育与其他领域教育的关系

学前儿童的教育具有启蒙性、整合性和渗透性的特点。我国《幼儿园教育指导纲要》将健康、社会、语言、科学和艺术作为学龄期儿童最基本、最重要的学习内容,同时,《3～6

[①] 杨丽珠,吴文菊.幼儿社会性发展与教育[M].大连:辽宁师范大学出版社,2000.

岁儿童学习与发展指南》对每一个领域的学习目标和要求都进行了详细的阐述,并突出强调各领域之间应该是相互渗透、相互整合的关系,从不同角度促进幼儿情感、态度、能力、知识、技能等方面的发展。

陈鹤琴①曾将幼儿园课程称为"五指课程",即幼儿园的五大领域就像人的五指一样血脉相连、息息相关。五指活动在儿童的生活中形成一张教育网,它们有组织、有系统且合理地编织于儿童的一日生活之中。相对于陈鹤琴的五指课程的比喻,当前的学者②更倾向于用处于无意识环境中完整的人来阐释五大领域的关系(美术与音乐合为艺术教育领域)。

如图 1-1 所示,一个完整的人是处于无意识的环境中,通过有意识的教育(五大领域)来得到发展的。其中头部代表社会教育,发挥价值指引作用,即学前教育的首要任务是根据儿童身心发展规律和社会发展需要,思考我们要培养怎样的儿童;身体躯干代表健康,是学前教育的主体,即在学前教育的过程中我们要充分考虑,实施的教育影响力是否能够促进幼儿健康完整地发展;左右手代表艺术,是帮助幼儿领略生活之美的两个重要途径;左右脚分别

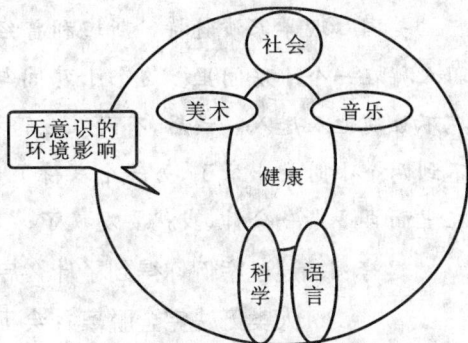

图 1-1　五大领域的整合关系

代表科学和语言,是帮助幼儿认识和表达对世界的理解与体验的两种有力途径。从五大领域各自的功能来看,它们对于幼儿发展成为一个健康的、有完整人格的个体来说是不可或缺的。

学前教育强调完整的、渗透的、整合的教育,这决定了学前儿童社会教育不可能脱离其他领域的教育而独立存在,反而与其他领域的教育更加紧密地联系,并且在五大领域中起着导向性的作用。如健康领域,社会教育的责任在于倡导一种先进的文化价值观和为人处世的态度,注重培养儿童在社会性发展意义上的健康;在语言领域,不仅要教会儿童能够正确地与人交流,还要教会他们勇敢地表达自己的想法,表达对真、善、美的理解;在科学领域,不仅要引导儿童去探索和发现周围的客观世界,还要帮助他们理解人与世界的关系以及人类在客观世界中承载的责任;在艺术领域,不仅要教会儿童去发现美、欣赏美、表达美和创造美,还要引导他们去理解、去体验、去感悟人性之美。这些都是社会教育在整个教育领域中所承担的责任,它引导着所有领域课程的价值取向,即培养能够促进人类社会健康发展的人。

---

① 陈鹤琴.陈鹤琴全集(第二卷)[M].南京:江苏教育出版社,1987:613.
② 甘剑梅.学前儿童社会教育的内涵、性质与课程地位[J].学前教育研究,2011(1).选用时,有细微调整。

第二节　学前儿童社会性发展的内涵

引导案例 1-2

隔　离　实　验

美国心理学家沙赫特·斯坦利曾经做过这样一个实验:他以每小时 15 美元的酬金聘人待在一个小房间里。这个小房间与外界完全隔绝,没有报纸,没有电话,不准写信,也不让其他人进入。最后,有两人应聘参加实验。实验结果是一个人在小房间里只待了不到两个小时就出来了,另一个人待了 8 天。这个待了 8 天的人出来以后说:"如果让我在里面再多待一分钟,我就要发疯了。"

　　思考:1. 通过案例你得到了什么启示?

　　　　　2. 人类无法完全脱离社会而生存。你觉得学前儿童社会教育对人的社会性有何价值?

人,生而是"社会人",需要在社会生活中与他人发生这样那样的联系,需要与他人相处,需要在真实的社会环境中去实现自己的价值。人不可能完全脱离社会而独立存在,脱离社会,人将不再是完整的人,而只是一个生命的客观存在而已。

一、社会化与社会性的内涵

(一) 什么是社会化

社会化是指人类从自然人逐步发展成社会人的过程,即个体在特定的社会条件下,通过与环境的相互作用,不断了解社会关系、获得社会经验、掌握社会技能,内化为特定社会所认可和接受的行为规范、价值观的过程。

不同社会历史条件下,某一个社会具体的价值观、道德和行为规范的标准和要求是不尽相同的,因此不同时期,个体社会化的标准和要求会存在较大差异;此外,同一时期,不同文化背景下的社会化也存在差异。社会化具有四个特点:第一,个体的社会化受遗传因素的影响;第二,个体的社会化是在社会人际交往过程中不断发展的;第三,社会化分为个体社会化和社会个体化两方面,是共性与个性的统一;第四,个体的社会化体现在个体整个生命历程中。社会化是个体得以在社会上生存的必要条件,也是社会文化得以延续的保障。

案例 1-1 >>>

印 度 狼 孩①

1920年,在印度加尔各答东北的一个名叫米德纳波尔的小城,人们常见到有一种"神秘的生物"出没于附近森林,往往一到晚上,就有两个用四肢走路的"像人的怪物"尾随在三只大狼后面。后来人们打死了大狼,在狼窝里终于发现这两个"怪物",原来是两个裸体的女孩。其中大的七八岁,小的约两岁。人们将这两个女孩送到孤儿院,并为大女孩取名为卡玛拉,小女孩取名为阿玛拉,第二年阿玛拉死了,卡玛拉一直活到1929年。这就是曾经轰动一时的"狼孩"一事。狼孩刚被发现时,生活习性与狼一样:用四肢行走,白天睡觉,晚上出来活动,怕火、光和水;只知道饿了找吃的,吃饱了就睡;不吃素食而要吃肉(不用手拿,放在地上用牙齿撕开吃);不会讲话,每到午夜后像狼似的引颈长嚎。卡玛拉经过7年的教育,才掌握45个词,勉强学会几句话,开始朝人的生活习性迈进。她死时大约16岁,但其智力只相当于三四岁的孩子。

[评析] 个体的社会化必须在人类社会环境中才能得以实现,案例中的"狼孩"虽生而为人,但由于长期脱离人类社会,无法习得人类的社会生存和发展技能,因而严格意义上他只是一个"自然人"而非"社会人"。社会化是个体在社会生活过程中不断习得社会技能,掌握社会规则,并逐渐成为社会人的过程。

(二) 什么是社会性

社会性是社会化的结果,是指特定社会环境中的个体,在社会化的过程中逐步发展和形成的为社会所认可的心理和行为特征。

个体社会性源于个体社会性需求。刚出生的婴儿和动物一样,只有基本的生理需求,如吃饭、喝水、穿衣、排泄等。婴儿的这些需求与动物无异,但当个体逐渐成熟而作为一个社会实体,融入社会生活时,他便产生更多社会性的需要,如归属与爱的需要、尊重的需要以及自我实现的需要等。个体要想在特定的环境中获得这些需要,就必须学习、理解和掌握特定社会环境下的"生存规则",并在个体的社会活动中表现出来,这便是个体的社会性。

延伸阅读 1-2 >>>

马斯洛需要层次理论

1954年,马斯洛在《动机与人格》一书中提出了著名的需要层次理论。他将人的基本

---

① 曹中平.幼儿社会性发展与教育[M].长沙:湖南师范大学出版社,2001.

需要分为五个层次,由低到高依次是:生理需要、安全需要、归属与爱的需要、尊重的需要和自我实现的需要。

他进一步将这五种需要划分为缺失性需要和成长性需要,前者主要包括生理需要和安全需要,这是维持个体生存的基本条件,若不能满足,则有生命危险。后者主要包括归属与爱的需要,如个体渴望融入社会生活,并被大家认可和接受,渴望得到家人、朋友、同事等的关心、帮助、爱护和理解等;尊重的需要,如自尊心、自信心,以及他人对自己的尊重和认可;自我实现的需要是个人需要的

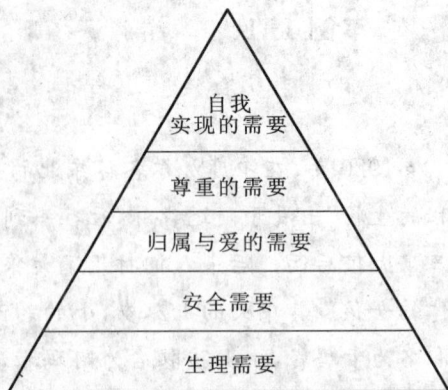

图 1-2　马斯洛需要层次理论模型

最高层次,是指能够最大限度地发挥自己的潜力,成为自己期望的对象。

(资料来源:李季湄,冯晓霞.《3～6岁儿童学习与发展指南》解读[M].北京:人民教育出版社,2013.)

社会化和社会性是从不同侧面对儿童社会性发展的阐述。社会化是社会性发展的过程,社会性则是社会化的结果。社会化和社会性是个体在社会交往过程中,逐步适应社会生活所必须具备的能力,因为人不可能脱离社会而独立存在,因此,要适应社会生活就必然需要发展自身的社会性。正如前文案例中沙赫特·斯坦利的实验一样,没有谁能够完全不与社会发生联系而存在。

二、学前儿童社会性发展的结构与内容

(一)学前儿童社会性发展的心理结构

社会性发展主要包括社会认知的发展、社会性情感的发展和社会行为的发展三方面。在发展心理学中,个性发展、人格发展和道德发展均属于社会性发展的范畴,广义的社会性发展还包括个体在社会交往过程中产生并发挥作用的一切心理特性。学前儿童社会性发展的心理结构就是学前儿童社会性发展的主要内容,主要包括社会认知、社会情感、社会行为技能、自我意识、道德品质和社会适应等方面,这六个方面相互联系,共同组成一个多维度、多层次、多关联的共同体。

1. 社会认知是指幼儿对自我与社会中的人、社会环境和社会规范等方面的认知。包括行为动机和行为后果的分辨能力,对社会中的人的认知主要包括:第一,对他人的认知,如对性别的认知,对同伴意见、观点和想法的理解与采纳,对成人要求的理解、采纳和遵守能力;第二,对社会环境和社会现象的认知,如对家庭、幼儿园、社区机构、国家和民族以及重大社会事件的认知;第三,对行为方式和社会规范的认知,如文明礼貌、生活习惯、共同规则、集体规则、交往规则的认知等。

2. 社会情感主要指幼儿在社会交往和社会生活中的情感体验。包括积极的情感、情绪的表达、体验和控制,如依恋感、愉快感、羞耻感、同情心、责任感等。

3. 社会行为技能是指幼儿在社会交往过程中,在与他人相处的过程中所表现出来的行为技能,包括交往的技能、倾听交流的技能、非言语交流的技能、辨别和表达自己情感的技能,以及在交往过程中必须掌握的合作、轮流、遵守规则和解决问题的技能等。

4. 自我意识是指幼儿对自我以及自我与周围关系的认知。包括幼儿对自我的认知,如自我概念、自我形象、自我评价等;自我情感体验,如自尊心、自信心、自我效能感、自我价值感、进取心等;自我控制,如自制力、自觉性、自我延迟满足等。

5. 道德品质是指社会道德现象在幼儿身上的反映,即幼儿内化了的道德规范,良好的道德行为习惯,如:分享、合作、助人、安慰、乐群、诚实、谦让、慷慨、牺牲、保卫、无畏、忠诚、有责任感、尊重别人的权利和感情、关心他人的利益、拒绝非正义的事物等良好的道德品质和道德行为,以及爱祖国、爱家乡、爱集体、爱他人等道德情感。

6. 社会适应是指幼儿融入新环境,适应矛盾冲突情景的能力。包括初步形成对新环境的适应能力,对陌生人的适应能力;以及能够独立克服困难,并处理社会实际生活中矛盾与冲突的能力,在这个过程中,幼儿逐步学会如何生活,如何学习,如何适应周围的环境。

(二) 学前儿童社会性发展的内容

学前儿童社会性发展的具体内容应该包括哪些?不同学者有不同的观点。

美国心理学家墨森将学前儿童社会性发展的内容主要包括:学习社会性情绪、对父母亲人的依恋、气质、道德感和道德标准、自我意识、性别角色、亲善行为、对自我和攻击性的控制、同伴关系等。

澳大利亚学者亚萨恩森认为,学前儿童的社会性发展内容包括:学会怎样生活、怎样工作、怎样爱别人和接受他人的关爱。

我国学者杨丽珠认为,学前儿童社会性发展的内容主要由以下七部分组成:社会技能、自我概念、意志品质、道德品质、社会认知、社会适应和社会情绪。

延伸阅读 1-3

儿童社会性发展的内容

我国学者杨丽珠等人的研究表明,我国儿童的社会性发展主要由以下七个方面构成:①社会技能,如诚实、遵守群体规范,控制自我侵犯性行为,行为具有坚持性,具有合作和竞争意识等;②自我概念,如独立性、自我归因、自我评价、自尊心、自信心以及独立解决冲突的能力等;③意志品质,如自我控制能力,面对两难情景时的果断性、克服困难的能力、自我服务的能力等;④道德品质,如移情、同情、互惠、分享、同情、依恋以及遵守社会道德规范等;⑤社会认知,如对行为动机和行为后果的分辨和预测能力,对同伴意见的理解和接纳,对成人要求的理解和遵守,以及对角色的承担能力;⑥社会适应,包括对新环境的适应,对陌生人的适应以及对同伴交往的适应等;⑦社会情绪,包括特殊情景下的情绪状态以及与他人交往时的情绪状态等。

[资料来源:张明红.学前儿童社会教育与活动指导(第2版)[M].上海:华东师范大学出版社,2014:9.]

显然,对学前儿童社会性发展内容的界定没有统一的说法,且在内容上相互交叉,逻辑层次也不够清晰。因此,本教材主要从学前儿童社会性发展的内涵出发,以人与自我的关系、人与人之间的关系、人与社会的关系这三大关系为主线,将学前儿童社会性发展的主要内容确定为:自我意识、人际关系和社会适应。① 由于社会性行为尤其是社会行为和道德品质的形成是成功的社会化的重要标志,所以,本书还将单独介绍学前儿童亲社会行为与道德的发展,即本教材界定的学前儿童社会性发展的内容主要包括:自我意识、人际关系、社会适应、社会性行为和道德发展五个方面。

1. 自我意识

自我意识是学前儿童社会性发展的重要组成部分,儿童社会性发展的最终目的就是形成完整的自我。自我意识是指个体对自己以及自己与客观世界关系的一种认识,包括自我认识、自我体验和自我调控。其中,自我认识是自我意识中的认知成分,是指个体对自我身心特征和活动状态的认识,包括自我概念和自我评价等;自我体验是自我意识中的情感成分,是个体对自己的一种态度,如自信、自卑、自尊等;自我调控是自我意识中的意志成分,是指个体对自己观念、情感和行为的调节与控制,如自制、自主、自立、自我监督和控制等。

延伸阅读 1-4 >>>

个体自我意识的产生——红点实验

19世纪达尔文(1877)和普莱尔(1893)通过观察婴儿照镜子的反应,来探究婴儿是否具有自我意识。阿姆斯特丹(B. Amsterdam)在对镜子实验进行调整的基础上,提出了自己独具特色的研究方法:不让婴儿觉察,在他们的鼻子上用胭脂点个红点,然后让婴儿照镜子,观察他们对镜子中映像的反应。阿姆斯特丹假设,若婴儿在照了镜子之后,能利用镜中的映像立即去摸自己的鼻子,就表明婴儿已能够将映像与自己的脸联系起来,认识自己的形象了。根据这个自我意识发生的标准,阿姆斯特丹对3~24个月的88名婴儿做了研究。研究发现婴儿自我意识的发生要经历三个阶段:第一个阶段——游戏伙伴阶段。婴儿看到镜中自己的映像后,对着映像微笑、发声、拍打映像,并试图去镜子后面找不存在的

① 因学前儿童社会适应的发展的研究相对较少,且不系统,因而,本书将之放到"第三篇 学前儿童社会教育拓展"板块来介绍,侧重于学前儿童社会适应的教育促进。

人。第二阶段——退缩阶段。婴儿见到镜中的映像会感到害怕,从镜前退缩。第三阶段——自我意识的出现,婴儿一见到镜中的映像就立即去摸自己鼻子上的红点,而不去碰镜中映像的鼻子。根据阿姆斯特丹的研究,发现 24 个月的婴儿几乎都有第三阶段的反应。

刘易斯(Michael Lewis,1979)和布鲁克斯-冈恩(Jeanne Brooks-Gunn, 1981)通过简单的实验探究幼儿自我意识的发生。让 9～24 个月的幼儿在镜子里注视自己,然后母亲偷偷地用胭脂在婴儿鼻子上点一下,再观察儿童的反应。研究发现,年龄小于 18～21 个月的幼儿看到镜子里的映像有红点时,并不去摸自己的鼻子,而 2/3 的 24 个月幼儿会去摸自己的鼻子。

(资料来源:俞国良,辛自强.社会性发展心理学[M].合肥:安徽教育出版社,2004:205.)

2. 人际关系

人作为社会客体,是在与他人交往的过程中不断学习和发展的。《3～6 岁儿童学习与发展指南》将社会领域分为两个亚领域:人际交往和社会适应。在人际交往这个亚领域中,主要目标是喜欢交往、能与同伴友好相处、具有自尊、自信和自主的表现以及关心尊重他人等。由于学前儿童社交范围的有限性,其交往对象主要是父母家人、教师和同伴,因此,学前儿童的人际关系主要分为三类:亲子关系、同伴关系和师幼关系。

亲子关系是个体最初的人际交往关系。婴儿自出生就开始了与他人交往的活动,主要的交往对象是父母或其他哺育者,婴儿以啼哭、微笑、皱眉等方式与成人交流。婴儿早期亲子关系的建立是今后儿童与他人建立良好人际关系的基础。随着年龄的增长,儿童人际关系的范围逐渐由家庭发展到幼儿园,主要有同伴关系和师幼关系。

同伴关系是指以同伴为交往对象,交往双方都处于相同或近似的年龄水平,主要采用直接交往和平行交往的方式,年龄较低的幼儿在交往过程中多为非语言交往和单向交往。但总体而言,3～6 岁幼儿与同伴之间的交往频率进一步增加,社会交往的总体水平和质量不断提高,语言交流逐渐成为同伴之间的主要交往方式。

表 1-1　学前儿童在与父母与同伴交往中的不同表现①

项　目	关　系	
	亲子交往	同伴交往
交往的发起、维持	成人发起、维持	儿童发起、维持
信号的发出、行为反应	成人可进行猜测	必须更具有表现型
对方的反馈	明确、具有指导性	模糊、缺乏指导性
对对方反馈的反应		尤为关注对方的态度和反应

师幼关系是幼儿人际关系的又一重要形式,师幼关系更多的是一种"权威""服从"的

---

① 陈帼眉,冯晓霞,庞丽娟.学前儿童发展心理学[M].北京:北京师范大学出版社,1999:297.

关系。幼儿逐步从尊重、服从父母,到尊重、服从教师,在这个过程中建立一种新的人际关系,是其社会性发展的又一进步。

3. 社会适应

社会适应,即对社会生活环境的适应,是个体在与社会环境相互作用的过程中,不断对自身行为进行调节,从而使自己的行为达到年龄、社会要求和文化期望的程度。学前儿童的社会适应是指幼儿融入新环境,适应矛盾冲突情景的能力。包括初步形成对新环境的适应能力,对陌生人的适应能力,以及能够独立克服困难,并处理社会实际生活中矛盾与冲突的能力,在这个过程中,幼儿逐步学会如何生活,如何学习,如何适应周围的环境。

1990年世界卫生组织(WHO)将社会适应列入个体健康范畴,认为健康不仅包括身体健康、心理健康,还包括社会适应良好和道德健康;2012年我国颁布的《3～6岁儿童学习与发展指南》也明确指出幼儿园社会领域中的两大子领域分别是:人际交往和社会适应。即幼儿园社会教育过程中不仅要教给幼儿如何与他人相处的技能和方法,更要帮助幼儿融入社会环境,接受社会环境,并适应社会环境。社会适应作为幼儿社会性发展的重要内容,本教材将在第六章"学前儿童的社会适应与促进"中,从入园适应、入学适应、多元文化适应、社会变化适应(包括信息时代适应和市场经济制度适应)四个方面来具体阐述学前儿童的社会适应。

4. 社会性行为①

社会性行为是个体在社会交往过程中对他人或某一事件表现出来的态度、言语和行为反应,社会性行为根据其动机和结果可分为亲社会行为和反社会行为。

亲社会行为是指对他人或社会有积极影响的行为,如助人、分享、合作、谦让、安慰、同情等,是人与人之间维持良好关系的重要基础。艾森伯格的亲社会行为理论模型将亲社会行为产生的过程分为三个阶段:对他人需要的注意阶段;确定助人意图阶段;意图和行为相联系阶段。

反社会行为又称为消极的社会行为,是指会对他人或群体造成损害的行为和倾向,学前儿童最典型的反社会行为是攻击行为,也称侵犯行为,如推人、打人、骂人、抢夺他人物品等。反社会行为不利于人际关系的和谐发展,甚至危害他人和社会安全,因而被人类社会所反对和抵制。

案例 1-2 >>>

我也不想"抢"她的玩具

幼儿园班级区域活动中,女孩溪溪正在玩建构区的魔法磁力片,她正在参照玩具说

---

① 本书把社会性行为中的亲社会行为放到第五章"学前儿童道德与亲社会行为的发展与教育"来介绍,把攻击性行为放到第七章"学前儿童社会问题行为及其干预"来介绍。

明书上的搭建模型来搭建自己的玩具模型。溪溪旁边的嘉宝正在用磁力片搭建变形金刚,嘉宝看了看自己搭建的模型,然后迅速从溪溪搭建的玩具模型上"抢"了一个三角形的磁力片,溪溪说:"嘉宝,这是我的磁力片,你还给我。"嘉宝说:"我就要这个。"并把三角形的磁力片拽在手里,把身体扭到一边,看上去很生气。溪溪伸手来"抢回"自己的磁力片,嘉宝用左手用力将溪溪推开,溪溪不小心撞到了墙上,并哭着跟老师说嘉宝抢她的玩具,还推她。老师批评了嘉宝,让他跟溪溪道歉,并将磁力片还给溪溪。之后的区域游戏中,嘉宝一人坐在椅子上,不再参加任何区域游戏,看上去很伤心。

[评析]　通过进一步交流,教师发现嘉宝并不是真心要去"抢"溪溪的玩具,他只是不知道如何用语言表达,因而直接用动作来"抢",因此被老师批评之后他很难过。类似嘉宝的行为在幼儿园中时常可见,有些幼儿经常采用所谓的"攻击性"的行为去达到自己的目的,而老师也极易给幼儿贴上具有"攻击性行为"的标签,从而盲目对幼儿进行不正确、不彻底甚至错误的干预。因此,有必要了解什么是攻击性行为,以及幼儿攻击性行为的特点,以便正确判断和处理幼儿的攻击性行为。

在对学前儿童的行为问题进行矫治之前,必须先了解儿童的什么行为是攻击性行为。

判断一种行为是否是攻击性行为,可从四个方面进行考虑:第一,视攻击行为的意图与行为结果而定,即一个人是否有攻击意图是界定攻击与否的前提,如幼儿不小心撞到同伴,虽然这一行为对同伴造成伤害,但幼儿没有攻击意图,因此不是攻击性行为。第二,攻击性行为是外显的行为,不包括停留于主观层面的想法。如某人计划去攻击他人,但并未做出实质性的攻击性行为,因此算不上是攻击性行为;而用暴力去殴打他人,或者对他人进行言语攻击,如辱骂、诽谤等,都是攻击性行为。第三,严格意义上而言,攻击性行为应该是指对有生命的个体的行为,如同伴之间打架、争抢玩具、殴打他人、谩骂他人等,但发展心理学家主张从更宽泛的定义出发,将儿童的"破坏行为"也列入攻击性行为之中,如故意摔打物品、故意损坏公物等。第四,攻击行为的对象在知晓攻击行为的情况下,有避免伤害的动机。如意识到同伴攻击性行为时,幼儿会主动逃避或反抗,反之如果攻击对象心甘情愿被攻击,就不能视为遭受了攻击。如有的"受虐"患者非常喜欢别人攻击他,虐待他,别人的行为就不能视作攻击性行为。①

延伸阅读 1-5 >>>

幼儿的攻击性行为

心理学家谢弗将幼儿攻击性行为的特点归纳为四个方面:①散乱的、无目的的发脾

---

① 俞国良,辛自强.社会性发展心理学[M].合肥:安徽教育出版社,2004:321.

气的行为在幼儿期会逐渐消失,在幼儿 4 岁后基本不存在了。②3 岁之后,幼儿对攻击的反击和由挫折引起的攻击行为明显增多。③攻击行为的引发者发生变化,2、3 岁的幼儿,通常在父母对他们施加权威以阻碍或限制他们的活动时,由于挫折和愤怒而对父母表现出攻击性;大一些的幼儿主要是与兄弟姐妹或同伴发生冲突。④攻击的形式和原因也在发生变化,2、3 岁幼儿的攻击性行为多为工具性攻击,主要为了争抢玩具,攻击的方式是咬人、踢打他人;大班幼儿的身体攻击行为减少,"心理攻击"逐渐增多,如取外号、取笑/嘲弄他人,年龄稍大的幼儿发生身体攻击时一般是激烈的,且伴有敌意。

(资料来源:俞国良,辛自强.社会性发展心理学[M].合肥:安徽教育出版社,2004:205.)

我国学者张文新采用自然观察法对小、中、大班共 270 名幼儿的攻击性行为的起因、类型、年龄差异进行研究,也得到类似的结果。研究者将幼儿攻击性行为的起因按照出现频次的高低依次划分为八种类型:①报复还击(在受到他人伤害或干扰后进行攻击);②保护自己的物品;③无故挑衅,欺负他人;④游戏或其他活动的纠纷;⑤他人违反纪律或行为规则(如游戏规则,幼儿园行为规则);⑥获取他人的物品(如玩具、食物等);⑦争夺空间(如座位、活动场所等);⑧帮助好朋友或受人指使。

三个年龄组儿童工具性攻击与敌意性攻击的次数

类型	小班	中班	大班
工具性攻击	73	52	51
敌意性攻击	36	48	79

研究发现,幼儿的两类攻击性行为存在显著的年龄差异。小班幼儿的工具性攻击极显著地多于敌意性攻击,中班幼儿的工具性攻击和敌意性攻击不存在显著差异,大班幼儿的敌意性攻击次数极显著地多于工具性攻击。由此可见,随着年龄的增长,幼儿的工具性攻击在减少,而敌意性攻击却在增多。

(资料来源:张文新.儿童社会性发展[M].北京:北京师范大学出版社,1999.)

5. 道德发展

道德是每个社会成员必须形成的一套符合社会道德规范要求的行为和价值系统,从而成为一个合格的社会成员。道德包含两层含义:一是认知层面的道德,即是非观;二是行为层面的道德,即对道德理念的实践。关于行为层面的道德内容将在第五章做具体介绍,因此本节主要介绍认知层面的道德,即道德感。

道德感是指个体对道德需求是否得到满足所引起的一种内心体验,它反映和影响着个体的道德认知和道德行为。幼儿最初的道德感建立在道德观念的基础之上,该时期幼儿能关心他人的处境,具有初级的同情心、责任感、互助感等,并对自己和他人的行为是否符合道德规范产生初级的情绪体验。如自己和他人的行为符合社会道德规范,则会有高兴、愉悦的表现,反之则会有内疚、羞愧、难受的情绪体验。此外,幼儿还具有基本的爱憎体验,如听到故事书中的坏人或看到故事书中的大灰狼,幼儿会感到气愤,甚至会伸手打他们;而看到小白兔,幼儿则会表现出喜欢、爱护的情绪体验。但幼儿初期的道德感和道德判断多受成人的影响,且具有情绪性、具体性的特点。学前儿童的道德感主要包括共情和羞愧感等。

（1）共情

共情是指个体对他人情绪状态的识别、理解和应对,即与他人产生情绪"共鸣",共情是一种能力,是个体亲社会行为发生的动机基础。霍夫曼将个体共情能力分为四个阶段:

表 1-2　个体共情发展的阶段[1]

共情的阶段	年龄（岁）	表　现
普遍性共情	1	情绪传染阶段
自我中心共情	2	用自己的方式安慰他人
对他人情绪的共情	2～3	根据具体情景,发出相应的共情行为
对他人境遇的共情	6～9	共情情景从具体向抽象发展

出生后的第一年,幼儿的共情是随意、被动的,及"情绪传染",他们会因他人的哭泣、尖叫或他人声线的变化而害怕、高兴或微笑。这时期的幼儿虽不能理解他人的情绪,但他人的反应好像自己也有同样的感受,幼儿这时的反应类似先天反应。出生后第二年,幼儿虽然意识到是别人痛苦不是自己,但由于"自我中心",他们还不能根据他人的情景做出对应的共情行为。因此幼儿在安慰或帮助他人时,主要从自己的角度出发,如他会将自己的玩具递给正在哭泣的母亲。2～3 岁以后的幼儿能够初步了解他人情绪的具体情景,并做出相应的共情行为。6～9 岁的幼儿,共情发展不再拘泥于具体的实际情景,而是扩展到抽象、概括的情景。

（2）羞愧感

羞愧感是指个体对自己的行为与一定情景的要求或公认的行为标准相背离时产生的情感体验,是道德良知产生的基础。鲍德温将学前儿童的羞愧感分为两个阶段:儿童早期的羞愧感基本等同于恐惧、害怕,多表现在 1 岁儿童身上,如陌生人的突然出现等;儿童后期即 3 岁后,幼儿才具有真正的羞愧感。

📝 **延伸阅读 1-6** >>>

关于学前儿童羞愧感的研究

对学前儿童羞愧感的典型研究是 E. N. 库尔奇茨卡娃（1966）设计的实验研究。研究

---

[1]　周宗奎.儿童社会化[M].武汉:湖北少年儿童出版社,1995.

者设计了可以引起儿童羞愧感的情景,尝试了解幼儿羞愧感产生的条件,如儿童对哪些行为会感到羞愧,在哪些人面前会感到羞愧。主要有四种实验情景:①把儿童带入放有玩具的房间,让幼儿自由玩玩具,并告诉幼儿其中有个玩具是别人的,不能玩。如果幼儿动了那个玩具,就将幼儿带出房间,并观察他的情绪表现。②组织儿童玩"请你猜"游戏,用手绢蒙住儿童的眼睛,让他去找一样东西,找到就发奖品。如果儿童为找到东西,而在手绢下偷看,就将这种行为告诉全体小朋友,然后观察儿童的情绪表现。③让被试当众背诵一首他自认为非常熟练的歌谣,当他忘记或出错时,就当众羞他:"你不是说你全都会背诵吗?"然后观察他的情绪表现。④给小朋友布置任务,并强调第二天急用,不管谁都必须完成。第二天当众检查任务完成情况,并观察未完成任务儿童的情绪表现。

为考察儿童会在哪些人面前感到羞愧,实验者还设计了不同人在场的游戏情景,参与者主要是本班教师、本班部分儿童、全班儿童、陌生教师或者大班儿童,研究结果显示:①3～5岁儿童已经出现了羞愧感的萌芽,但此时的羞愧感还掺杂着害怕、恐惧、胆怯的成分,并不是真正意义上的羞愧。小班幼儿的羞愧多是由成人责备或生气的口吻引起的,如"你羞不羞啊""这真让人害臊"等,此时幼儿还不能自发地因为行为过失而感到羞愧。②大班儿童已经不需要成人的刺激,他们能够认识到自己行为不对而感到羞愧,此时的羞愧已经从害怕、恐惧等情绪体验中独立出来。③小班和中班儿童只是在成人面前会感到羞愧,而大班在同伴面前,特别是在本班儿童面前也会感到羞愧。对大班儿童而言,他人或集体对自己行为的评价在他们心中已越来越重要。④大班是幼儿道德认知发展的重要阶段,他们的羞愧感越来越"社会化",范围越来越扩大。但随着年龄的增长,儿童羞愧感的外在表现不断减少,内心体验逐渐加深,他们会牢记曾经让自己感到羞愧的情景,并在以后的行为中努力避免此种行为的再次发生。

(资料来源:俞国良,辛自强.社会性发展心理学[M].合肥:安徽教育出版社,2004:286-287.)

第三节 学前儿童社会性发展的影响因素

引导案例 1-3

浩浩抢了我的玩具①

笑笑是幼儿园中班的孩子,性格比较内向。晚上吃过饭后,爸爸问她:"笑笑,今天在幼儿园玩得开心吗?"这一问,笑笑顿时哭了起来。爸爸赶紧说:"别哭,别哭,怎么了,告

---

① 李贵希.幼儿社会教育与活动指导[M].北京:北京师范大学出版社,2013:51.

诉爸爸。"笑笑哭着对爸爸说:"浩浩打了我,还抢我的玩具。"爸爸一听就火了,对笑笑大声说:"你不能打他? 和他抢。"

　　问题:1. 如何看待案例中笑笑爸爸的反应?

　　　　　2. 幼儿社会性的发展受哪些因素的影响?

　　儿童通过与环境的相互作用,逐渐从自然人发展成社会人。在这个过程中,哪些因素会影响个体社会性发展,一直都是人们关注的问题。一般认为,影响儿童社会性发展的因素主要有以下两个方面:

一、儿童自身的因素

　　环境对个体的作用受个体心理发展水平的影响,任何环境因素都要被个体接受和理解才能发挥其应有的效果。在儿童社会性发展的过程中,儿童自身的因素如气质、认知发展等都会影响其社会性发展水平。

(一) 气质对儿童社会性发展的影响

　　气质是指一个人所持有的心理活动的动力特征,它使个体的心理活动具有独特的色彩,气质在儿童社会性发展过程中起着不可忽视的作用。古希腊医生希波克拉底将气质分为四种类型:抑郁质、胆汁质、黏液质和多血质;巴甫洛夫认为高级精神活动基本特性的不同组合,形成的四种高级神经活动类型与传统的气质类型相符合。

表 1-3　气质类型与高级神经活动类型的对比①

气质类型	神经系统的基本类型	高级神经活动类型
多血质	强、平衡、灵活	活泼型
胆汁质	强、不平衡	兴奋型
黏液质	强、平衡、不灵活	安静型
抑郁质	弱	抑制型

　　多血质儿童活泼、好动、敏感、反应迅速、乐意与人交往,他们愿意参加各种活动,人际交往中往往显得积极主动,交往对象多且易变;胆汁质的儿童热情、率直、精力旺盛、情绪易冲动,他们愿意主动与他人交往,但易出现攻击性行为和交往冲突;黏液质儿童安静、稳重、沉默寡言、情绪不易外漏,注意力稳定,虽然不善于主动与他人交往,但交往过程中不易与人发生冲突,人际关系良好;抑郁质儿童孤僻、行动迟缓、善于发现别人不易察觉的细小事物,他们不会主动与人交往,且交往范围小。儿童社会性发展是在与人交往过程中逐步发展和成熟的,不同气质类型的儿童其社会交往特点不同,自然其社会性发展水平也不一样。

---

　　① 百度百科. http://baike.baidu.com/view/2399825.htm.

(二) 儿童认知水平对社会性发展的影响

儿童的认知发展为其社会性发展提供了必要的心理条件,首先认知发展是亲子关系建立的基础。当婴儿在认知上形成"客体永久性"时,才会逐步形成特定的人际交往关系,如六个月的婴儿形成稳定的母子依恋,随年龄的增长不断形成多重依恋关系。客体永久性的获得为个体的社会性发展提供给了基本的认知基础。

其次,根据皮亚杰的认知发展阶段论可知,儿童认知发展水平是儿童道德发展水平的关键因素。处于前运算阶段的儿童由于受"自我中心"的影响,不能对个体的社会行为进行道德价值判断,只能根据行为结果的影响大小进行判断;而处于具体运算阶段的儿童能够从社会行为的动机对行为进行道德价值判断,且判断标准不再盲从权威和规范,会根据不同情境进行不同判断,能够理解道德判断的相对性,儿童认知的发展使儿童的道德判断从他律向自律发展。

再次,一切外在影响只有被儿童认识并接受才能内化为自己的观念和行为,因此,儿童对社会知识、社会现象、社会规则的认识和理解是其发出相应社会行为的前提和基础。如成人告诉儿童"要与小朋友好好相处",儿童只有了解好好相处的含义,掌握与人相处的方式,才能做到与他人友好相处。儿童对社会规则、纪律的遵守都必须被其理解、领会和接受,才能转化为自动化的观念和行为。

延伸阅读 1-7 >>>

皮亚杰的认知发展阶段理论

皮亚杰认为儿童的认知发展主要经历以下四个阶段:

1. 感知运动阶段(0~2 岁)

这个阶段的幼儿只能依靠自己的肌肉动作和感觉来应付外界事物,动作必须表现为外部的表现活动,尚未内化,还不能在头脑中进行。他们利用感知和动作去征服他周围的环境,通过不断地与外界交往,动作慢慢地协调起来,并逐渐知道自己的动作及其对外物所引起的效果之间的关系,开始有意识地做某个活动。

2. 前运算阶段(2~7 岁)

这一阶段又成为前逻辑阶段,是指幼儿处于动作之前并为运算做准备的阶段。皮亚杰所说的运算并非我们日常所说的加减乘除四则运算,而是一种特定的概念,是一种内化的可逆的动作。该阶段幼儿最大的特点是自我中心,因此,皮亚杰也将该阶段幼儿的思维称为自我中心思维时期。其中,最典型的实验是皮亚杰的"质量守恒实验"和"三山实验"。

3. 具体运算阶段(7~11 岁)

该阶段的儿童形成了初步的运算结构,运算获得了可逆性。运算的可逆性主要有两种:一种是反演可逆性,它是形成概念体系(如基本概念与它的上位概念、下位概念)的内部机制;另一种是互反可逆性,它是形成关系认识(如 $A=B$,$B=C$,则 $A=C$;或 $A>B$,

$B>C$,则 $A>C$ 等)的内部机制。但这一阶段儿童的运算还离不开具体的事物表象,儿童需要在具体事物的支持下才能进行正确的运算,口头叙述情况下的逻辑推理还很困难。同时,这一阶段儿童获得的两种可逆性是相互孤立的,儿童还不能将具体运算之间的复杂关系在一个系统内整合起来。

4. 形式运算阶段(11、12 岁之后)

这一阶段的儿童能在头脑中将形式与内容区分开来,不需要考虑特定的事物,甚至不需要真实物体的名称,而能运用语词或其他符号进行抽象逻辑思维,能根据假设或命题进行逻辑演绎推理。这标志着儿童头脑中的认知结构已经完整地建立起来。这一阶段儿童的思维较具体运算阶段具有更大的灵活性、可逆性,且两种可逆性联合成一个系统,儿童能自由地支配整个系统进行复杂而完备地推理。皮亚杰曾提出:"所有正常的人不迟于 15～20 岁达到形式运算阶段。"随着时代的发展,当今的青少年比过去(1967)的青少年更快地获得形式运算。

(资料来源:王振宇. 学前儿童发展心理学[M]. 北京:人民教育出版社,2004:90-91.)

二、社会环境

如果气质类型、认知发展水平是儿童社会性发展的内部动因,那么社会环境就是儿童社会性发展的外部动因,儿童生活中的社会环境主要有家庭、幼儿园等。

(一) 家庭

家庭是儿童社会性发展的初始环境,是儿童社会性发展的起点。弗洛姆曾说:"家庭是社会生活的精神媒介,通过使自己适应家庭,儿童获得了后来在社会生活中适应其所必须履行的职责的性格。"家庭对儿童社会性发展的影响主要体现在家庭生活质量和家长教养方式两方面。

1. 家庭生活质量

家庭生活质量主要包括家庭物质条件和家庭人际关系。第一,家庭物质条件的好坏会直接影响儿童社会性的发展。经济状况好的家庭,满足儿童身心发展的物质需要和精神需要的可能性比经济困难的家庭大,有能力为儿童提供优越的生活和教育条件,能够为儿童创造更多的学习机会。儿童各方面的兴趣和爱好容易得到培养和挖掘,从而使儿童产生积极健康的情绪情感体验,有助于儿童自我意识、创造性的发展。研究表明,家庭环境狭小、拥挤且大部分时间用来看电视,儿童的认知发展水平会受到压抑;刘金花的研究也表明,居住条件太差会影响儿童自我控制能力的发展。第二,家庭人际关系也会影响儿童社会性发展。良好的夫妻关系是儿童建立安全感的前提,不仅能够潜移默化地教给儿童人际互动的正确方式,还能影响儿童对矛盾、冲突的处理;而不良的夫妻关系则会给儿童树立负面的成人榜样,不仅使儿童学会错误的人际交往方式,而且使儿童学会用冷战、争吵、辱骂甚至打架来解决争端和冲突。第三,亲子关系是影响儿童社会性发展最重要的因素。首先,母亲与儿童之间的亲子依恋对儿童社会性发展有重要影响。安全型依恋的儿童具有较高的自尊、同情等积极情感,愿意与他人交往,且攻击性行为较少,而反抗型和回避型依恋的儿童则非常缺乏安全感,容易焦虑、孤僻,适应能力较差,不愿主动与人交往。其次,亲子关系发展的好坏会影响儿童人际关系的发展。平等且民主的亲子关系易使儿童形成稳定的亲子依恋,形成积极乐观的性格特点;反之,儿童则易形成自我中心,缺乏独立性、责任感和自我控制能力的性格,这样的性格会严重影响儿童社会交往的发展。

延伸阅读 1-8 >>

印刻效应

奥地利生物学家劳伦兹(K. Z. Lorenz)曾发现,小鸭子出生后不久所遇到的某一刺激或对象如母鸡、人或电动玩具,会印入它的感觉之中,使其对这种最先印入的刺激产生偏好和追随反应。当它们以后再遇到这个刺激或与此类似的刺激时,就会再次引起它的偏好和追随,但如果小鸭子在孵出蛋壳较长时间才遇到外界对象,则不会出现上述行为,劳伦兹将这一现象称为"印刻"。劳伦兹在进行这项实验时,让刚破壳的小鸭子先看不到母鸭,而首先看到自己,于是这些小鸭子会追随劳伦兹,小鸭子将劳伦兹看作了自己的母亲。研究发现,小鸡、小鸭的"母亲印刻"发生在破壳后的 10～16 小时内,小狗的"母亲印刻"则发生在出生后的 3～7 周内。

(资料来源:但菲.幼儿社会性发展与教育活动设计[M].北京:高等教育出版社,2008:15.)

2. 家长教养方式

不同父母在教养儿童的方式上存在着诸多差异,不同的教养方式对儿童社会性发展的影响不同。美国心理学家麦考比和马丁在总结鲍姆琳德(Diana Baumrind,1971)和其他研究者研究成果的基础上,总结出了四种不同的家长教养方式,并对每种教养方式对应的社会性发展特点做了具体的介绍。这四种教养方式主要是:

(1)权威型

父母对儿童的态度是积极肯定的,热情地对待儿童的要求、愿望和行为进行反馈,尊重儿童的意见和观点,鼓励儿童积极参与讨论并表达自己的想法;同时他们对儿童有明确的要求,并要求儿童切实执行,对儿童的不良行为表示不满,对良好的表现则给予肯定和鼓励。这种行为上高控,情感上接纳和温和的教养方式,对儿童社会性发展具有积极的影响,在这种教养方式下成长的儿童自尊心、自信心、独立性、自我控制能力强,并具有良好的问题解决能力,且乐于与人交往,对人友好。

(2)专制型

这也是高控型的教养方式,但在情感上父母更多的是拒绝和漠视儿童。这种类型的父母对儿童缺乏热情,更多地否定儿童的行为表现;较少考虑儿童的意见和想法,常常要求儿童无条件地服从规则,但对规则缺少必要的解释和说明;在教育方式上,此类型的父母多采用严厉的惩罚措施。这种教养方式下的儿童大多胆小懦弱,自卑畏缩,缺乏主动性,不善于与人交往。

（3）放任型

此类型的父母和权威型的父母一样,对儿童充满积极肯定的情感,但缺乏控制。他们不对儿童做任何的要求,任儿童自由、随意发展,对儿童的不良行为采取忽视或接受的态度,较少发怒训斥、纠正儿童。这样的教养方式是对儿童发展的不负责,不利于儿童社会认知、社会情感和社会行为的发展。这种教养方式下的儿童易冲动且具有较高的攻击倾向,缺乏责任感和自制力,对人冷淡,兴趣狭窄,缺乏理想和追求。

（4）忽视型

此类型的父母对儿童的教养既缺乏积极的情感支持,又缺乏行为的要求和控制。亲子交往少,对儿童缺乏基本的关心和照顾,对儿童的任何行为都采取漠视的方式,甚至流露出厌恶的态度。这种教养方式下的儿童具有较强的冲动性和攻击性,叛逆,不顺从,较少替他人考虑,对人缺乏热情和关心,易出现不良行为。

（二）幼儿园

幼儿园作为幼儿走入社会的第一场所,开始接受系统的正规教育,其教育内容、教育方法及人际关系（师幼关系、同伴关系）都会对儿童的社会性发展产生直接的影响。

1. 幼儿园物质环境对学前儿童社会性发展的影响

幼儿园物质环境是指幼儿园多有物质因素的综合,包括园所建设、园内设计、设备条件以及各种材料的选择和搭配等。幼儿园活动空间的布置、美化装饰都会影响儿童社会性的发展。研究表明,当幼儿园活动空间的密度高于一定的界限时,会导致儿童在选择自由游戏活动时产生更多消极社会行为,如推操、争抢、打人等,但活动空间太大又会让儿童无所适从。刺激性太强的色彩和夸张、复杂的布置,易使儿童注意力分散,且产生焦躁、不安的情绪体验;整洁、明亮、自然的幼儿园环境会使儿童情绪稳定,心情愉悦,亲社会行为增多。活动材料的种类和数量的配置及成列方式也会影响儿童的发展,玩教具的提供要考虑儿童的年龄特点和兴趣的需要,促进儿童之间的合作、交流和协商行为。

2. 幼儿园精神环境对学前儿童社会性发展的影响

幼儿园精神环境主要指幼儿园的人际关系和整体的心理氛围,具体指师幼关系、同伴关系等。

（1）师幼关系

教师是影响幼儿社会性发展的重要因素。良好的师幼互动能够增强幼儿的安全感、自信心和创造性,有利于儿童自我意识的发展。克里斯腾森等人（Christensen & Morabcik,1987）认为,教师的个人品质以及对儿童的关心照顾对儿童安全感、自信心和创造性的发展是必不可少的。姚铮(1994)认为如果教师尊重幼儿的独立人格,尊重儿童的想法和观点,爱护儿童的自尊心,就会与儿童形成积极、平等的师幼互动关系,有利于儿童安全感、归属感的建立,促使幼儿与他人形成良好的同伴关系。已有研究也表明,教师对幼儿表现出接纳、尊重的态度,会使幼儿乐意接受教师的教导,从而促进幼儿社会性发展。林奇等人(Lynch & Cicchetti,1992)发现师幼关系会影响幼儿自我意识的发展,海曼(Hyman, Dweck & Cain,1992)发现师幼互动对幼儿自我评价、自我意识和自我概念的形成具有重要影响,其中互动中教师对幼儿的高期望、高评价对儿童自我意识的发展起关键作用。

延伸阅读 1-9 >>>

皮格马利翁效应

皮格马利翁是古希腊神话中的塞浦路斯国王,他爱上了自己雕刻的一个少女形象,并真诚地希望自己的爱能被接受。他的真诚祈祷感动了爱神阿芙洛狄忒,最后爱神给了这个雕刻少女生命。美国心理学家罗森塔尔和雅各布森(Rosenthal & Jacobson,1968)将皮格马利翁效应应用到教学中,考察教师期望对学生成绩的影响。他们在开学初对小学生进行一个非言语的智力测试,研究者随机抽选20%的学生,将学生名单告诉老师,并称这些学生具有巨大的发展潜力。老师并不知道该测验并不能够预测学生的发展潜力,也不知道选取的学生与分数无关,然后让老师进行正常的教学活动,并在一学期后、一年后、两年后分别对这些学生进行重测。

前两次测试中,学生所在班级教师有研究者提供的学生名单;最后一次测试,学生被安排在教师没有名单的新班级,一年后被指定为有发展潜力的学生和控制组的学生(没有被制定有发展潜力的学生)之间出现了智力上的显著差异。

(资料来源:俞国良,辛自强.社会性发展心理学[M].合肥:安徽教育出版社,2004.)

罗森塔尔等人将这种现象称为教师期望效应,因而教师对幼儿积极的关注和期望对幼儿的发展有重要的影响作用。

(2)同伴关系

幼儿进入幼儿园后最主要的交往是同伴之间的交往,同伴之间的交往对儿童社会性的发展具有独特的价值。首先,同伴交往能满足儿童的社会性需求。随着儿童年龄的增长,他们产生了更高层次的社会性需求,渴望得到同伴的认可、接纳和尊重,而同伴交往为儿童的这些社会性需求提供了机会。同时,由于幼儿之间的经验、能力相似,年龄相仿,彼此完全处于平等、独立的地位,易产生"共鸣"。幼儿在同伴交往过程中学会关心他人,与他人分享、合作,并学会和掌握基本的社会行为技能,从而促进其社会性的发展。其次,同伴交往能够促进儿童社会认知的发展。在同伴交往中,同伴之间常常会发生矛盾和冲突,在冲突解决的过程中,促使儿童站在他人的立场考虑问题,并采取适当的解决策略,从而使儿童掌握更多的交往技能,促进其社会认知的发展。

本 章 小 结

　　本章作为本书的第一章,是对本教材内容的高度概括和精炼,在本书中起着提纲挈领的作用。本章主要分为三节,三节内容层层递进,从宏观角度阐述了学前儿童社会教育的意义、内容和影响因素,为读者全面了解本书内容起到引领作用。

　　本章第一节主要介绍了学前儿童社会教育的意义,阐述了学前儿童社会教育对幼儿社会性发展的意义以及对幼儿全面和谐发展的价值,并进一步论述了学前儿童社会教育在幼儿园五大领域教育中的地位和作用。第二节论述了学前儿童社会教育的内涵,具体辨析了社会化与社会性的关系,并介绍了学前儿童社会性发展的结构和内容。第三节则重点阐述了学前儿童社会性发展的影响因素,具体从幼儿自身和社会环境两方面进行说明,并对不同的影响因素进行了具体的阐述。

检　　测

　　1. 请简述学前儿童社会教育的意义。

　　2. 请简述学前儿童社会教育与其他领域教育之间的关系。

　　3. 学前儿童的社会性发展主要包括哪些方面?

　　4. 影响学前儿童社会性发展的因素有哪些?

　　5. 案例分析题:

　　教师组织幼儿在室外玩老鹰捉小鸡游戏,面对小朋友争当老鹰和鸡妈妈时,教师提出:"大家都想当老鹰和鸡妈妈,可是每次只能有一个,怎么办?""鸡妈妈能只顾自己躲开老鹰吗?""小鸡们应该怎样做才能让老鹰捉不到自己呢?"

　　结合本案例,谈谈教师应如何在游戏中促进幼儿的社会性发展。

　　6. 案例分析题:根据影响幼儿社会性发展的家庭因素,设计一次以父亲为主题的亲子活动,并在活动中体现父亲参与对幼儿社会性发展的重要作用。

第二章

学前儿童社会教育的目标、内容与方法

学习目标

- 掌握学前儿童社会教育目标制定的依据和目标的结构体系
- 理解《幼儿园教育指导纲要(试行)》(简称《纲要》)和《3～6岁儿童学习与发展指南》(简称《指南》)对学前儿童社会教育目标的表述
- 理解学前儿童社会教育的主要内容和选择内容的依据
- 应用所学知识制定学前儿童社会领域教学活动的目标并选择合适的教育内容
- 掌握学前儿童社会教育的原则、途径和方法

本章导读

人生来就是社会动物,个体的社会性水平在其终身发展过程中发挥着重要的影响作用。在学前教育阶段对儿童进行社会教育的实质就在于积极促进幼儿的社会化,帮助幼儿发展健康个性从而更好地适应社会。教育目标作为教育活动的出发点和归宿,将决定儿童社会教育工作的质量和成效。因此,本章首先将对如何制定学前儿童社会教育的目标,包括目标的制定依据和目标自身的结构体系进行讨论。

教育目标的实现必须以相应的教育内容为依托。《幼儿园教育指导纲要(试行)》和《3～6岁儿童学习与发展指南》作为当前我国幼儿园教育事业发展的重要指导性文件,给学前儿童社会教育的内容指明了方向与选择的范围。因此,本章在对两份文件中幼儿社会教育的内容进行介绍的基础上,还将进行一定的比较分析,从而帮助教育者根据幼儿的发展特点,选择最适宜的社会教育内容,开展具有针对性的、难易程度适中的社会教育活动。

作为生活在社会群体中的成员,学前儿童的社会学习是在真实的社会环境里,通过与周边的一切人、事、物的实际交往互动内化而形成。并且,受限于生理发展水平,学前儿童的社会学习还具有自己本年龄段的发展特点。在具体的实施过程中,为了最大程度实现预期的教育目标,教育者必须根据学前儿童社会学习的特点,遵循开展幼儿社会教育活动的具体原则,选择最恰当的教育途径和方法。因此,本章还将结合幼儿社会学习的特点来具体阐述学前儿童社会教育的原则、途径和方法。

第一节　学前儿童社会教育的目标和内容

引导案例 2-1

新西兰早期教育目标

新西兰早期教育课程大纲《Te Whariki》明确指出儿童在早期教育阶段的五大教育发展线索为"健康、归属感、贡献、沟通和探索",并且教育最重要的目的之一是培养儿童积极的有助于学习的心智倾向(如好奇、合作、反思、同情、独立、创新等)。[①]与以往教育目标相比,新西兰早期教育现今更加重视儿童社会性的发展。这主要源于新西兰全体教育人士对 21 世纪学习的认识早已发生巨大转变。

"我们想仅仅通过各种标准和制定一套稳定的标准化测试来改变现状,可事实上,从经济层面看这其实是一个愚蠢的想法。因为,现在的学生们未来会从事的工作并不需要由这种标准答案来教育培养出来的人。"

"他们要从事的工作需要他们在艺术方面的能力,需要他们能综合分析,能理解当下情境,能进行团队合作,并能够在一定程度上跨界,使用多种语言,理解多元文化……"

思考:1. 随着时代的变化,21 世纪学前儿童社会教育的目标和内容与以往相比,是否有所差异?差异何在?

2. 如何看待团队合作、多元文化理解等在 21 世纪的作用?

一、学前儿童社会教育的目标

人类生来不能脱离社会环境而孤立存在,必须掌握社会生存的规律和准则,以集体生活的方式生活在社会中。学前儿童社会教育即培养儿童适应社会,发展其"社会性"的教育;旨在促进儿童的社会化,使儿童从出生时的自然人,逐渐成长为适应社会生活的社会人,并最终成为能在社会中独立生存和发展的成熟的人。

《纲要》总则第二条提出:"幼儿园教育是基础教育的重要组成部分,是我国学校教育和终身教育的奠基阶段。……(教育要)为幼儿一生的发展打好基础。"因此,学前阶段是人生的最初阶段,也是身心发展的基础阶段,学前阶段儿童的社会化发展水平将长远地影响儿童未来的社会生活、学习和工作。目标是教育活动开展的起点和归宿,在学前儿

---

① ［新西兰］玛格丽特·卡尔,温迪·李.学习故事与早期教育:建构学习者的形象[M].周菁,译.北京:教育科学出版社,2015:3.

童社会教育中,幼儿园教师应有高度的目标意识,才能保障学前儿童社会教育的质量,切实提高儿童社会性发展水平。

(一) 学前儿童社会教育目标制定的依据[①]

学前儿童社会教育的目标必须根据儿童本身的身心发展水平与特点、社会发展的要求以及国家的教育方针三方面来制定。

1. 内在依据:学前儿童身心发展的水平与特点

幼儿园实施教育的前提和基础是儿童本身的发展,学前儿童身心发展的水平与特点是制定学前儿童社会教育目标的内在依据。一方面,学前儿童社会性的发展,与其身心发展的整体水平,特别是心理发展的水平相适应。另一方面,儿童身心发展的各个方面相互影响、相互促进、相互制约,如儿童语言能力的高低会影响儿童的人际交往情况。因此,实施学前儿童社会领域教育,幼儿园教师首先要了解幼儿身心发展的特点、规律和水平,同时注意幼儿发展的整体性和全面性。只有依据幼儿本身的发展水平和特点,才能制定出符合不同幼儿发展需要的教育活动目标,并在教育中真正促进每一个幼儿社会性发展。

2. 外在依据:社会发展的要求

新西兰早期教育指出:儿童是在与人、与环境和事件的互动和互惠关系中学习和发展的。换言之,儿童的社会化过程就是其在社会生活中不断学习和实践的过程。社会地域文化的差异、社会发展的不同阶段对人的要求都有所不同,如儒家文化倡导集体精神,西方文化则强调个人自主性的发展。教育必须根据幼儿自身发展水平,并紧密结合当前当地社会生活的现实需要和未来发展趋势对个体的要求,合理制定学前儿童社会教育的目标,这是确定学前儿童社会教育目标的外在依据。21世纪是科技、社会迅猛发展的时代,对人类之间的合作与创新能力等提出更高要求,幼儿教育要引导幼儿主动适应快速变化的社会环境,发展适合新时代要求的人际交往能力和社会适应能力。

3. 操作性依据:国家的教育方针

《纲要》明确指出:"幼儿园教育活动要为幼儿一生的发展打基础。"学前儿童社会领域教育目标的制定必须紧密围绕《纲要》所提的上述要求,目标的制定应始终指向影响幼儿一生发展的重要因素,如儿童自信心、自主性的培养。此外,《指南》将幼儿社会性的发展分为人际交往和社会适应两个方面,并列出幼儿在"3~4岁""4~5岁""5~6岁"三个不同年龄阶段上的具体教学目标。上述政策文件是指导我国幼儿教育发展的纲领性文件,是制定学前儿童社会领域教育目标时的操作性依据;幼儿园教师必须认真领会并贯彻落实,才能真正达到促进幼儿社会性发展的教育目的。

(二) 学前儿童社会教育目标的结构与分析

学前儿童社会教育目标的结构可从纵向(层次结构)和横向(内容结构)两个维度进

---

① 周梅林.学前儿童社会教育活动指导(第二版)[M].上海:复旦大学出版社,2012:33-34.

行分析。从纵向上来看,可将目标分为总目标(社会领域总目标)、年龄阶段目标(包括学年目标和学期目标)和教育活动目标(包括主题教育目标和课时教育目标)三个层次。其中,总目标的概括性水平最高,可操作性最差;教育活动目标相反,概括性水平最低,却具有最强的操作性。从横向上来看,可根据《指南》提出的儿童社会性发展的两大内容,从人际交往和社会适应两个方面来分析儿童社会领域教育的目标;或根据儿童心理结构发展将社会领域的教育目标划分为认知、情感和行为三个方面。

1. 学前儿童社会教育目标结构的纵向分析

(1) 总目标

《纲要》对社会领域的总目标表述如下:

◇ 能主动地参与各项活动,有自信心。

◇ 乐意与人交往,学习互助、合作和分享,有同情心。

◇ 理解并遵守日常生活中基本的社会行为规则。

◇ 能努力做好力所能及的事,不怕困难,有初步的责任感。

◇ 爱父母长辈、老师和同伴,爱集体、爱家乡、爱祖国。

总目标是对学前儿童进行社会教育的最终目的,具有高度的概括性,引领社会教育的价值取向,是制定其他层级社会教育活动目标的重要依据。

对总目标进一步分析可发现,《纲要》是从儿童学习的角度进行目标表述的,体现了以儿童为本的价值取向;将"主动与自信"放在幼儿社会领域教育目标的第一条,符合幼儿社会性发展的特点,也符合幼儿学习自主建构的特点。同时,分析总目标的具体文字表述可得,与知识和技能目标相比,总目标中对幼儿的情感态度发展更为重视,这表明情感与态度是学前儿童社会教育更为内在的目标取向,它为幼儿一生的发展提供方向与动力,并伴随儿童终身。

(2) 年龄阶段目标

鉴于总目标具有高度的概括性,在指导幼儿园具体实施社会领域教育时,教师需对幼儿各年龄阶段的发展特点和水平有更细致的把握,才能制定出合理的学年目标和学期目标,并选择合适的教育内容,有效促进幼儿社会性发展。《指南》在对我国幼儿学习与发展状况进行大规模调查研究的基础上,基于3～6岁幼儿整体身心发展规律和学习特点,提出了幼儿在"3～4岁""4～5岁""5～6岁"三个不同年龄阶段在社会领域方面的发展与学习目标,从而,帮助家长和幼儿园教师树立对各年龄段幼儿发展的合理期望,制定出符合幼儿年龄发展水平和需要的阶段教育目标,进而实施科学的保育和教育,促进幼儿健康、快乐成长。

(3) 教育活动目标

幼儿园教育活动目标包括主题教育目标和课时教育目标。与课时教育目标相比,主题教育目标具有较强的系统性和综合性,它包括由主题所包含的各教学单元、各教学活动紧密结合而形成的完整的目标系统,课时教育目标只是一次具体的教育活动目标。由于幼儿社会领域发展总目标、年龄阶段目标和主题教育目标都必须通过一个个具体的教育活动才能实现,因此,在幼儿园教育实践过程中,教师必须根据本园所、本班级幼儿社会性发展的实际情况,在总目标和年龄阶段目标的指导下,制定出每个活动具体的教育活动目标。教育活动目标要求详细、精确,具有可操作性和针对性,教师才能在其指导下,选择合适的教育内容和活动形式,真正促进幼儿社会性水平不断提高。

2. 学前儿童社会教育目标结构的横向分析

本书主要根据《指南》对学前儿童社会教育内容的划分和儿童心理发展的结构特点,对学前儿童社会教育目标结构进行横向分析。

(1)《指南》的社会领域目标分析

《指南》从人际交往和社会适应两方面对社会领域的教育目标进行阐述。其中,人际交往包括愿意与人交往;能与同伴友好相处;具有自尊、自信、自主的表现;关心尊重他人。社会适应包括喜欢并适应群体生活;遵守基本的行为规范;具有初步的归属感。同时,《指南》还列出了上述每条具体目标在"3～6岁"三个不同年龄段的具体表现和教学建议。具体如下:

目标1　愿意与人交往

3～4岁	4～5岁	5～6岁
1. 愿意和小朋友一起游戏。 2. 愿意与熟悉的长辈一起活动。	1. 喜欢和小朋友一起游戏,有经常一起玩的小伙伴。 2. 喜欢和长辈交谈,有事愿意告诉长辈。	1. 有自己的好朋友,也喜欢结交新朋友。 2. 有问题愿意向别人请教。 3. 有高兴的或有趣的事愿意与大家分享。

目标2　能与同伴友好相处

3～4岁	4～5岁	5～6岁
1. 想加入同伴的游戏时,能友好地提出请求。 2. 在成人指导下,不争抢、不独霸玩具。 3. 与同伴发生冲突时,能听从成人的劝解。	1. 会运用介绍自己、交换玩具等简单技巧加入同伴游戏。 2. 对大家都喜欢的东西能轮流分享。 3. 与同伴发生冲突时,能在他人帮助下和平解决。 4. 活动时愿意接受同伴的意见和建议。 5. 不欺负弱小。	1. 能想办法吸引同伴和自己一起游戏。 2. 活动时能与同伴分工合作,遇到困难能一起克服。 3. 与同伴发生冲突时能自己协商解决。 4. 知道别人的想法有时和自己不一样,能倾听和接受别人的意见,不能接受时会说明理由。 5. 不欺负别人,也不允许别人欺负自己。

目标3　具有自尊、自信、自主的表现

3～4岁	4～5岁	5～6岁
1. 能根据自己的兴趣选择游戏或其他活动。 2. 为自己的好行为或活动成果感到高兴。 3. 自己能做的事情愿意自己做。 4. 喜欢承担一些小任务。	1. 能按自己的想法进行游戏或其他活动。 2. 知道自己的一些优点和长处，并对此感到满意。 3. 自己的事情尽量自己做，不愿意依赖别人。 4. 敢于尝试有一定难度的活动和任务。	1. 能主动发起活动或在活动中出主意、想办法。 2. 做了好事或取得了成功后还想做得更好。 3. 自己的事情自己做，不会的愿意学。 4. 主动承担任务，遇到困难能够坚持而不轻易求助。 5. 与别人的看法不同时，敢于坚持自己的意见并说出理由。

目标4　关心尊重他人

3～4岁	4～5岁	5～6岁
1. 长辈讲话时能认真听，并能听从长辈的要求。 2. 身边的人生病或不开心时表示同情。 3. 在提醒下能做到不打扰别人。	1. 会用礼貌的方式向长辈表达自己的要求和想法。 2. 能注意到别人的情绪，并有关心、体贴的表现。 3. 知道父母的职业，能体会到父母为养育自己所付出的辛劳。	1. 能有礼貌地与人交往。 2. 能关注别人的情绪和需要，并能给予力所能及的帮助。 3. 尊重为大家提供服务的人，珍惜他们的劳动成果。 4. 接纳、尊重与自己的生活方式或习惯不同的人。

目标5　喜欢并适应群体生活

3～4岁	4～5岁	5～6岁
1. 对群体活动有兴趣。 2. 对幼儿园的生活好奇，喜欢上幼儿园。	1. 愿意并主动参加群体活动。 2. 愿意与家长一起参加社区的一些群体活动。	1. 在群体活动中积极、快乐。 2. 对小学生活有好奇和向往。

目标6　遵守基本的行为规范

3～4岁	4～5岁	5～6岁
1. 在提醒下，能遵守游戏和公共场所的规则。 2. 知道不经允许不能拿别人的东西，借别人的东西要归还。 3. 在成人提醒下，爱护玩具和其他物品。	1. 感受规则的意义，并能基本遵守规则。 2. 不私自拿不属于自己的东西。 3. 知道说谎是不对的。 4. 知道接受了的任务要努力完成。 5. 在提醒下，能节约粮食、水、电等。	1. 理解规则的意义，能与同伴协商制定游戏和活动规则。 2. 爱惜物品，用别人的东西时也知道爱护。 3. 做了错事敢于承认，不说谎。 4. 能认真负责地完成自己所接受的任务。 5. 爱护身边的环境，注意节约资源。

目标 7　具有初步的归属感

3～4 岁	4～5 岁	5～6 岁
1. 知道和自己一起生活的家庭成员及与自己的关系,体会到自己是家庭的一员。 2. 能感受到家庭生活的温暖,爱父母,亲近与信赖长辈。 3. 能说出自己家所在街道、小区(乡镇、村)的名称。 4. 认识国旗,知道国歌。	1. 喜欢自己所在的幼儿园和班级,积极参加集体活动。 2. 能说出自己家所在地的省、市、县(区)名称,知道当地有代表性的物产或景观。 3. 知道自己是中国人。 4. 奏国歌、升国旗时能自动站好。	1. 愿意为集体做事,为集体的成绩感到高兴。 2. 能感受到家乡的发展变化,并为此感到高兴。 3. 知道自己的民族,知道中国是一个多民族的大家庭,各民族之间要互相尊重,团结友爱。 4. 知道国家一些重大成就,爱祖国,为自己是中国人感到自豪。

幼儿园教师在应用《指南》来指导教育实践时,必须明确以下几个注意事项:

《指南》作为指导我国幼儿教育事业发展的纲领性文件,在提出各个领域各个年龄段幼儿的发展目标时,这种目标只起到导向性作用,幼儿园教师和家长可根据《指南》的引导,形成对幼儿发展水平的合理期望;而不能将《指南》所提出的目标作为一把"标尺",用作评价幼儿发展是否达标的依据或标准;这也是当前各地幼教在落实《指南》时存在的最大误区。因此,教师和家长在教育幼儿的过程中,必须充分理解和尊重幼儿发展的个体差异性,支持和引导幼儿以自己的方式和速度达到《指南》所提出的发展"阶梯"。

关注幼儿发展的整体性和全面性。儿童的发展是一个整体,幼儿教育工作者必须树立幼儿发展的整体观,全面看待幼儿的发展过程。尽管《纲要》和《指南》皆将幼儿发展分为几大领域来进行阐述,但这是为了方便学习者更充分理解幼儿的学习和发展过程,因此,教师在贯彻落实《纲要》和《指南》的精神时,必须关注到幼儿各个领域、各个目标之间的相互渗透和整合,促进幼儿身心全面协调发展。

重视幼儿学习品质的发展。所谓学习品质,是指儿童学习的倾向、态度、行为习惯、活动方式等与学习紧密相关的素质。对幼儿学习品质的重视是本次《指南》的亮点之一。《指南》明确指出,"幼儿在活动过程中表现出的积极态度和良好行为倾向是终身学习与发展所必需的宝贵品质。……忽视幼儿学习品质培养,单纯追求知识技能学习的做法是短视而有害的"。因此,教育者要充分尊重和保护幼儿的好奇心和学习兴趣,并帮助幼儿逐渐养成积极主动、认真专注、不怕困难、敢于探究和尝试、乐于想象和创造等良好学习品质。同时,《指南》将学习品质分散到五大领域的教育过程中,这是由于儿童学习品质的发展与训练是在健康、语言、社会、科学和艺术等各个领域的具体教育与学习过程中体现出来的。教育者在进行五大领域教育时,要时刻将幼儿学习品质的发展作为重要发展目标,并以此来进行活动设计。

(2) 社会领域目标的心理结构分析

从儿童心理发展的角度来看,学前儿童社会教育活动目标的制定和表述,在内容上可分解成幼儿社会认知发展、社会情感发展以及社会技能和行为转变三个方面。例如，幼儿社会教育的总目标为"乐意与人交往"，可将其分解成：在社会认知方面，幼儿初步形成对自己与他人及其关系的认知；在社会情感方面，乐意参加集体活动；在社会交往技能和行为方面，学会关心、尊重、理解他人，掌握基本的交往技能与策略等。

此外，在目标表述的方式上，主要有以下三种方式：表现性目标、结果性目标和体验性目标。① 幼儿园教师可在具体的教学过程选用合适的目标表述形式。所谓表现性目标，主要是为明确幼儿的发展程度，因此，在表述上通常采用体现幼儿习得技能或行为转变相关的行为动词，如"能够自己穿脱衣物"等。所谓结果性目标，即明确表述出幼儿的学习结果，更多是运用在"知识"领域。在具体表述时通常采用可量化、可观测的行为动词，如"知道生活中常用的礼貌用语有哪些""认识常见的安全标志"等。关于体验性目标，主要用于描述幼儿在活动过程中的心理感受和体验，因此，通常采用能够体现出过程性的词汇，如"感受到与朋友一起游戏的快乐"等。

延伸阅读 2-1 >>>

国内外幼儿园社会领域课程目标的比较

1. 目标结构维度方面的异同

在结构维度方面，各国、各地区表现出了较大的差异。如我国从社会关系（包括幼儿与自身、他人的关系以及群体或集体的关系）和心理结构（认识、情感、态度和行为技能）两个维度来组织架构社会领域的教育目标；日本、加拿大则遵循从幼儿自我逐渐扩展到他人再扩展到周围社会生活、环境的线索。美国社会学习课程是从知识、技能、情感和态度这一角度提出的，在具体实施过程中则采用了环境扩展法，即从幼儿最熟悉的环境和人逐渐扩展到相对不熟悉的环境和人。不过，我们也可以看到各国、各地区之间还是有共通之处的，比如都在一定程度上关注了幼儿社会关系、社会生活圈不断扩大的必然趋势，都是从"自我—他人—社会"这一连续统一体出发来组织社会领域的课程目标和具体内容的。

2. 目标具体内容上的异同

从上文所述可知各国、各地区的具体教育目标各不相同。例如，我国的课程纲要着重强调培养幼儿的自信；日本的重点和核心是提高幼儿的自主性；英国强调帮助幼儿形成积极的、良好的自我形象和自我感觉，提高自我价值感；美国除了提出帮助幼儿形成积极的自我概念、发展幼儿的自信心之外，还提出发展幼儿的自我控制能力；加拿大则强调幼儿自信心和自我意识的培养。

与此同时，我们也不难发现各国、各地区对社会领域具体目标和内容的认识与要求仍有一定的共通之处。一是各国、各地区都比较注重幼儿自我系统的发展，都强调要帮

---

① 王道俊，郭文安. 教育学[M]. 北京：人民教育出版社，2009：145-146.

助幼儿认识自己,形成积极的、良好的自我形象,提高幼儿的自尊,以及增强幼儿的自信心,提高幼儿的独立自主性等。二是各国、各地区都十分重视幼儿良好人际交往和人际关系的形成与发展,都致力于提高幼儿的社会交往能力。表现最为突出的是日本,其《幼儿园教育要领》专门设置了一个名为"人际关系"的课程领域。三是各国、各地区也都十分注重培养幼儿理解他人的想法和感受的能力,对他人表示关爱,学会尊重他人等。四是各国、各地区纲要都提出要注意培养幼儿了解并遵守一定的社会行为规则,养成良好的社会行为习惯。如我国《幼儿园教育指导纲要(试行)》明确提出应让幼儿"理解并遵守日常生活中基本的社会行为规则"。日本也明确提出"让幼儿在与小朋友和睦相处中懂得注意遵守公共规则"等。五是很多国家或地区的课程纲要都强调要帮助幼儿接触、了解和适应周围社会环境,包括环境中不同的人、事物、机构、场所等。比如,我国上海地区的课程指南即明确提出要帮助幼儿"接触、了解周围生活环境的人、事、物,感受身边熟悉的科技成果对生活的影响";美国华盛顿州《早期学习与发展基准》也指出要促进幼儿"适应变化多样的环境;表现出对他人和自然世界的移情能力"等。

[资料来源:于开莲.幼儿园社会领域课程目标的比较[J].学前教育研究,2012(3):50-51.]

二、学前儿童社会教育的内容范围

《指南》明确指出,"幼儿社会领域的学习与发展过程是其社会性不断完善并奠定健全人格基础的过程。人际交往和社会适应是幼儿社会学习的主要内容,也是其社会性发展的基本途径。……良好的社会性发展对幼儿身心健康和其他各方面的发展都具有重要影响"。因此,家庭、幼儿园和社会应选择合适的教育内容对幼儿进行社会教育,从而不断提升幼儿的社会性水平。

(一)确定学前儿童社会教育内容的依据[①]

教育目标是教育内容的先导和依据。反过来,教育目标也必须依托一定的教育内容才能实现。因此,教育者不能随意选择教育内容,心中应有明确的目标意识,并按照一定的依据来进行选择。

1. 以学前儿童社会教育的目标为依据

教育者在制定出科学、合理的社会教育目标时,每一条教育目标都应配有相应的教育内容,才能完整实现目标,真正达到促进幼儿社会性发展的目的。因此,选择教育内容时要以教育目标为依据,内容要有助于目标的实现,即教育内容要有目标达成性。《纲要》在提出幼儿社会领域教育的总目标之后,为确保目标的实现,明确提出了幼儿园社会教育的内容和实施要求。《指南》在对不同年龄段幼儿社会教育目标进行细化后,也为选择教育内容指明了方向。幼儿园教师必须根据《纲要》和《指南》的指导,结合自身园所所

---

① 吕炳君.学前儿童社会教育[M].武汉:华中师范大学出版社,2013:96-97.选用时有改动。

在地域特点和本班幼儿实际发展水平,因地制宜,因人制宜,选择最恰当、最有针对性的教育内容,从而有效地实现教育目标。

2. 以学前儿童的身心发展特点和水平为依据

"体验"是学前儿童社会学习的重要特点之一[①],则幼儿的"社会学习"必须是具体而有操作性的,幼儿在参与活动中去感受、体验,以此增进自身社会认知,激发社会情感,习得社会行为。教育内容作为促进幼儿社会化的影响物,只有当它被幼儿关注、接受和内化时,才能实质性地促进幼儿社会发展。因此,只有以学前儿童的身心发展特点和水平为依据,选择符合幼儿兴趣和需要、符合幼儿认知发展水平和能力的教育内容,才能被幼儿关注和理解,幼儿也才能在自身的感受和操作过程中快乐地学习和发展。所以,教育者在选择教育内容时,一定要考虑幼儿的年龄特点和个体差异,选择与幼儿的需要和兴趣、经验、能力的发展变化相匹配的教育内容。

3. 以学前儿童所在的社会生活环境为依据

不同社会文化对幼儿社会性发展的要求不同,则教育内容也必须随教育目标的变化而改变。因此,学前儿童社会教育内容的选择必须以儿童所处的社会生活环境为依据。布朗芬布伦纳提出的社会生态系统理论认为,儿童的发展会受到大环境(如社会文化、民族特征、传统习俗)、外环境(如父母工作环境、亲戚朋友)、中环境(如学校、社区)、小环境(家庭、同学、邻里)等的共同影响,幼儿正是在这样的环境下成长起来,逐渐成长为成熟的、适应社会的个体。所以,学前儿童社会教育的内容应以幼儿所处的社会生活环境为依据,选择儿童熟悉的、与幼儿生活经验紧密联系的内容。此外,儿童社会教育不仅要帮助幼儿适应当下生活,还要引导幼儿为将来的生活做好准备。因此,教育者必须认真分析和研究幼儿的现实生活环境以及未来生活环境,了解幼儿的已有经验和未来生活需求,选择既有现实性又有发展性的教育内容。

(二) 学前儿童社会教育的内容

1.《纲要》中的社会教育内容

《纲要》在提出学前儿童社会教育的总目标后,又明确提出幼儿园社会领域教育的八条教育内容和实施要求。具体如下:

(1) 引导幼儿参加各种集体活动,体验与教师、同伴等共同生活的乐趣,帮助他们正确认识自己和他人,养成对他人、社会亲近、合作的态度,学习初步的人际交往技能。

(2) 为每个幼儿提供表现自己长处和获得成功的机会,增强其自尊心和自信心。

(3) 提供自由活动的机会,支持幼儿自主地选择、计划活动,鼓励他们通过多方面的努力解决问题,不轻易放弃克服困难的尝试。

(4) 在共同的生活和活动中,以多种方式引导幼儿认识、体验并理解基本的社会行为

---

① 李季湄,冯晓霞.《3~6 岁儿童学习与发展指南》解读[M].北京:人民教育出版社,2013:98.

规则,学习自律和尊重他人。

(5) 教育幼儿爱护玩具和其他物品,爱护公物和公共环境。

(6) 与家庭、社区合作,引导幼儿了解自己的亲人以及与自己生活有关的各行各业人们的劳动,培养其对劳动者的热爱和对劳动成果的尊重。

(7) 充分利用社会资源,引导幼儿实际感受祖国文化的丰富与优秀,感受家乡的变化和发展,激发幼儿爱家乡、爱祖国的情感。

(8) 适当向幼儿介绍我国各民族和世界其他国家、民族的文化,使其感知人类文化的多样性和差异性,培养理解、尊重、平等的态度。

从上述表述可知,《纲要》只对学前儿童社会教育的总体内容进行概括性、纲领性表述,而没有规定具体内容。结合儿童社会性发展目标和幼儿园教育教学实践对《纲要》中的教育内容进行细致分析后,可将其细分为五大类[①]:

(1) "自我成长教育",主要指向促进幼儿自我意识、自我服务和个性品质发展的教育。

(2) "社会交往教育",指向激发幼儿社会交往意愿,掌握人际交往技能,形成良好社会交往行为的教育,主要包括亲子交往教育、师幼交往教育和同伴交往教育。

(3) "社会环境教育",指向通过幼儿园教育活动以及幼儿自身与周围环境的人和物进行接触后,获得对社会环境的基本认识,并能与社会环境进行良性互动的教育。

(4) "社会规范教育",主要指促进幼儿认识社会规范内容、体验社会规范价值,并形成遵守社会规范的能力和习惯的教育,具体包括生活规范教育、道德规范教育、活动规范教育等。

(5) "社会文化教育",主要包括认识、尊重和体验民族文化和异域文化,初步形成对本民族文化的认同感和归属感,并能以客观、开放、包容的态度认识外来文化。

2.《指南》中的社会教育内容

《指南》根据人与人、人与社会两大关系系统,将儿童社会教育分为人际交往和社会适应两大子领域,并明确提出:人际交往和社会适应是幼儿社会学习的主要内容,也是其社会性发展的基本途径。因此,根据《指南》的精神,幼儿教育工作者可从人际交往和社会适应两方面来分析和选择学前儿童社会教育的具体内容。

(1) 人际交往。《指南》中将人际交往这一子领域的发展目标具体再细分为愿意与人交往,能与同伴友好相处,具有自尊、自信、自主的表现,关心尊重他人。其中,愿意与人交往和能与同伴友好相处旨在培养幼儿的人际交往能力;具有自尊、自信、自主的表现和懂得关心尊重他人,意在促进幼儿自我意识的发展。

愿意与人交往。这一目标主要指向激发幼儿社会交往意愿,促使幼儿乐意与成人、

---

① 李洪亮. 幼儿社会教育[M]. 西安:陕西师范大学出版总社有限公司,2013:56.

与同伴交往、交流。为此,成人首先应主动亲近和关心幼儿,经常和他一起游戏或活动,让幼儿感受到与成人交往的快乐,建立亲密的亲子关系和师生关系。同时,应为幼儿创造交往的机会,让幼儿体会交往的乐趣。例如:家长应利用走亲戚、到朋友家做客或有客人来访的时机,鼓励幼儿与他人接触和交谈;鼓励幼儿参加小朋友的游戏,邀请小朋友到家里玩,感受和同伴一起玩的快乐。另一方面,作为幼儿社会教育的另一重要主体:幼儿园应多为幼儿提供自由交往和游戏的机会,鼓励他们自主选择、自由结伴开展活动。

能与同伴友好相处。这一目标主要指向培养幼儿社会交往的技能,使幼儿能形成良好的同伴关系。成人应结合具体情境,引导幼儿换位思考,学习理解别人,进而指导幼儿学习交往的基本规则和技能。例如,当出现争抢玩具等矛盾冲突时,引导幼儿思考"假如你是那个被推倒、被抢玩具的小朋友,你有什么感受"。并指导幼儿尝试用协商、交换、轮流玩、合作等方式解决冲突。再者,当幼儿不知如何加入同伴游戏,或提出请求不被接受时,成人可建议他拿出玩具邀请大家一起玩;或者扮成某个角色加入同伴的游戏。此外,鉴于"模仿"是幼儿社会学习最重要的特点,在日常教育过程中,成人应对幼儿与别人分享玩具、图书等行为给予肯定,让幼儿对自己的表现感到高兴和满足,并给其他幼儿树立良好榜样;同时,利用相关的图书、故事,结合幼儿日常的交往经验,和幼儿讨论什么样的行为受大家欢迎,想要得到别人的接纳应该怎样做,并借此引导幼儿向身边的榜样、向图画故事中的正面形象学习。幼儿园教师在设计、组织教育活动时,可有意识地多为幼儿提供需要大家齐心协力才能完成的活动,让幼儿在具体活动中体会合作的重要性,学习分工合作。

具有自尊、自信、自主的表现。在这一教育目标的指导下,幼儿园教师和家长在日常教育教学过程和生活过程中,要注意关注幼儿的感受,维护其自尊心和自信心。例如,教师要平等对待班上每一位幼儿,不能拿幼儿的不足与其他幼儿的优点作比较;表扬和鼓励幼儿时,要对事不对人,尽量给予具体而有针对性的评价,帮助幼儿形成对自己的准确认识,了解自己的优点和不足,因为自身的优点而自豪,同时努力改正身上存在的不足。

此外,成人应鼓励幼儿自主决定,独立做事,而不能过分包办代替,帮助幼儿在自我服务的过程中,增强其自尊心和自信心。例如,在与幼儿相关的事情上,一方面,要认真倾听幼儿的意见并尊重幼儿的选择,帮助幼儿以自己的方式去独立完成一定的任务,鼓励幼儿尝试有一定困难度的任务,让他感受经过努力获得的成就感,进一步增强自信心。另一方面,幼儿由于身心发展水平较低,生活经验不足,每一次的选择并不一定都正确,成人在尊重幼儿选择的基础上,要注意引导;当出现不尽如人意的后果时,成人不能以"大人"的身份随意批评孩子,而要采取有效措施,循序渐进地引导幼儿,让幼儿在一次次"试误学习"中不断成长和进步。

关心尊重他人。一方面,幼儿由于身心发展水平所限,具有较强的"以自我为中心"的特点;兼之我国实行计划生育政策,当前大部分幼儿都为独生子女,在家集万千宠爱于一身,幼儿在与同伴进行交往时,容易因争抢玩具或成人关心等发生冲突。另一方面,幼儿社会学习的另一特点为"同化",即幼儿的行为和态度易受到周围外部环境潜移默化的感染和熏陶,"近朱者赤,近墨者黑"。因此,成人应以身作则,以尊重、关心的态度对待自己的父母、长辈和其他人。例如,经常问候父母,主动做家务;礼貌地对待老年人,如坐车时主动为老人让座;看到别人有困难能主动关心并给予一定的帮助。当周围人都彬彬有礼时,幼儿自然而然学会礼貌待人。

在以身作则之余,成人还应结合实际情境,以恰当的方式引导幼儿尊重、关心长辈和身边的人,尊重他人劳动及成果。例如,当妈妈累了的时候,知道让她安静休息一会儿;利用生活机会和角色游戏,帮助幼儿了解与自己生活密切相关的社会服务机构及其工作,如商场、邮局、医院等,体会这些机构给大家提供的便利和服务,懂得尊重工作人员的劳动,珍惜劳动成果。此外,培养幼儿关心尊重他人的教育目标还包括引导幼儿学习用平等、接纳和尊重的态度对待差异。教育者要引导幼儿认识到每个人都有自己的想法、兴趣和特长;同时,利用民间游戏、传统节日等,适当向幼儿介绍我国主要民族和世界其他国家和民族的文化,帮助幼儿感知文化的多样性和差异性,理解人们之间是平等的,应该互相尊重,友好相处。

(2)社会适应。《指南》中将社会适应这一子领域的发展目标具体再细分为喜欢并适应群体生活、遵守基本的行为规范和具有初步的归属感。

喜欢并适应群体生活。这一教育目标主要指向培养幼儿的亲社会行为,让幼儿喜欢并愿意主动参与到群体生活中。为此,成人应经常和幼儿一起参加一些群体性的活动,让幼儿体会群体活动的乐趣。如:参加亲戚、朋友和同事间的聚会以及适合幼儿参加的社区活动等,支持幼儿和不同群体的同伴一起游戏,丰富其群体活动的经验。此外,幼儿园组织活动时,可以经常打破班级的界限,让幼儿有更多机会参加不同群体的活动。在面临幼小衔接问题时,教师可带领大班幼儿参观小学,讲讲小学有趣的活动,唤起他们对小学生活的好奇和向往,为入学做好心理准备。

遵守基本的行为规范。这一目标主要指向帮助幼儿了解一些日常生活规则,感受规则在生活中的重要性,培养幼儿的规则和秩序意识,养成道德行为习惯。具体包括生活规则、学习和游戏规则、外出规则和交往规则等。对于幼儿而言,道德规范和行为的学习存在较大难度。成人不能期望幼儿能主动去学习和遵守规则。因此,教师需明确告诉幼儿他应该遵守的规则,明确告诉幼儿应该做什么。倘若不能明确告诉幼儿应该遵守的规则,幼儿会变得没有安全感,产生任性行为。因此,成人首先要遵守社会行为规则,为幼儿树立良好的榜样。如:答应幼儿的事一定要做到、尊老爱幼、爱护公共环境、节约水电等。

此外,成人应结合社会生活实际,帮助幼儿了解基本行为规则或其他游戏规则,体会规则的重要性,学习自觉遵守规则。例如:经常和幼儿玩规则游戏,共同遵守约定的游戏规则;利用实际生活情境和图书故事,向幼儿介绍一些必要的社会行为规则,以及为什么要遵守这些规则。在幼儿园的区域活动中,创设情境,让幼儿体会没有规则的不方便,鼓励他们讨论制定规则并自觉遵守。对幼儿表现出的遵守规则的行为要及时肯定,对违规行为给予纠正。如:幼儿主动为老人让座时要表扬;幼儿损害别人的物品或公共物品时要及时制止并主动赔偿。

为帮助幼儿更好地适应社会群体生活,成人还应教育幼儿要诚实守信。一方面,对幼儿诚实守信的行为要及时肯定;另一方面,当发现幼儿说谎行为时,成人首先要明晰背后的原因,分析幼儿是无法分清现实和想象的区别,还是有意说谎;同时,成人还应反思是否是自己的教育行为不恰当,如过分严格导致幼儿害怕惩罚或为了讨好成人而说谎。面对幼儿有意说谎的行为,成人要严肃告诉幼儿这是不对的行为,同时允许幼儿犯错误,告诉他改了就好,不要打骂幼儿。为进一步培养幼儿的责任感和自信心,成人还可经常给幼儿分配一些力所能及的任务,要求他完成并及时给予表扬。

具有初步的归属感。该教育目标旨在培养幼儿对家庭、对班级和幼儿园,乃至对生活的国家和地区产生认同感和归属感,形成良好的亲子关系,喜欢教师和同伴,乐意上幼儿园。为此,成人应亲切地对待幼儿,关心幼儿,让他感到长辈是可亲、可近、可信赖的,家庭和幼儿园是温暖的。如:多和孩子一起游戏,尽量在家庭和班级中营造温馨的氛围;通过和幼儿一起翻阅照片、讲幼儿成长的故事等,让幼儿感受到家庭和幼儿园的温暖,老师的和蔼可亲。另外,成人应鼓励幼儿参加集体活动,萌发集体意识。如幼儿园和班级里的重大事情和计划,可以请幼儿集体讨论决定;幼儿园经常组织多种形式的集体活动,萌发幼儿的集体荣誉感。再者,教师要运用幼儿喜闻乐见和能够理解的方式激发幼儿爱家乡、爱祖国的情感。如和幼儿一起外出游玩,一起看有关的电视节目或画报等,和他们一起收集有关家乡、祖国各地的风景名胜、著名的建筑、独特物产的图片等,在观看和欣赏的过程中激发幼儿的自豪感和热爱之情等。

案例 2-1 >>>

罗斯福的故事[①]

美国前总统罗斯福幼年时长着碧蓝的大眼睛,鼻梁挺直端正,一头金色的卷发,显得英俊、神气,很招人喜欢。尤其是他那一头金色的卷发,非常漂亮,妈妈很喜欢罗斯福这头漂亮的卷发,并喜欢用各种服装来装扮年幼的罗斯福。但是,妈妈为他选的衣服,小罗斯福并不喜欢。

有一天,妈妈想给罗斯福穿皱边的衣服,罗斯福大胆地说出了自己的不满。又有一次,妈妈想说服罗斯福穿苏格拉短裙,罗斯福又拒绝了妈妈的好意。最后,罗斯福和妈妈一致同意穿水手服。

关于这段事,罗斯福的妈妈萨拉在《我的儿子罗斯福》一书中这样写道:"我们做妈妈

---

① 周世华,耿志涛.学前儿童社会教育(第二版)[M].北京:高等教育出版社,2014:43.

的对于衣饰的品位虽然高雅,可是我们执拗的子女却并不喜爱。"可敬的是,罗斯福的妈妈并没有强迫孩子听从自己的意见,而是非常尊重孩子的想法。萨拉是这样解释的:"我们从不曾试图对他施加影响来反对他的喜好,或者按我们的模式规定他的人生道路。"

[评析]　该案例很好地体现了罗斯福妈妈的教育智慧。在与罗斯福的相处过程中,萨拉并不以"大人"的身份随意对待、过分包办与罗斯福相关的一切事情。而是在日常生活小事中,就注意关注罗斯福的感受,认真倾听罗斯福的意见并尊重孩子的选择,从而维护小罗斯福的自尊心和自信心,帮助罗斯福成长为一个更具有独立自主性的个体。

3.《纲要》和《指南》的对比

2001年教育部出台《幼儿园教育指导纲要(试行)》之后,提出了"以儿童发展为本、游戏是幼儿园的基本活动、让每一个幼儿富有个性地发展"等优秀的教育理念,并将幼儿园教育划分为健康、社会、语言、科学和艺术五大领域。十几年来,幼儿园努力贯彻《纲要》的精神并落实到幼儿教育实践中。但由于《纲要》只提出五大教育领域幼儿发展的总目标,领域目标不够具体和操作化,更缺乏不同年龄段的发展目标。这一缺陷导致教师在将"以幼儿为本"等优秀教育理念进行实践转换的过程中遇到困难,表现为教师在实践中对幼儿学习与发展的水平把握不准,教育中随意性大,教育的有效性比较差。为此,基于3~6岁儿童身心发展规律与学习特点,以及对我国幼儿学习与发展状况进行大量调查研究之后,教育部于2012年颁布了《3~6岁儿童学习与发展指南》这一新的指导幼儿教育事业发展的纲领性文件。

以下具体对《纲要》与《指南》在学前儿童社会教育领域的目标和内容方面的不同之处进行比较分析:

(1) 教育目标的差异

在领域目标的表述上,《纲要》只提出每个教育领域幼儿发展的总目标,《指南》则将每个领域不同年龄段儿童发展的表现和水平都具体化、细致化和目标化,并给出十分具有操作性和针对性的教育建议。

具体到学前儿童社会领域教育,《纲要》提出儿童社会学习与发展的8条纲领性的总目标,教师进行实践转化的难度较高;《指南》则将儿童社会领域的发展细分为人际交往和社会适应两个子领域,这实际上是将人的关系系统分解成人与人、人与社会两大部分,并通过人与人之间的人际交往,人与社会之间的社会适应来最终实现人的社会生存目标。此外,《指南》在每个子领域下又细分为几条具体目标,同时,将每条目标在不同年龄段的发展表现都具体阐述,并提出具体而有操作性的教育建议,特别有助于家长和教师深入了解3~6岁幼儿在社会学习与发展方面的基本规律和特点,特别有助于教师观察、了解幼儿并实施科学的教育实践。但值得注意的是,《指南》中的目标只是儿童发展的导向,家长和教师可据此建立对幼儿社会性发展的合理期望,而非用作评价幼儿社会性发展水平的"标尺"。教育者在贯彻落实《指南》时必须深入领会《指南》的精神,不能将其当作是操作和评价标准。

（2）教育内容和教育建议的差异

《纲要》在提出儿童社会领域学习与发展的总目标后,又据此提出了8条教育内容和要求,以及3条教育指导要点。对8条教育内容进行细致分析可将其细分为五大类,分别为自我成长教育、社会交往教育、社会环境教育、社会规范教育和社会文化教育;3条教育指导要点主要给幼儿园教师指出学前儿童社会教育的基本原则,如环境熏陶原则、一致性原则等。因此,主要起到一个方向性的引导作用,对幼儿园教育的发展方向、对基本的幼儿园行为提出要求和规范。

《指南》则明确指出,人际交往和社会适应是幼儿社会学习的主要内容,也是其社会性发展的基本途径。因此,《指南》在描述儿童社会领域学习和发展目标的同时,也给幼教工作者指出了幼儿园社会教育的主要内容。并且,每一条子目标下,《指南》还提出了十分详细的指导建议,具有很强的操作性,对幼儿园教师和家长在实施教育行为时有重要的借鉴价值。

综上,与《纲要》相比,《指南》显得更为具体而详细。这是由于两者定位不同:《纲要》是国家指导幼儿教育的上位纲领性文件,其主要使用者是幼教研究者和管理者;《指南》同样是我国幼教事业发展的指导性文件,但由于《指南》主要面向的是幼儿教育的实践者即教师和家长,则实践性更强。然而,《指南》不能简单地看作是《纲要》的细化;有的是细化,有的则是填补空白。一方面,《指南》与《纲要》拥有共同的教育观、儿童观和发展观;另一方面,《指南》通过提出一整套比较科学、明确、具体的目标与教育建议来引导幼儿园教育实践和家长教育,即给教师和家长提供了明确的儿童发展方向和教育促进发展的科学依据,弥补了《纲要》的不确定性,也有助于提高教师的专业教育技能。为此,《纲要》是《指南》实施方向的航标灯,《指南》是《纲要》转化为实践的桥梁。通过《指南》,幼儿园教师和家长得以了解3～6岁幼儿学习与发展的基本规律和特点,建立对幼儿发展的合理期望,实施科学的保育和教育,让幼儿度过快乐而有意义的童年。《指南》的颁布将推进各地更好地、深入地贯彻落实《纲要》的精神。

第二节　学前儿童社会教育的原则、途径和方法

引导案例 2-2

琼的孩子们

琼是一个25岁的母亲,有两个孩子,分别是5岁和3岁。她的生活就是枯燥的工作

和照顾孩子,她必须独自面对。她不再同孩子的父亲一起生活。她的朋友很少,并都比她过得好。她的钱都用在了付租金和为家人购买食品上了。她的每一个孩子都表现出被忽视的迹象。他们经常没人照管,眼神麻木,很少与外人交流,孩子的身心需要得不到满足。他们在幼儿园里经常捣乱,欺负其他孩子,没有孩子愿意与他们一起玩。有一次,琼的邻居发现她的孩子饿着肚子被单独留在家里整整一个晚上,于是报了警。两个孩子的幼儿园老师对此忧心忡忡,于是去家里与琼交流,琼表现得很不在乎,显得冷漠和凶狠。[①]

思考:1. 你是如何看待邻居和幼儿园教师的行为的?

2. 应该通过哪些途径、方法以更好地促进学前儿童社会性的发展?

一、学前儿童社会教育的原则

学前儿童社会教育从属于教育,因此必须遵循教育活动的一般原则,如因材施教原则、量力而行原则等。此外,《纲要》明确指出,"社会领域的教育具有潜移默化的特点。幼儿社会态度和社会情感的培养尤应渗透在多种活动和一日生活的各个环节之中,要创设一个能使幼儿感受到接纳、关爱和支持的良好环境,避免单一呆板的言语说教。幼儿与成人、同伴之间的共同生活、交往、探索、游戏等,是其社会学习的重要途径。应为幼儿提供人际间相互交往和共同活动的机会和条件,并加以指导。社会学习是一个漫长的积累过程,需要幼儿园、家庭和社会密切合作,协调一致,共同促进幼儿良好社会性品质的形成"。由上可得,幼儿的社会教育和社会学习还具有易受外部环境熏陶,注重体验和实践的特点。因此,在开展学前儿童社会教育时要注意以下几个原则:

(一)正面教育原则

所谓正面教育原则,是指在学前儿童社会教育中,教师要从正面进行引导,利用表扬、榜样、陶冶、说服等积极的教育方法引导幼儿辨别是非,掌握正确的行为准则,即教育孩子怎样做人,做什么样的人,它包括教育培养方向上的正面性和教育方式上的正面性。正面教育原则是一切教育活动最基本的原则,其核心是在尊重的前提下对儿童提出要求,是"以幼儿为本"教育理念的具体体现。贯彻正面教育原则,要求教师必须做到:

1. 为幼儿树立正确的榜样。一方面,教师和家长本身要成为幼儿社会化过程中正面积极的榜样,严格要求自己,提高自己的品行修养,使幼儿从小接触到的都是正面的言行举止和情感思维。另一方面,教育者要为幼儿选择正面的同伴榜样。随着幼儿的发展,同伴对幼儿的影响越来越重要。由于同伴之间年龄相似性的影响,同伴榜样对幼儿产生更大的意义和作用。

---

① [美]马乔里·J.克斯特尔尼克.儿童社会性发展指南理论到实践[M].邹晓燕,译.北京:人民教育出版社,2014:202. 选用时有改动。

2. 为幼儿选择正向积极的教育内容。考虑到幼儿尚未形成自我的评价标准,年龄越小越易受到外在环境和教育的影响,教育者应直接为幼儿呈现正面的教育案例,使幼儿直接学习和接触到正面的观点和行为方式。同时,还要为幼儿创设积极的环境,包括物质上是干净、整洁、充足和多样的,气氛上是宽容、有序和接纳的,以此来诱发、维持和强化幼儿的积极行为。

3. 采用正面的教育方式。例如,对幼儿提出要求时,直接告诉幼儿教育者希望他们"这样做"和"做什么",而非相反的"不要做"和"不要做什么"。这主要是考虑到年幼的孩子常常将反话正过来理解的心理特点。此外,评价幼儿时以鼓励和表扬为主。幼儿对自我的评价主要来自成人对自己的评价,因此,父母或教师的积极评价,有助于幼儿自信心、自尊心和自豪感的形成。当然,表扬必须实事求是、适度适量,而非一味表扬,否则表扬便会失去其激励作用。另外,评价幼儿时还要考虑幼儿本身的气质特点,恰到好处的批评能让幼儿认识到自己的错误,激发其改正错误的决心。

案例 2-2

几个问题情境中教师的反应[①]

情景1:一个孩子用手指戳老师,让她听她说话。

教师:我知道你很想告诉我一些事情,但要叫我的名字或轻轻地拍拍我的肩膀。

情景2:许多儿童把汗巾散落在衣物间。

教师:我知道你很着急回教室,但你把脏毛巾乱扔在衣物间,我很生气。在你离开前把它们都放在洗衣篮里。

情景3:天气很闷热潮湿,一个小朋友在做旅游生活的分享交流时,其他儿童都很烦躁,并且开始坐立不安地小声聊天。

教师:你们很热很不舒服。可是当你们在聊天时,明明(进行交流的幼儿)会分心。我想他一定很伤心,他这么想跟你们分享他出去玩的经验。请静静地坐在椅子上听明明说。

[评析]　教师这样的正面回应,既站在幼儿的角度,了解了幼儿的行为和想法,又表达了教师的个人看法,除用于改正儿童行为外,还可以强化好的行为。

(二) 实践性原则

所谓实践性原则,是指在学前儿童社会教育中,教师要在实践活动中对幼儿进行社会认识观念和社会规则的教育,以提高幼儿的社会认识,激发幼儿积极的社会情感,培养幼儿良好的社会行为。这是由于操作学习是幼儿学习的重要方式,儿童社会性的提升,

---

① ［美］马乔里·J.克斯特尔尼克.儿童社会性发展指南理论到实践[M].邹晓燕,译.北京:人民教育出版社,2014:411.选用时有改动。

需要在实际的生活环境中不断实践和锻炼,最终才能将社会认知和社会情感转变成为社会行为,并内化成为自己的行为方式,不断适应社会群体生活。幼儿的社会化过程说到底还是要由幼儿自己完成,因此贯彻实践性原则,要求教师必须做到:

1. 为幼儿提供他们能够参与和完成的多种实践活动机会。教师要根据幼儿的发展水平和兴趣、需要,为幼儿提供难易程度适中的实践活动内容和形式。例如,在日常生活活动中,鼓励幼儿自主独立完成能力所及的穿脱衣服、刷牙洗脸等事务;利用节日、参观等活动,教师有计划、有组织地为幼儿安排讨论、制作、游戏等多种实践机会。

2. 教会幼儿参与社会生活实践的具体方式和技能。幼儿由于年龄小,生活经验少,很多时候因为不会做或做不好,主动或被动地失去很多实践的机会。因此,教师要有意识地教导幼儿参与生活实践的知识和技能,教给幼儿具体的行为方式,即教儿童"怎样做",帮助幼儿掌握正确的行为方式,由此,幼儿才能从成功的行动中树立对自己的自信心和自豪感,为以后在实际生活中的社会行为实践打下良好的基础。

3. 包容幼儿在实践过程中的错误和不足,即成人要允许儿童犯错误。"试误学习"本就是幼儿重要的学习途径,幼儿正是在不断的犯错误过程中逐渐积累经验,提高能力。因此,成人要教育幼儿自己的问题自己解决,多给幼儿根据自己的经验和策略来解决问题的实践机会,幼儿长大以后才不会遇到问题就束手无策。

(三) 生活教育原则

所谓生活教育原则,是指教师要在真实的社会生活中开展儿童社会教育活动。学前儿童社会教育的主要任务就是要培养幼儿主动适应社会环境,适应群体生活的能力。因此,社会教育是借助于日常生活,并且为了日常生活而进行的教育活动。贯彻生活教育原则,要求教师做到:

1. 重视生活中广泛的渗透教育。《纲要》明确指出,"社会领域的教育具有潜移默化的特点。幼儿社会态度和社会情感的培养尤应渗透在多种活动和一日生活的各个环节之中,要创设一个能使幼儿感受到接纳、关爱和支持的良好环境,避免单一呆板的言语说教"。因此,学前儿童社会教育不能完全依靠专门性的社会教育活动,教师必须善于抓住生活的教育细节。《指南》指出,幼儿是在与成人和同伴交往的过程中,不仅学习如何与人友好相处,也在学习如何看待自己、对待他人,不断发展适应社会生活的能力。所以,成人应为幼儿提供人与人之间相互交往和共同活动的机会和条件。同时,为了更好地发挥生活教育的作用,教育者还应注意环境中育人因素的渗透,为幼儿创设良好的生活环境,提供宽敞、干净物质环境和充足、多样的活动材料;创设温暖、宽松、接纳、愉悦的精神环境。

2. 长期一贯地坚持。生活是长期性的,幼儿良好社会行为的养成也有赖于有始有终的练习和坚持。因此,教师必须对幼儿的社会教育做长期计划,借助日常生活的重复性来加以形成和巩固幼儿良好的行为习惯。例如,从幼儿小班入园开始,便坚持引导幼儿形成自己动手吃饭、自己穿脱衣服、自己整理玩具的习惯,在前期教师要注意耐心等待并说明,经过漫长的积累和练习过程,直至幼儿形成自觉行为。

(四)一致性原则

所谓一致性原则,是指在学前儿童社会教育中,教育者要有目的、有计划地对来自各方面的教育影响加以组织和协调,使其相互配合、协调一致,使幼儿的社会性品质朝着既定的目标健康发展。这是由于儿童的社会性发展过程中,会受到来自社会、家庭、学校等各方面的影响,各方面必须统一发挥作用,形成教育合力,才能给幼儿一致的影响,实现一致的教育目标。贯彻一致性原则要注意以下三点:

1. 教师自身教育态度要保持一致。首先,教师的教育态度要保持前后一致。如果教师对同一种行为的要求经常产生变化,前后不能保持一致,则幼儿会无所适从。这会导致幼儿的正确行为得不到强化,错误行为得不到抑制或消除,幼儿难以形成系统的良好社会性行为。其次,教师的言行要一致。教师不能一边语言上在批评幼儿,一边却忍不住笑了。教师这种言行态度上的不一致,会产生不良的教育效果,使幼儿难以用同一标准来衡量、调整自己的行为,最终不利于幼儿形成稳定的社会性品质和行为。因此,教师不仅要做到言教,还要做到身教,言行必须一致才能有助于幼儿良好社会性的发展。

2. 幼儿园内部多种教育力量要保持一致。幼儿生活在幼儿园这一个环境之中,园内的所有人员都在潜移默化地影响着幼儿。因此,幼儿园的领导、教师及其他工作人员在对幼儿社会性的培养观念、态度和行为上必须保持上下一致。同时,幼儿园制定的与儿童社会性相关的整体发展方针、目标规划必须准确落实到各班教师的教育计划和工作安排上。不能出现领导重视,教师不重视;大班重视,小班不重视的情况,这会影响到整个幼儿园全体幼儿社会性的发展水平与状况。

3. 家庭、幼儿园和社会要保持一致。《纲要》中指出,"社会学习是一个漫长的积累过程,需要幼儿园、家庭和社会密切合作,协调一致,共同促进幼儿良好社会性品质的形成"。如果各方面的要求各有差异,甚至矛盾,如教育重点不一,教育方法不协调,则教育效果便会相互抵消,造成儿童思想上的混乱和行为上的矛盾,幼儿会不知所措,无法形成稳定的思想品德与行为习惯。例如,教师一般要求幼儿在发生冲突矛盾时,要学会运用语言来沟通协商,但一些家长却灌输给孩子"谁欺负你,你就欺负回去"的观念。这种家园不一致的现象,会在很大程度上削弱教师对幼儿进行社会教育的努力,使幼儿园的教育达不到应有的效果。因此,儿童社会性的发展需要家庭、学校和社会的积极配合,共同培养幼儿良好的社会品格。

二、学前儿童社会教育的途径

《纲要》指出,"社会领域的教育具有潜移默化的特点……(幼儿的)社会学习是一个漫长的积累过程,需要幼儿园、家庭和社会密切合作,协调一致,共同促进幼儿良好社会性品质的形成"。《指南》则明确提出,"人际交往和社会适应是幼儿社会学习的主要内容,也是其社会性发展的基本途径"。因此,儿童与成人、与同伴之间的共同生活、交往、探究、游戏等,就是其社会学习的重要途径。成人要为幼儿提供人际间相互交往和共同活动的机会和条件,以促进幼儿社会性的发展。结合幼儿社会教育的原则和社会学习的特点,学前儿童社会教育的途径可分为以下三个方面:专门教育活动、随机教育活动、家园合作和社区教育。

(一)专门教育活动

幼儿园专门的教育活动是指教师根据教育目的和教育计划,根据本班幼儿的发展规律和特点,选择具有针对性、操作性的教育内容,采取合适的教育方式和方法,对幼儿进行教育的形式,这是一种有计划、有组织、有目的的教育活动,在学前儿童社会教育中发挥正规教育的功能,主要包括集体教学活动、区域活动和游戏。

1. 集体教学活动的优点主要体现为每一个社会教育活动都有明确的目标来指导活动的开展;同时教师有清晰的设计思路,能有效组织活动,直接向幼儿传递教育意图。

2. 区域活动一般被视为集体教育的延伸。教师可通过有针对性地创设区域活动环境、投放区域材料和设施来发挥区域活动的社会教育功能。例如,通过规定区域活动的操作人数来引导幼儿习得学习和游戏规则;通过创设需要几人共同合作完成的区域活动来培养幼儿团结合作的良好社会品质。

3. 游戏是儿童最喜欢、最能发挥主体性的活动,幼儿随时随地都可以开展游戏。因此,游戏本身就是幼儿认识社会、参与社会生活的一种独特方式。通过游戏,幼儿不仅可以认识不同的社会角色,了解不同的社会规则,体验社会生活的快乐,还可在其中学会与同伴进行协商、分配角色、处理纠纷等,进一步提高社会交往技能,产生恰当社会行为。因此,教师应重视游戏在儿童社会化过程中的教育功能,保障幼儿游戏的时间和机会,并有意识引导幼儿在游戏中发展自身的社会交往技能,形成良好社会情感和个性行为。在各种游戏类型中,对幼儿社会性发展影响最大的主要是角色游戏和表演游戏。

(二)随机教育活动

1. 日常生活中的随机教育

正如前面所言,儿童的社会教育必须借助日常生活来开展,社会教育的目的本就是为了适应社会生活。因此,幼儿园除了组织专门的教育活动外,还应重视日常生活的随机教育。环境是幼儿学习的第二位老师。幼儿园要把社会教育渗透在幼儿的一日生活之中,幼儿的盥洗、用餐、午睡等常规课程都可以作为社会教育的内容。与专门的教育活动相比,由于上述常规课程是重复性的,更有利于幼儿在不断的练习中巩固、内化形成良好的行为习惯,使幼儿终身受益。此外,教师还可以针对生活中的偶发事件进行随机教育。例如,引导幼儿关心班上因为生病无法来园的幼儿,引导幼儿爱护因翅膀受伤而停靠在窗台上的小鸟等。在节日活动中渗透社会教育也是非常有效的途径。例如,利用

"重阳节"引导幼儿尊敬老师,利用"母亲节"进行母爱教育等。

2. 其他领域活动中的随机教育

尽管《纲要》和《指南》都将幼儿的学习和教育划分为几大领域,但幼儿的发展实际上是一个整体。幼儿园其他领域的教育活动中同样蕴含着丰富的社会教育契机,教师却往往只注意到某一领域的活动目标,忽视了随机性的社会教育,无形中失去了很多社会教育机会。教师要提高其他领域活动中的社会教育意识,抓住各种教育契机,多管齐下,全面进行社会教育。例如,在健康领域的户外体育活动中,可以通过接力赛等活动培养幼儿团结一致的合作精神以及胜不骄、败不馁的态度;在讲《小猫抓鱼》的故事中可以培养幼儿一心一意、专心致志的学习品质。

(三)家园合作和社区教育

《纲要》和《指南》都指出,幼儿的社会性发展需要幼儿园、家庭和社区协调一致,形成教育合力,才能发挥出最大的教育效果。

1. 家园合作

与幼儿园教育相比,家庭的社会教育更加潜移默化,家庭的氛围、家长的个人素质和教养方式等都在无形中影响幼儿社会性的发展;同时,幼儿更多时间是与家人在一起,则家庭教育也更具有连续性和稳定性;鉴于家长对自身孩子的细致了解,家长还能根据幼儿的具体表现进行一对一的针对性教育。因此,幼儿园必须和家长紧密联系,相互配合,共同承担教育任务。幼儿园在对幼儿进行社会教育时,要争取家长的理解、支持和主动参与。通过家园合作,双方都能更清晰地掌握幼儿社会性发展方面的优点和不足,都能采取更有针对性的教育举措,共同促进幼儿社会性的协调发展。同时,家园一致的教育还可以减少幼儿的困惑和不安,增强对教师和家长的信任,提高学习效率。家园合作的方式多种多样,常见的主要有家访、家长会、亲子活动、家长开放日、家园联系园地、家园联系手册等,幼儿园教师可根据本班实际情况采取合适的方式增强家园合作。在科技迅猛发展的当下,教师还可以利用网络等组建新的家园联系方式。在进行家园合作时,幼儿园不仅要争取家长对幼儿园活动的配合,同时,还应该指导家长采用合适方式在家庭中对幼儿进行社会教育。

2. 社区教育

社区是幼儿社会学习的第三课堂。教师和家长要树立大教育观,充分认识到学前儿童社会教育不等于幼儿园社会教育,而应以幼儿园为中心,扩展到家庭和社区。著名的意大利瑞吉欧教育体系就是充分利用广大的社区资源,以幼儿的学习为中心,组建了一个由幼儿园、家庭和社区共同组成的"教育社会",三者相互信任、密切合作,使儿童教育成为社区生活的一部分。儿童社会教育的最终目的就是帮助幼儿适应社会,因此,教育必须培养符合社会需要的人才。幼儿园应充分利用社区中的各种资源来扩展儿童的学习空间,从而帮助幼儿走向社会,在社会中学习,并最终融入社会。

延伸阅读 2-2 >>>

"两个多多"

5岁的多多在幼儿园表现良好，在家却一塌糊涂，完全像两个人似的。例如，多多在幼儿园懂得尊敬老师，来园时会主动与老师问好，在家却一点礼貌也没有；在幼儿园时能自己动手吃饭，在家却只有妈妈喂才愿意吃；在幼儿园时热爱劳动，在家却连垃圾都乱丢……

多多的爸爸认为，自己只要供多多吃和穿就行了；再加上工作忙碌的关系，也没有时间陪伴和管教孩子。这天，多多又在家乱发脾气，还对奶奶大声说话并踢了奶奶一下。爸爸很生气地说："幼儿园到底是怎样教孩子的？怎么教成这副样子？"

请分组讨论上述案例中体现的下列问题：

1. 幼儿教育中为什么呈现"5＜2"的现象？

2. 多多为什么在幼儿园和在家的表现完全不一样？

3. 孩子的教育到底是谁的责任？

（资料来源：李洪亮.幼儿社会教育[M].西安：陕西师范大学出版总社有限公司，2013：153-154.）

三、学前儿童社会教育的方法

除幼儿园教育常用的一般方法之外，学前儿童社会教育由于自身的特点，还有一些特殊的教育方法。具体而言，常用的学前儿童社会教育的方法主要有以下几种：

（一）以语言引导为主的方法

以语言引导为主的方法主要是指教师运用语言来促进儿童社会性发展的方法。主要包括讲解法、谈话法和讨论法等。

1. 讲解法

讲解法指教师通过语言向幼儿直接说明一些简单的知识、道理、行为规则，使幼儿明确懂得应该怎样做和为什么要这样做的方法。该方法主要运用在一些社会文化常识、常见社会问题的教育上。教师通过生动有趣、浅显易懂，以及富有感染力的语言进行讲解，引导幼儿形成正确认识。

使用讲解法进行学前儿童社会教育时，一般活动的主题明确，教师拥有清晰的教育目的，可发挥主导作用，帮助幼儿在较短的时间内可以获得较多的知识，这是讲解法的优势。然而，讲解法毕竟是以教师为主导，幼儿绝大多数时间是被动在听讲，活动形式比较单调，幼儿的注意力容易分散；同时，讲解法是教师采用一对多的教育方式，无法顾及个体幼儿的发展差异，幼儿学习积极性不高，这会在一定程度上影响教育目的的实现。为此，为充分发挥讲解法的优势，避免缺点的影响，教师只有针对那些儿童难以通过亲身实践或体验、难以理解的内容才需进行专门的讲解；并且，教师讲解时要尽量采用多样化的讲解方式,借助动作演示、图片、视频等各种辅助手段来帮助儿童理解;同时,通过语速、声调上的变化,使讲解清晰、准确、简明易懂。

2. 谈话法

与苏格拉底的"助产术"相似,谈话法就是教师与幼儿互相提问与对答的教育方法。谈话法可以是教师向幼儿提问或回答幼儿问题,也可以是幼儿向老师提问或回答老师所提的问题,教师或幼儿都可以是谈话活动的主导者。由于幼儿与教师对答的过程就是幼儿真实思想活动的反映,体现了幼儿已习得的社会认知、拥有的社会情感态度和技能,因此有助于教师更好地了解幼儿,从而帮助幼儿提炼原有的社会知识经验,使之系统化、明确化,也有助于幼儿自我意识的发展。

与讲解法相比,谈话法的使用更为自由,不限空间、时间和人数。教师可以深入把握个体幼儿的发展情况,同时促进幼儿思维能力和口语表达能力的发展。然而,谈话法的缺点也就在于教师需要花费更多的时间来了解全班幼儿;并且,幼儿的知识和能力需要达到一定的水平才能保证谈话的顺利进行。为了保证谈话法的使用效果,教师在使用谈话法对儿童进行社会教育时,谈话的内容必须是儿童所熟悉的,是儿童愿意且有能力交谈的事物;同时,教师提出的问题应该具体、明确、难易适中,符合幼儿的理解水平。

3. 讨论法

讨论法是指幼儿在教师的指导下对某些社会性问题或现象相互启发、相互交流意见的教育方法。幼儿可自由发表自己的看法和感受,同时可听取到别人的不同意见,因此在促进幼儿加深自我认识,养成独立思考能力的同时,可以帮助幼儿"去自我中心",学习到他人与自己的差异,懂得不同的人对待同一件事情可以有不同的观点。讨论的具体方式有全班讨论、小组讨论和两两交换讨论等。

使用讨论法对儿童进行社会教育时,每个幼儿都有同等的表达机会,有助于提高全班幼儿的语言表达能力,促进幼儿独立思考,但是,教师要创设宽松、自由的氛围,鼓励幼儿大胆表达自己的观点。此外,由于讨论法对幼儿的能力水平要求较高,为了保证教育目的的实现,讨论的主题应该是幼儿熟悉的,同时教师要注意调节讨论的节奏,使讨论不跑题并能有序进行。另外,讨论过程中教师不能干涉过多,不能轻易作评价;在引导幼儿对讨论问题进行小结时,应根据实际情况来决定教师是否在讨论的最后进行总结或补充说明。

案例 2-3 >>>

我的愤怒我控制①

在集体分享时间,姜老师分享了她小时候的故事,她当时想要一个洋娃娃,但是妈妈却

---

① [美]珍妮丝·英格兰德·卡茨. 促进儿童社会性和情绪的发展——基于教师的反思性实践[M]. 洪秀敏,译. 北京:机械工业出版社,2015:107.

不给她。她说她当时很生气,并举起了愤怒量表(图 2-1),指向了像火山爆发一样的小人——水平 5。她请孩子们分享他们在怒气值达到水平 5 时的故事,于是孩子们轮流描述了他们生气时所表现出的行为并探索了随后发生的事情。他们集思广益,讨论了其他能带来更好结果的选择。小组决定当愤怒值达到水平 4 或 5 时,最该做的就是让自己冷静下来,可以深呼吸、喝杯水、绷紧然后放松肌肉;也可以从一数到十,或者是去安静的地方。当怒气值处于较低水平时,孩子们认为他们可以尝试其他策略,比如谈论自己的感受或是去画画。

愤怒水平

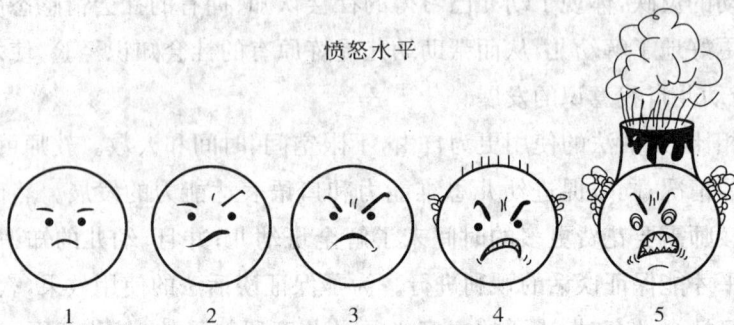

图 2-1 愤怒量表

[评析] 本活动中教师预设的教育目标是让幼儿学习如何更好地发泄、控制自己的不良情绪。鉴于大部分幼儿对该主题都有亲身体验与感受,教师主要采用的是讨论法这一教育方法,通过自身故事引入,并借助愤怒小人这一表现形式,为幼儿创设了一个可独立思考和自由表达的氛围,引导孩子共同对如何处理愤怒与生气这一现象相互交流意见。幼儿在与同伴的交流过程中,既充分表达了自身的感受又听取了同伴的不同意见,并在教师引导下最终形成属于他们的解决策略。

(二) 以直接感知、体验为主的方法

由于幼儿的思维具有"直观形象性",在对幼儿进行社会教育时,诸如社会知识、人际交往规则等的解释都应借助各种直观材料的演示,或直接引导幼儿亲自参与实际活动,才能帮助幼儿正确认识并转化为良好社会性行为。上述这种作法便是采用以直接感知为主的方法,具体包括演示法、行为练习法和参观法。

1. 演示法

所谓演示法,是指教师有计划、有目的地向幼儿展示图片、实物、录像等直观的教育辅助材料,或引导幼儿通过情景表演去进一步思考对社会知识与道德规则的认识,从而帮助幼儿增长知识、提升社会交往技能。演示法的运用,能提高幼儿对社会教育活动的兴趣,增强活动的效果。

为了进一步发挥演示法在促进幼儿社会学习的良好作用,教师在选择直观教具时,要根据教育任务的实际需要,有目的、有针对性地进行挑选;同时,展示的时机要恰到好

处,不能单纯为引发幼儿兴趣而演示,不能过早也不能过快,而应紧跟教育任务的实施,确保每个幼儿都看到展示的对象和过程。教师一定要确保:直观教具的演示是促进幼儿对活动内容的理解而非扰乱幼儿注意力。

2. 行为练习法

鉴于积极社会行为习惯的养成非一日之功,所谓行为练习法即在学前儿童社会教育过程中,教师通过组织幼儿按照正确的社会行为规范去进行实践和练习,以巩固、养成幼儿良好社会行为的教育方法。行为练习法的形式丰富多彩,可以是渗透在日常生活中的礼貌行为练习、文明用餐行为练习;也可以是教师专门组织设计的实践活动,如值日生、小帮手等。

教师在运用行为练习法进行学前儿童社会教育时,必须做到以下几点:

(1) 教师要帮助儿童明确行为练习的方式、内容和要求。如教师进行正确的行为示范,引导幼儿进行模仿学习;保证练习要求前后一致,并且练习的内容是幼儿可以持续做到的。

(2) 重复性的练习容易引发幼儿的疲劳感,教师要采用多种练习方式来完成同一发展目标,同时将有组织的行为练习与自由练习相结合;并且,无论以何种形式进行练习,教师要注意发挥幼儿的主体性,激发幼儿主动练习的愿望,并提供给幼儿足够的练习机会和时间。

(3) 教师要运用强化原理和手段来促进幼儿的行为练习与巩固。如当幼儿在行为练习中有进步时,教师应给予表扬与鼓励,或消除幼儿厌恶的刺激物,通过正强化和负强化的方式来促进幼儿良好社会行为的养成。

3. 参观法

所谓参观法,是指教师根据教育的目的和内容,组织幼儿在园内或园外通过对实际事物和现象的观察和思考,获得新的社会知识与社会规范的教育方法。与其他教育方法相比,参观法最大的优点是将幼儿园的教育活动和幼儿的实际生活紧密联系起来,使幼儿通过身临其境、耳闻目睹来接触现实社会。幼儿园常见的参观场所包括参观小学、图书馆、少年宫、超市等。

鉴于参观法是将幼儿带到实际生活环境中,在参观过程中教师要始终注意幼儿的安全问题。此外,教师应事先帮助幼儿做好参观前的准备;通过简单的谈话、看图片和视频等方式让幼儿形成对参观对象的初步认识和印象。在参观的过程中,教师或工作人员还要因势利导进行讲解,引导幼儿注意观察,提出问题启发幼儿思考。在参观活动的尾声,教师还要通过一定的总结帮助幼儿将零散的知识有条理地进行整合。在回园之后,教师还可设计相应的绘画、游戏等活动来巩固参观的结果。

(三) 以情境教学为主的方法

所谓情境教学,是指教师根据一定的教育目的,为学生创设一定的教育情境,使幼儿在情境实践中掌握社会知识、获得情感体验,并产生感染与共鸣,促进其良好社会性行为养成的教育方法。常用的以情境教学为主的方法主要有：移情训练法、角色扮演法以及陶冶法。

1. 移情训练法

所谓移情即"换位思考"，具体指设身处地站在别人的立场和位置上去思考问题，理解他人的情绪、情感和需求。移情训练法即借助故事、情景表演等形式使幼儿理解他人的情绪体验，并在之后面临相应的情境时，能主动识别并理解他人情绪和情感的教育方法。幼儿由于身心发展水平所限，更多是从自己的角度出发去思考问题，认为他人和自己拥有同样的观点；面临有限的材料和玩具时，首先应当满足自我的需求。为了帮助幼儿"去自我中心"，学会分享和合作，能够和同伴一起游戏，享受共同游戏的快乐，教师往往借助游戏、儿童文学作品、生活情景体验等方式对幼儿进行移情训练，使幼儿能够理解他人与自己的不同之处，学会换位思考。因此，移情训练法是学前儿童社会教育的一种重要方法。通过移情，教师得以强化幼儿对他人的准确认识，并发展出幼儿关心、安慰他人的良好行为倾向。

运用移情训练法对幼儿进行社会教育时，教师应注意以下几点：

（1）创设的情境一定要符合幼儿的实际生活和年龄特点，是幼儿熟悉且能引发共鸣的情境。

（2）移情训练是为了帮助幼儿形成积极的行为习惯，因此，教师应将儿童的角色扮演和行为练习有机结合起来。

（3）教师要参与到儿童的学习活动中，不能置之身外，要充分利用教师在儿童心目中的特殊地位，引导幼儿更积极地参与到情景表演中。

延伸阅读 2-3 》》》

镜像神经元

在 20 世纪 90 年代中期，意大利神经学家们使用电极研究了猴子的大脑。科学家们发现当一只猴子看着另一只猴子吃花生时，可以观测到这个猴子跟吃花生的猴子的前运动皮层在同样的位置以完全相同的方式运动（显示电活动）。他们确定镜像神经元使猴子无形中进入其他猴子的头脑。随后的研究证实了镜像神经元系统对人类也同样起作用。例如，当你观察另一个人伸手去握门把时，你的头脑也会完成转动门把手开门的动作。同样的，当你看到一个人撞到他的手时，你会感受到他的痛苦。当你观察一个人被羞辱时，你也会感受到他痛苦的情绪。镜像神经元系统如今被认为是移情产生的根源。

（资料来源：Siegel D J. Mindsight: The New Science of Personal Transformation[M]. New York: Bantam Book, 2011: 59-61.）

2. 角色扮演法

角色扮演是指个人设身处地扮演另一个在现实生活情境中完全不属于自己角色的

行动过程,并借此了解该角色的情感体验、形成角色需要的行为习惯。学前儿童社会教育所采用的角色扮演法即指教师通过创设与社会真实生活一致的模拟情境,并让幼儿扮演这一情境中的特定社会角色来对幼儿进行社会教育的方法;幼儿通过表现出与角色一致且符合角色规范的社会行为,从而更好地理解其他社会角色在不同情境下的内心情感和行为表现,并感知角色间的关系。通过角色扮演,有助于丰富幼儿关于其他角色的社会认知、强化儿童的社会情感,并促进幼儿进一步掌握自己承担的角色所应遵循的社会行为规范和道德要求,形成良好的社会性行为。例如,通过扮演教师这一与自身角色相对应的社会角色,儿童能进一步理解教师与自己的关系,理解教师的工作职责,感受教师的工作状态与情感,并在今后的学习中更好地配合教师的教导。

使用角色扮演法进行幼儿社会教育时,教师应注意以下问题:

教师创设的模拟社会情境应是幼儿熟悉且喜爱的,即确保幼儿对模拟情境具有相应的社会经验储备和情境理解力,对自己要扮演的角色有很好的认知与了解。唯有这样,幼儿才有兴趣和能力去进行角色扮演。此外,情节要简单,内容短小活泼;角色的动作、对话多,适合幼儿扮演。

角色扮演要有较强的针对性。教师要根据幼儿的社会性发展水平和教育目标来确定目标。让幼儿扮演与自己相对的角色来促进幼儿的社会性发展。例如,让幼儿扮演爸爸妈妈的角色,通过做出与扮演角色相对应的行为,如辛勤工作、做家务等,来体验父母的辛苦和对家庭的付出。

充分尊重幼儿在扮演过程中的角色选择和角色变化与创造,发挥幼儿游戏的主动性、积极性。

尽量让幼儿扮演正面角色,在反面角色的扮演中,切忌让一个或几个幼儿固定扮演。

教师应参与到幼儿的角色游戏中,与幼儿平等地扮演角色。

3. 陶冶法

所谓陶冶法,是指利用榜样示范、人际关系、情感氛围、社会风气与环境等来陶冶幼儿性情,培养幼儿积极的社会情感和良好的社会公德,并进一步习得亲社会行为的社会教育方法。由于幼儿的模仿性很强,情绪情感发展也容易受到外界影响,家长和教师可通过创设积极的生活环境和学习氛围,并利用周围具体、生动、直观的榜样示范来感染幼儿,使周围良好的人、事、物等环境因素自然而然、潜移默化地影响幼儿的态度、情感和行为养成。

教育者在利用陶冶法对幼儿进行社会教育时,必须注意以下问题:

(1) 让环境说话,发挥环境陶冶熏陶的特点,避免过多的言语说教,给予幼儿更多外出感受美好环境、事物的机会。例如,教育者可多带幼儿到自然环境、博物馆、美术馆等地方,让幼儿感受自然的美丽,享受艺术的熏陶,激发幼儿的积极情感并转化为行动。

(2) 有准备的环境创设。为充分发挥环境潜移默化的教育特点,教育者必须对幼儿生活、学习的环境,包括一花一草,都进行精心的设计与考虑,让环境育人。首先,教育者要在日常生活中就让幼儿感受到关怀与温暖;注意以身作则,时刻注意自己的言行举止,为幼儿发挥良好的榜样示范作用。其次,教育者要善于引导幼儿一起创造互帮互助、宽容礼让、和谐融洽的生活环境与学习氛围。

延伸阅读 2-4 >>>

瑞吉欧·艾米里亚教育方法

瑞吉欧·艾米里亚是意大利北部的一个小镇,自二十世纪六十年代早期以来,瑞吉欧的教育方法和理念就影响了世界各地的学校。该方法主张孩子本身是有求知欲、足智多谋并充满潜力的个体。其课程以儿童为导向,活动则根据儿童的兴趣进行。瑞吉欧学校强调艺术,相信孩子们可以通过绘画、音乐、喜剧等艺术形式学到多种符号语言。瑞吉欧认为环境是重要的教学伙伴,学校环境的特色包括喜剧表演区和工作台,儿童可以解决问题、互动以及可以进行有效沟通。瑞吉欧教育方法创始人洛利斯·马拉古齐提出了"儿童的一百种语言",强调要给儿童提供丰富的学习材料和机会,儿童可以充分接触所有的材料并从中受益。例如,一台投影仪(或一个阳光明媚的窗口)、一堵墙就是极好的学习材料,可以让孩子探索光、阴影、透明度以及其他内容。

（资料来源：[美]珍妮丝·英格兰德·卡茨. 促进儿童社会性和情绪的发展——基于教师的反思性实践[M]. 洪秀敏,译. 北京:机械工业出版社,2015:142.）

值得注意的是,"教育有法,但无定法"。以上介绍的学前儿童社会教育的方法,各有各的优点和不足,同时也是互相配合、互相补充的。为了提高学前儿童社会教育的质量,教师要根据本地区、本园所、本班级幼儿的实际情况,灵活选择教育方法;通过不同教育方法之间的互相配合,从而更好地实现教育目标,切实促进幼儿社会性水平提升。

案例 2-4 >>>

幼儿园大班社会活动:独一无二的我①

设计意图

3~6岁是儿童自我意识形成和发展的重要时期。在这个时期,儿童的自我意识总体上呈现快速发展的态势,但个别差异也相当显著,并受到家庭、幼儿园、同伴等多方面的影响。作为教师,有责任给幼儿积极的影响,帮助幼儿形成积极的自我意识,从而促进幼儿心理的健康发展。

绘本《各种各样的人》一书里介绍了各种各样的人,这些人都很平凡,好似生活中的

---

① 蒋静,张明红. 独一无二的我(大班)[J]. 幼儿教育,2015(05):23-25. 选用时内容有改动。

你、我、他。将各种各样的平凡人聚集在书中,可以帮助幼儿领悟到:这个世上的每一个人,无论长相还是兴趣、爱好,都是不一样的,都有着自己的特点,都是独一无二的。于是,我利用这一绘本设计、组织了教学活动,帮助幼儿了解自己的独特性,引导幼儿形成积极的自我意识。

活动目标

1. 知道每个人的外形特征、兴趣爱好、能力特长都是不同的,理解"独一无二"的含义。

2. 通过同伴的评价了解自己的独一无二,从而体验到快乐和自豪。

3. 在集体中展示自己独一无二之处,学习正确地自我评价。

活动准备

1. 绘本《各种各样的人》。

2. 根据各环节内容制作的PPT课件,内容包括:用一个独立页面展现的汉字"人",展现人山人海情景的图片,绘本中部分画面(如关于不同人的肤色、发型、长相和兴趣特长等的画面),用一个独立页面展现汉字的"独一无二",班上部分幼儿五官的特写照片和背影或侧影的照片,班上部分幼儿活动的视频,班上部分幼儿说话或唱歌的音频,为朗诵散文诗而配的画面(天空中形态各异的云,花园里五颜六色的花,大海中色彩斑斓的鱼)和背景音乐(班得瑞的乐曲)。

3. 与幼儿人数相当的记录纸、笔,展示板一块。

活动过程

一、通过绘本阅读意识到世界上每个人都是独一无二的

1. 引出话题。

师:(出示PPT中的"人"字)你们认识这个字吗?

幼:人。

师:对,一撇一捺,就是我们中国的文字"人"。(出示PPT中展现人山人海情景的图片)世界上有很多很多的人,这些人都长得一样吗?有哪些地方不一样?

[教师引导幼儿重点从长相、身高、体重、体型、头发、肤色等方面进行描述性的分析,也可从性别(男人、女人)、年龄(大人、小孩、老人)等角度进行分类讲述。]

2. 阅读理解绘本。

师:今天,老师带来了一本书(出示绘本封面),书名就叫《各种各样的人》。世界上有许多人,这些人长相都不一样,是"各种各样的人",我们去书中找一找他们都有哪些地方长得不一样。(打开绘本,边讲述边展示绘本的立体翻页设计,激发幼儿对绘本的阅读兴趣。)世界上有各种各样的人,有的人长得高,有的人长得矮,有的人长得胖,有的人长得瘦……(利用PPT展示绘本画面,带领幼儿继续阅读。)有的人头发长,有的人头发短;有的人皮肤白,有的人皮肤黑;有的人的脸上长着雀斑,有的人戴着眼镜……

3. 讨论不同的人都有怎样的特点。

师：你们还见过什么样的人？

师：你们刚才都说得很好，人有许多不一样的地方，比如人的长相不一样：有的人眼睛大，有的人眼睛小；有的人双眼皮，有的人单眼皮；有的人眼珠是黑的，有的人眼珠是蓝的；有的人鼻子高挺，有的人鼻子扁塌；有的人黑头发黄皮肤，有的人黄头发白皮肤……人的身高、体重不一样，有的人高高的，有的人矮矮的，有的人瘦瘦的，有的人胖胖的。人的性别不一样，分为男人和女人。人的年龄也不一样，可分为大人、小孩和老人……

师：除了上面提到的这些方面之外，人还有哪些地方不一样？每个人喜欢的东西都是一样的吗？每个人的本领都是一样的吗？（引导幼儿和同伴说说自己的兴趣爱好和能力特长。）

4. 引导幼儿理解什么是"独一无二"。

师：刚才我们在看图书以及与同伴的交谈中知道了世界上有各种各样的人，每一个人都有自己的特点，可能是长相不同，也可能是兴趣爱好和本领不同，所以说每个人在这个世界上都是"独一无二"的（出示PPT中"独一无二"四个字）。你们知道什么是"独一无二"吗？

师："独一无二"就是指世界上除了它就没有第二个，是唯一一个，没有相同的，很特殊，很珍贵，就好像我们班每个孩子都是独一无二的，没有相同的，都是老师和爸爸妈妈眼中的珍宝。比如，独一无二的×××、独一无二的×××……（现场随机叫出几个班里孩子的名字，与其对视，眼神充满鼓励和赞赏，尤其可以有意识地叫到一些平时比较自卑的孩子，说出他们的特点和本领，以提高其自我评价能力，增强其自信心。）

二、通过观察、辨别了解自己的独一无二

1. 感知每个人外在的独特性。

教师播放PPT，组织小游戏：猜猜这是谁？

• 看图片：班里某幼儿五官的特写照片（如只呈现眼睛或嘴巴等），侧影或背影照片。猜猜这是谁？你是根据他或她的什么特征猜出来的？

• 听录音：班里某幼儿说话的声音或唱歌的声音。猜猜这是谁？你是根据他或她的什么特征猜出来的？

• 看视频：某幼儿在远处做某个动作（如打拳）时的侧面或背面影像。猜猜这是谁？你是根据他或她的什么特征猜出来的？

师：刚才的活动再次证明每个人的长相、声音、本领都是独特的，和别人不一样。尤其是相处时间长了，大家更加了解和熟悉，只要一看或一听，就能说出他（她）是谁。

2. 感知每个人内在的独特性。

师：其实，每个人除了外在的长相、声音等不一样，还有许多内在的东西不一样，我们虽然一时看不到，但通过相互了解就可以知道每个人的兴趣、爱好、特长都不一样。

师:(继续利用PPT展示绘本画面并讲述)每一个人的兴趣爱好、特长本领也是不一样的:有的人喜欢跳舞,有的人喜欢画画,有的人喜欢唱歌……

师:你有什么兴趣爱好或本领呢?

(教师请幼儿说一说,每个幼儿说完就上台来表演、展示一下或具体介绍一下,教师在一旁用赞赏的表情、语言和动作对其表示鼓励。)

师:我们班的小朋友都有着与别人不同的兴趣爱好,有的喜欢看动画片,有的喜欢画画,有的喜欢唱歌,有的喜欢旅游,有的喜欢搭积木……也有不同的本领,有的跳绳很棒,有的会游泳,有的会弹琴,有的会讲故事,有的会剪纸、折纸……在老师眼里,你每个人都是独一无二的。

三、通过绘画和语言表达自己的独一无二

1. 请幼儿画一画,把自己觉得最与众不同的地方或最棒的方面画出来。

2. 将幼儿的作品呈现于展示板上,让幼儿互相观摩,互相介绍。

3. 请幼儿用一句响亮的话把自己觉得最与众不同的方面告诉大家。如:我是一个有着一双小眼睛,但特别神气的小男孩;我是一个特别爱笑,笑起来有着一对可爱小酒窝的小女孩……

4. 师幼共同创编散文诗《我是独一无二的》,激发幼儿的情感共鸣。

师:让我们把刚才大家总结出的自己那些独一无二的方面用一个接一个的方法连起来,来编一首优美好听的散文诗吧。老师先来开一个头。(班得瑞优美的乐曲响起。)

师:世界上有各种各样的人,

就像花园中五颜六色的花,

天空中形态各异的云,

大海中色彩斑斓的鱼,

每个人都是独一无二的。

(启发幼儿以接龙的方式创编如下。)

幼:我是独一无二的×××,

我会唱歌会画画。

幼:我是独一无二的×××,

我……

师、幼:我们每一个人在这个世界上都是独一无二的。

(教师通过引导幼儿接龙式地创编散文诗,鼓励幼儿将自己独一无二之处通过诗歌充满感情地朗诵出来,营造一种愉快的互动氛围,让幼儿进一步了解自己和同伴的特点,在诗歌美好的意境中感受到前所未有的自尊、自信,并以此作为本次活动特别的结束方式。)

师:希望你们都能保持自己独一无二的优点,好好地欣赏自己、爱自己,这样一定会让更多的人认识你、喜欢你,会有更多的人愿意和你做朋友。

四、延伸活动

1. 教师将活动中孩子们朗诵的录音和绘本《各种各样的人》一起投放到阅读区,供感兴趣的幼儿播放及阅读。

2. 家园配合,进一步帮助幼儿构建积极的自我意识。

· 鼓励幼儿回家自制图画书《独一无二的我》,以便更完整地表达对自己的认识。

· 与家长积极配合,在日常生活中对幼儿加强鼓励,正确评价幼儿。

[评析] 本活动深刻把握住教师认可、同伴接纳、社会比较是幼儿进行自我评价的主要依据,并由此制定出符合大班幼儿年龄发展特点的活动目标。在活动环节设计中,更是紧密结合活动目标,通过"幼儿建立正确自我认知、同伴互相评价、多种形式表达自我认识"等层层递进的活动环节设计,来一步步实现教师预设的教育目的。在整个教学过程中,从师幼互动的语言来看,教师的现场应答十分积极有智慧;并且能够紧密结合本班幼儿的实际情况来进行正面引导。活动中,教师通过为幼儿创设了一种被肯定、接纳、鼓励、信任的环境,来支持幼儿健康成长。

本 章 小 结

本章第一节主要探讨了学前儿童社会教育的目标和内容,帮助读者形成对学前儿童社会教育的整体理解与认识。制定学前儿童社会教育目标时,必须根据儿童本身的身心发展水平与特点、社会发展的要求以及国家的教育方针三方面来制定。学前儿童社会教育目标的结构可从纵向(层次结构)和横向(内容结构)两个维度进行分析。从纵向上来看,可将目标分为总目标(社会领域总目标)、年龄阶段目标(包括学年目标和学期目标)和教育活动目标(包括主题教育目标和课时教育目标)三个层次。从横向上来看,可根据《指南》提出的儿童社会性发展的两大内容,从人际交往和社会适应两个方面来分析儿童社会领域教育的目标;或根据儿童心理结构发展将之划分为认知、情感和行为三个方面。

选择学前儿童社会教育的内容时要做到:以学前儿童社会教育的目标为依据,以学前儿童的身心发展特点和水平为依据和以学前儿童所在的社会生活环境为依据。幼儿园教师可在《指南》与《纲要》的指导下来选择具体的社会教育内容。其中,《指南》明确提出:人际交往和社会适应是幼儿社会学习的主要内容,也是其社会性发展的基本途径。

第二节主要探讨了学前儿童社会教育的原则、途径和方法。开展学前儿童社会教育时要注意以下几个原则:正面教育原则、实践性原则、生活教育原则和一致性原则。学前儿童社会教育的途径包括专门教育活动(集体教学活动、区域活动和游戏)、随机教育活动(日常生活中的随机教育和其他领域活动中的随机教育)、家园合作和社区教育。幼儿教育常用的学前儿童社会教育的方法主要有以下三种类型:以语言引导为主的方法,包括讲解法、谈话法和讨论法；以直接感知、体验为主的方法，主要有演示法、行为练习法和参观法；以情境教学为主的方法，包括移情训练法、角色扮演法以及陶冶法。

检 测

1. 判断以下教育活动的教育目标表述是否适宜？ 如不适宜，进行一定的修改。

活动名称：《我不骄傲》—中班

教育目标：

(1) 懂得接受别人表扬时要谦虚不骄傲

(2) 知道骄傲自大的人是不受欢迎的

2. 分析下面的童话故事和绘本作品可以对幼儿进行哪些方面的社会教育。

(1)《狼来了》

(2)《龟兔赛跑》

(3)《乌鸦和狐狸》

(4)《猜猜我有多爱你》

3. 案例分析题：在自由活动的时候，佳佳和浩浩为了争抢一个皮球而闹得不可开交。教师见状，连忙喝止道："这个球谁也别玩了！"她一边说着，一边把皮球收了起来。孩子们便悻悻然地走开了。

(1) 分析该教师的处理方式是否恰当，并说明理由。

(2) 如果你是教师，你会如何处理这种状况？

第二篇

学前儿童社会性发展与教育

第三章

学前儿童自我意识的发展与教育

学习目标

- 理解自我意识、自我概念、自我评价、性别角色、自尊、自信、自我控制的概念
- 掌握自我意识、自我概念、自我评价、性别角色、自尊、自信、自我控制在幼儿期的发展特点
- 应用自我概念、自我评价、性别角色、自尊、自信、自我控制的教育方法，促进儿童自我意识的发展

本章导读

人不仅有自己独特的个性，还具有社会性特点。生活在同一社会或同一阶层里的人的社会行为、价值观往往是一致的，社会文化给特定社会里的每个成员的行为染上了一层区别于其他社会文化的色彩。生活中经常说的"他像某类人"就是社会性的体现。

儿童出生时只是一个生物体，无所谓社会性。幼儿时期儿童的社会性有了进一步发展。儿童社会性的发展是在社会化中实现的。所谓社会化就是个体在与社会环境相互作用中获得各种行为规范、价值观念和知识技能，成为独立的社会成员并逐步适应社会的过程。在社会化过程中，儿童有时会体验到个人愿望与社会要求的尖锐冲突。他逐渐学会采取理性的、社会群体所认可的行为规范行动，并将自己逐步融入更大的社会群体中，由此，儿童的社会性得到发展。①

自我意识，也称自我，是儿童社会化的重要组成部分，"儿童社会化的目标就是形成完整的自我"。自我是"个性成熟水平的标志，是整合、统一个性各部分的核心力量，也是推动个性发展的内部动因"。

---

① 林崇德.发展心理学[M].北京:人民教育出版社,1995:240-246.

第一节 学前儿童自我认知的发展与教育

引导案例 3-1

"好听的声音"

一次音乐活动中,我让幼儿辨别乐音与噪音。当我播放优美、抒情的音乐时,孩子们一致认为这是好听的音乐;而当播放噪音时,孩子们都捂住了耳朵。我问:"你们觉得这些声音好听吗?"大部分孩子说不好听,只有源源大声地说:"这个声音好听!"我非常不高兴,瞪着源源说:"这么吵闹的声音你觉得好听吗?"我正想批评他时,看他一脸的委屈,我忍住火气问:"为什么你会觉得这声音好听呢?"源源轻声地说:"你不是说过聪明的孩子和别人想的答案不一样吗?"我一时无言以对。许久,我才说:"源源,你真的觉得这个声音好听吗?"源源摇了摇头。

思考:1. 源源为什么会认为噪音好听?

2. 幼儿自我评价有什么特点?

3. 教师应该如何帮助幼儿形成正确的自我评价?

(资料来源:http://www.hlzzw.com/content/1891.html.)

心理学中,通常将自我意识理解为个体对自己及自己和周围事物的关系的认识。具体包括认识自己的生理状况(如身高、体重、体态等)、心理特征(如兴趣、能力、气质、性格等)以及自己与他人的关系(如自己与周围人们相处的关系,自己在集体中的位置与作用等)。自我意识具有意识性、社会性、能动性、同一性等特点。自我意识的结构是从自我意识的三层次,即知、情、意三方面分析的,是由自我认知、自我体验和自我调控三个子系统构成(见图3-1)。

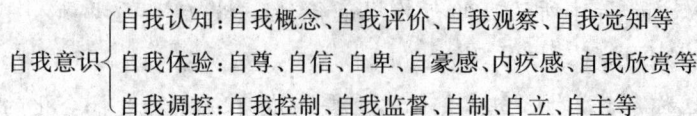

自我意识 { 自我认知:自我概念、自我评价、自我观察、自我觉知等
自我体验:自尊、自信、自卑、自豪感、内疚感、自我欣赏等
自我调控:自我控制、自我监督、自制、自立、自主等

图 3-1 自我意识的结构

一、自我意识发展的总趋势

幼儿的自我意识在前期发展的基础上有了进一步的发展。儿童在2~3岁的时候,掌握代名词"我",是儿童自我意识萌芽的最重要的标志,案例3-2(见后)中儿童的行为就

是自我意识的体现。韩进之等人的研究表明,幼儿自我意识各因素(自我评价、自我体验、自我控制)发展的总趋势是随着年龄的增长而增长的(见图3-2)。[①] 各年龄组之间在自我意识发展水平上存在显著差异。其中,4岁组和5岁组的均值差异最大,发展速度最快。冉乃彦(1994)的研究也发现,4~5岁是儿童自我意识发展的加速期。[②] 这说明,幼儿期是儿童自我意识发展非常迅速的时期,尤其是4~5岁是儿童自我意识发展的加速期。

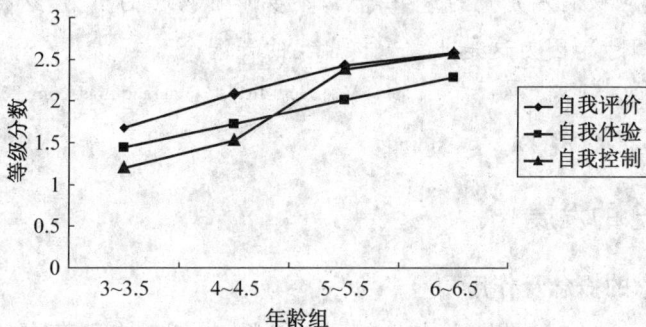

图3-2 幼儿自我意识各因素的发展趋势图

(资料来源:朱智贤.中国儿童青少年心理发展与教育[M].北京:中国卓越出版社,1990.)

具体来看,幼儿自我意识中各个因素的发展也是随年龄的增长而发展的。自我意识各因素发展的时间很接近,但是并不同步。首先是自我评价的发展,其次是自我体验的发展,最后是自我控制的发展。自我评价开始发生的年龄转变期在3~4岁,自我体验开始发生的年龄转变期在4岁左右,自我控制开始发生的年龄转变期为4~5岁。[③]

案例 3-1 >>>

"这 是 我 的"

时代廊桥幼儿园的一个小朋友,在走廊里拉了尼尼。就在老师去给她拿裤子的时候,她把自己的尼尼包了起来,老师来时发现尼尼不在了,就以为是打扫卫生的阿姨来收拾了。在卫生间里,老师帮她洗屁股,她告诉老师,尼尼已经被她扔了。拉完尼尼后,她再也没有让任何人动过她的书包,包括平时可以动她书包的老师她也拒绝不让动。幼儿园的老师都知道她这段时间一直是这样,所以没有太留意。放学回家后,妈妈爸爸打开书包一看,大吃一惊。原来,她把她的尼尼带回了家。再问孩子原因时,孩子的回答更令人惊诧:"这是我的。"

---

① 韩进之,杨丽珠.我国学前期儿童自我意识发展初探[J].心理发展与教育,1986(3):1-13.
② 冉乃彦.3~9岁儿童的自我意识与社会性发展[J].心理发展与教育,1994(4):112-115.
③ 杨丽珠,刘文.毕生发展心理学[M].北京:高等教育出版社,2006:259-265.

[评析] 看完这个故事,你一定会被孩子的举动惹得捧腹大笑。尽管这是一个比较特殊的例子,但它却让我们了解了儿童的一个秘密,那就是自我意识的产生。

儿童在一出生时,他是没有自我的,他和世界是浑然一体的,儿童的成长过程就是一个自我建构的过程,在这个建构的过程中,最初儿童是通过占有属于自我的东西来区分自己和他人的,当儿童占有了自己的东西,当这个东西完全属于他时,儿童才能够感觉到"我"的存在,这也是儿童的自我诞生的标志。

此时的父母们应该满足儿童的这个需求,不要谴责孩子的行为,这样,我们就给了孩子一个良好的成长环境,因为这是儿童建构自我的开端。

(资料来源:http://zhishi.qinbei.com/20100714/40512.shtml)

二、自我概念的发展

(一) 自我概念的概念及作用

自我概念(self-concept)是指个体对自己的印象,包括对自己存在的认识,以及对个人身体能力、性格、态度、思想等方面的认识。自我概念是一个人在社会化过程中逐渐形成和发展起来的,自我概念包括生理自我、社会自我、心理自我和理想自我四种成分。

伯恩斯在其《自我概念发展与教育》(1982)一书中,系统论述了自我概念的心理作用,提出自我概念具有三种功能:保持内在一致性、决定个人对经验怎样解释和决定人们的期望。个人怎样理解自己,是其内在一致性的关键部分。因此,个人需要按照保持自我看法一致性的方式行动,通过维持内在一致性的机制,自我概念实际上起着引导个人行为的作用。在这个意义上,在儿童的发展过程中,引导他们形成积极的自我概念具有非常重要的意义。

(二) 学前儿童自我概念的发展

7 岁之前,儿童对自己的描述仅限于身体特征、年龄、性别和喜爱的活动等,还不会描述内部心理特征。有研究(Keller, Ford & Meachum, 1978)请 3~5 岁幼儿用"我是个……""我是个……的男孩/女孩"的句型说出关于自己的 10 项特征。有 50% 左右的儿童都描述了自己的日常活动,而心理特征的描述几乎没有。[1]

儿童自我概念发展的核心机制,是他们在认知能力不断提高的同时通过与他人的相互作用而实现。印度狼孩的典型个案说明,如果只有生理机制的单纯成长而缺乏与他人的交往,那么个人的自我概念的发展就会受到抑制。麦奎尔等人(W. J. McGuire & C. V. McGuire,1982)曾以 1、3、7、11 年级的儿童为被试进行研究,发现儿童社会自我的发展与他们对别人知觉能力的发展有着紧密联系。这意味着,儿童在与他人的交往中不断

---

① 朱智贤.中国儿童青少年心理发展与教育[M].北京:中国卓越出版社,1990.

提高知觉别人能力的过程,也是自我概念不断发展的过程。

早在20世纪初,社会学家库利(C. H. Cooley,1902)就发现了他人交往在儿童自我概念发展中的特殊作用。他认为,儿童的自我概念是通过"镜映过程"(looking-glass process)形成起来的"镜像自我"(looking-glass self),别人对于儿童的态度反映(表情、评价与对待)就像是一面镜子,儿童通过它们来了解和界定自己,并形成相应的自我概念。库利认为,通过这种镜映过程,别人对儿童的态度与对待方式不仅塑造着儿童的自我意象(self image,亦即自我概念),而且也会通过儿童自我概念引导行为的作用,塑造一个人的实际自我。这就意味着,别人对儿童的态度与对待方式,不仅影响着儿童自我概念的发展,而且影响着儿童整个人的成长。

在实际生活中,并不是每一个与儿童发生交往的人对他们都具有同等的影响力,儿童生活中的某些人对他们的自我概念发展有着尤其重要的影响。这些人被称作重要他人(significant others)。在不同的发展阶段,儿童的重要他人的构成也不同。在学龄前阶段,重要他人主要是家长。到小学阶段,教师开始发挥可能超越家长的影响力。在小学高年级阶段,同伴的影响力也会明显增加。进入中学后,教师的影响力虽有所减弱,但仍然是学生最为重要的影响源之一。这些事实表明,在儿童发展的过程中,教师对儿童自我概念的形成与发展发挥着长期、重大且持续的影响,并且这种影响的性质很难被其他途径的影响所取代。这就意味着,教师看待学生的态度和对待学生的方式是学生在学校环境中处境是否积极的最主要的因素,教师不仅会对学生的自我概念发展发挥巨大影响,而且会由此影响学生的实际自我状况与整个人生道路。①

（三）学前儿童自我概念的影响因素及培养

自我概念的形成是一个逐步累积的过程,是通过主体与客体的相互作用以及人际间的社会交往逐步建立和发展起来的。幼儿时期恰好是个体自我概念萌芽与初步形成的重要阶段,因此,如何帮助幼儿形成积极的自我概念是家庭和学校教育的一项重要内容。

自我概念有积极和消极之分,相对应的能引起自身积极或消极的情绪、态度、行为。幼儿积极的自我概念应包括以下内容:第一,觉得自己是有价值的人,受到别人的重视。第二,觉得自己是有能力的人,可以"操纵"周围世界。第三,觉得自己是独特的人,受到别人的爱护。第四,对外界的人和事物充满好奇心和认识的兴趣。因而,在幼儿期的发展中建立积极的自我概念是极为重要的,了解幼儿自我概念的发展并适当引导其发展,是教育者的责任。

1. 从幼儿自身来看,其认知水平和成功与失败的体验是影响自我概念的重要因素

幼儿由于年纪尚小,受认知水平的局限,对自我的认知和评价很大程度上都表现出

---

① 金盛华.自我概念及其发展[J].北京师范大学学报(社会科学版),1996(1):30-36.

依从性、被动性等特点，大部分都依赖于外部评价，尤其是依赖于"重要他人"——父母和教师的评价。幼儿对早期的成功和失败经历都有着深刻的情感体验，并成为幼儿以后自我认识、自我评价的重要依据，直接影响幼儿自我概念的形成。如果幼儿早期长期受到挫折和失败的打击，心里就会感到自己不如别人，否定自己，对自身的能力丧失信心，甚至以后遇到困难不再努力，以一种消极的态度面对眼前的一切，失去动力，很容易形成消极的自我概念。相反，如果长期经历成功并得到表扬和周围的鼓励，会使幼儿产生愉悦和满足的情绪，同时自信心也得到增强，认识到自我存在的价值，易形成积极的自我概念。

2. 外在的家庭环境、学校环境和社会环境影响儿童自我概念形成与培养

家庭环境对幼儿的影响很重要，父母的言传身教会潜移默化地感染孩子。为此，父母要从小培养孩子良好的品质。平时家长要尽量多和儿童沟通，了解儿童心理，及时引导教育，采取表扬、鼓励的方法树立孩子的信心。

幼儿园是影响幼儿成长和发展的主要因素。学校可以有意识地对各种影响个人身心发展的因素进行选择和组织，系统地发挥主导作用。我国学校教育的目标是培养儿童德、智、体、美等方面全面发展，但由于学校对其理解不同，实际效果也就有很大差别。如有的学校存在着以智育为中心、单纯追求升学率等的错误思想。其次，学校的教育水平会直接影响幼儿的发展。学校的教育水平主要取决于学校领导水平和教师的职业素养的高低。因此，教师应该大力发扬民主，慎重评价幼儿，选择适宜的评价方式具体评价幼儿，帮助幼儿形成积极健康的自我概念。

幼儿的社会性交往活动是形成自我意识的前提。幼儿的社会性交往主要有两大类：一是同伴交往，二是与成人之间的交往。儿童和同伴的交往可以以同伴为镜，更好地认识自己。因此，父母应该更多地提供给幼儿与同伴交往的机会，在幼儿园里，师生之间、幼儿之间也应该有更多的活动。[①]

三、自我评价的发展

(一) 自我评价的概念

自我评价是个体在对自己身心特征了解的基础上对自己思想、愿望、行为和个性特点的判断和评价。自我评价是心理健康的重要影响因素，也是进行自我教育、自我完善的重要途径之一。

(二) 学前儿童自我评价的发展

自我评价能力在 3 岁儿童中还不明显，自我评价开始发生转折的年龄在 3.5～4 岁，5 岁儿童大多数已能进行自我评价(韩进之,1986)。

---

① 岳小芳. 论幼儿自我概念的培养[J]. 山西煤炭管理干部学院学报,2013(3):156-157.

幼儿自我评价的发展特点有以下几点：

1. 从轻信成人的评价到自己独立的评价

幼儿还没有独立的自我评价。他们的自我评价常常依赖于成人对他的评价，特别是在幼儿初期。儿童往往不加考虑地轻信成人对自己的评价，自我评价只是成人评价的简单重复。

针对幼儿的这种特点，在本节的引导案例中，教师应注意自己对幼儿进行评价时不能简单笼统地说"真是好孩子""真聪明""真笨"之类的话，把幼儿进行简单的两级分类，而是应具体指出什么地方做得好，让幼儿了解自我评价的依据，并对自己形成积极的自我认识和评价。

幼儿晚期，儿童开始出现独立的评价。幼儿对成人对他的评价逐渐持有批判的态度。如果成人对他的评价不符合他的实际情况，儿童会提出疑问或申辩，甚至表示反感。

2. 从对外部行为的评价到对内心品质的评价

幼儿的自我评价大都集中于自我的外部行为表现，即对自己的某种具体行为进行评价。如：问幼儿为什么自己是好孩子时，幼儿只会说"我不骂人""我自己穿衣服"等，还不会评价自己的内心活动和个性品质。随着年龄的增长，儿童的自我评价逐渐深入。

幼儿自我评价的这种特点一方面是由于幼儿在认知上尚未获得守恒。无法理解"好孩子"是个包含多种维度的概念。因此，在评价时自然会把"好孩子"等同于"我不骂人"等。另一方面是，自我评价本身带有反省思维的成分。幼儿反省思维的不发达本身就造成了自我评价的浅表性和局部性。对此，可以有意识地教给幼儿一些评价标准，提高幼儿自我评价的深度。

3. 从比较笼统的评价到比较细致的评价

幼儿由于评价语言贫乏，对自己的评价常常显得非常笼统、抽象。如："我很棒""我很厉害的"等。至于"如何棒""如何厉害的"，则无法做出全面、细致的解释。

作为教育者，要丰富幼儿的评价语言，一定的词语储备是幼儿自我评价丰富多样的前提。教师要有意识地引导幼儿关注教师在自我评价时所用的语言表达方式，学习对认知活动进行自我评价的一些表达内容，如活动有否计划性、使用什么有效策略、理解与否、困难是什么、有无检查、如何补救等，教师可以和幼儿讨论这些评价内容的意义，创设相关的情境，引导幼儿结合认知活动中的具体表现灵活运用。

4. 从带有极大主观情绪性的评价到初步比较客观的评价

幼儿往往不从具体事实出发，而从情绪出发进行自我评价。在一个实验里，让幼儿对自己的绘画和泥工作品同别人的作品作比较性评价。当幼儿知道比较的对方是老师的作品时，尽管这些作品比自己的质量差（这是实验者故意设计的），幼儿总是评价自己的作品不如对方。而当幼儿对自己的作品和小朋友的作品相比较时,则总是评价自己的作品比别人的好。这一试验结果充分说明了幼儿自我评价的主观性。

幼儿一般都过高评价自己。随着年龄的增长,自我评价逐渐趋向于客观。

总体来说,幼儿的自我评价能力还很差,成人对幼儿的评价在幼儿自我意识发展中起重要作用。本节开头引导案例"好听的声音"中的小朋友之所以把噪音认为是好听的声音,就是因为幼儿的自我评价很大程度上依赖于成年人的原因。因此,在教育过程中,成人要善于对幼儿作出适当的评价,对儿童的行为过高或过低的评价都是有害的。

案例 3-2 >>

"比比谁画得好"

让幼儿对自己的绘画和泥工作品同别人的作品作比较性评价。当幼儿知道比较的对象是老师的作品时,尽管那些作品比自己的作品还差(实际上是幼儿的作品),幼儿总是评价自己的作品不如对方。而当幼儿被告知比较的对象也是幼儿的作品时,则总是评价自己的作品比别人好。这是为什么?

[评析] 由于幼儿的自我评价的水平比较低,具有依从性、被动性、表面性和局部性,还易受主观情绪的干扰,不稳定,所以会主观地认为老师的作品一定会比自己的好;受依从性评价特点的影响,孩子的自我评价基本上受教师评价的制约,所以孩子不会独立地对自己的作品作出正确的评价。

(资料来源:http://www.docin.com/p-750778144.html)

(三)学前儿童自我评价的培养

个体正确地评价自己,才能知道自己的长处和短处,找到适合自己的游戏和生活方式,扬长避短,自信地生活,从而得到他人的认同,发展良好的人际关系。

1. 成人要多给儿童正向评价

在学前时期,儿童的自我评价很大程度上依从于成人对他的评价。因此,多给儿童一些正向的评价,能够让孩子接受自己,从而在活动中敢于尝试,充满自信。如果儿童腼腆、不敢尝试,在游戏中容易放弃,看到其他小朋友游戏时想加入却总站在一旁看,那么,多给鼓励性的评价是有必要的。

2. 成人对儿童的评价要具体、客观

幼儿由于抽象逻辑思维还没有发展起来,具体的评价更能让他们理解,从而帮他们在自我评价中掌握更为客观的标准,最终形成稳定的自我评价标准。比如,在看到幼儿自己收拾玩具时,不要只说"真是好孩子",还要说"宝宝自己把玩具都收好了,宝宝真能干,玩具整整齐齐的真漂亮"。

3. 引导、鼓励儿童自己评价自己

父母或老师跟幼儿在一起的时候,可以问孩子今天都做了什么,表现怎么样,鼓励孩子思考、评价自己。而且,这样也可以让父母或老师了解孩子的想法和做法,既可以及时引导,又可以避免因不了解前因后果而带来的武断和误解。[①]

延伸阅读 3-1 >>

中班主题活动:认识自己

一、主题活动的由来

中班幼儿的自我概念已经开始萌生,他们已初步感受到自己的外貌、身体、喜好等等与他人的不同,对于"我"和"他人"有着许多的疑问,而要解答他们的这些疑问,则是我们这次主题活动开展的主要目的。

二、主题教育目标

1. 认识了解自己身体的外部特征。

2. 培养幼儿爱幼儿园、爱家的良好情感。

3. 培养幼儿大胆地用语言表达自己的能力。

三、主题墙饰的创设

主题墙饰的创设作为课程内容,不像以前那样追求速度和结果,在每一个平行单元的开展过程中,我们都会组织幼儿进行讨论,听听孩子们的想法和需要,我们会为孩子留出最大的空间,让他们大胆发挥想象力和创造力,让孩子们主动地去关心主题墙饰,使我们的主题环境创设伴随主题开展的日渐深入而不断完善。我们的主题活动探索式、连续性地进行,课程的内容不断丰富完善,课程形式也日趋多样,由谈话、讨论发展到手工、绘画、观察、资料查阅、分工合作、家园合作等等。在主题板的正中间是由几名小朋友画的自己的形象,而延伸出的几个平行单元里,贴满了孩子们的介绍,如在"我的生日"这个单元里,孩子们自己设计了生日蛋糕、生日贺卡;在"我的表情"这个单元里,孩子们画出了自己不同的表情;在"我的动作"这个单元里,孩子们画出了自己的小手、小脚,以及自己各种各样的身体动作。这样的环境创设过程不仅美观、天天有新意,反馈新信息,而且很形象直观地记录着课程的进展情况,孩子们非常喜欢。

四、主题网络的建构

根据幼儿感兴趣的内容我们一起预设这几个单元,单元之间是平行关系的,这是这个主题活动的特别之处,直线表示的是老师预设的内容,虚线表示的是幼儿自发生成的内容。

---

① 欧阳春玲.我是好孩子——0岁~6岁儿童自我评价的发展[J].家庭教育(幼儿家长),2007(12):29-31.

了解老师的工作、懂得尊重教师的劳动

知道家庭住址、电话

懂得爱护幼儿

会介绍自己的幼儿园

五官的作用

知道如何关心家人

会介绍家里的人

我的幼儿园

介绍五官

如何保护五官

我的家　我的成长环境　我的表情　认识自己的表情

知道自己的出生日期

认识我自己　我的名字　名字的来历

会设计生日贺片

我的生日

会写自己的名字

会设计值日生胸卡

会设计生日蛋糕

我喜欢

我的动作

我的小手

我喜欢的人

我的小脚

我的本领

我的样子

如何保护手

我喜欢的地方　我喜欢的事情　脚的样子

我喜欢的食物　值日生　如何保护小脚　脚的本领

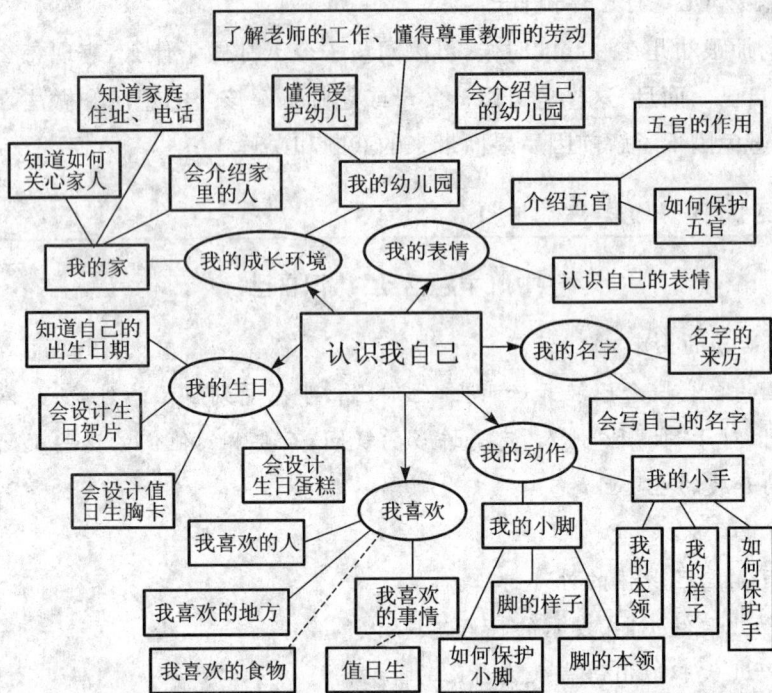

活动一　"我的表情"

在开展"认识自己"的这个主题活动中,幼儿最先感知和发生兴趣的是自己身体的外部特点。他们喜欢变化多端的脸部表情。因此,我将"我的表情"作为本主题活动的第一个单元。

我们带领幼儿观察了产生不同表情时的五官变化后,我问幼儿:"人为什么会有高兴、生气、难过等表情?"启发幼儿理解产生表情的原因与自己遇到事情或心情有关。鼓励幼儿大胆回忆表达自己经历过的事情,月龙说:"我做错事时大人批评我我会难过,掉眼泪。"小晴说:"妈妈送我礼物时,我会很高兴。"孩子们都争着要表达自己的想法,积极性很高。我又问幼儿:"记录表情有什么方法?"有的孩子说照照片,有的说画下来……最后孩子们采用了简单易行的绘画方式,他们不仅画出了自己的表情,而且把表情产生的原因画了出来,可以说每一幅作品都表现着一个生动的故事。

活动二　"我的动作"

认识了表情之后,我们又开展了"我的动作"这个单元的活动。中班幼儿身体各部位的运动机能,还有发现事物变化的能力,都处于发展和提高阶段,他们喜欢跳、喜欢唱,更希望了解自己身体的特征,因此,我们将艺术领域中的音乐、舞蹈、绘画等运动形式与语言表达的训练融汇在一起,开展了此次活动。我们以动作产生为基础,对幼儿进行提问"请小朋友说一说人的身体中哪些地方可以活动"。幼儿的回答很丰富,如手腕、胳膊肘、膝关节、颈部等,还有的幼儿观察更细,说出了手指关节,孩子们边说边体会动作,之后教师通过舞蹈形式让幼儿观察,体会自己身体的动作变化,最后,我们请幼儿把自己的一种动作画出来,孩子们有亲身感受后画的兴趣更大了,他们的动作各种各样,非常生动。在这次活动中,孩子们边说边动积极性很大,观察能力也得到提高。

活动三　"我的生日"

每个班里都会有过生日的小朋友,每当他们快到生日的那几天,他们总会主动地去告诉老师和小朋友,当问到他们过生日时,最高兴的事时大部分孩子都会说"喜欢吃生日蛋糕,喜欢接受生日礼物",但他们对过生日的具体日期及生日的意义并不是很了解,于是我设计了一节活动"我的生日",目的在于让幼儿了解过生日的真正意义及对父母的感激之情,在活动中我们还根据幼儿的兴趣,鼓励幼儿设计生日蛋糕,设计生日贺卡,孩子们很喜欢这些活动,经常在美工区中重复地练习,并把自己设计的贺卡带回家,送给自己的爸爸妈妈。通过本次活动,幼儿了解了过生日的真正意义,同时,幼儿的想象力和创造力得到了很好的提高。

活动四　"我的成长环境"

我们全托班的孩子对于"家"和"幼儿园"有着一种特殊的感情,为了加深幼儿对成长环境的了解,培养幼儿爱周围人的情感,我们运用语言、音乐、绘画、手工等多种艺术表现形式,鼓励幼儿大胆的表达自己对家和幼儿园的喜爱之情。

活动五　"我喜欢……"

"我喜欢"是从"我"出发,幼儿通过了解自己的相貌、身体、情绪等方面与他人的不同,进而获得各种不同表达喜好的方式,孩子们充分享受着表达"我喜欢……"的那份愉悦,当我问幼儿"你们最喜欢什么"时,他们的回答是丰富多样的,有的小朋友说喜欢吃×××,有的小朋友说喜欢玩玩具,有的小朋友说喜欢和妈妈爸爸一同出去玩,我问他们在幼儿园最喜欢做的事时,部分幼儿都说喜欢当值日生,根据幼儿喜欢当值日生的愿望,我引导幼儿一起唱"值日生的歌曲""设计值日生服""设计值日生胸卡",孩子们可高兴了,通过值日生活动,孩子们为他人、为集体的服务意识更加强烈了。

[评析]　通过"认识自己"主题活动的开展,孩子们已能认识了解自己的外貌、身体、情绪、喜好与他人的不同,同时在这次主题活动中,孩子们享受着表达自己的那份喜悦心情,增强了孩子们主动表达的意识。以上开展的这些活动都是根据幼儿发展目标及幼儿兴趣生成的,我们在遵循着陈鹤琴先生"做中学、做中教、做中求进步"这一原则,活动中孩子们的积极性较高,在平时我们也注重了多元智能理论的学习,用欣赏的目光去发现每一个幼儿的优势智能领域,使幼儿的优势智能得到很好的发挥,因此,孩子们在活动中表现得更自信、更爱表达自己了。

（资料来源:http://www.yejs.cn/Article/HTML/34773.html）

四、性别角色认同

性别在儿童发展中具有重要意义。几乎在每个社会,最基本的社会分类就是性别,儿童一出生,父母得到的第一个信息就是有关孩子的性别:"男孩"或"女孩"。性别在相当程度上决定了父母或他人对待儿童的方式。如给孩子取名、买衣服、玩具、与儿童游戏、谈话等无不传递着社会有关男、女不同的标准和期望。

所有的社会都期待男女扮演不同角色,具有不同的行为方式。儿童要成为合格的社会成员,就必须知道自己的性别和社会对不同性别的期望,并将这类信息整合到自我概念中,形成独特的个性特征和行为方式。

儿童获得性别认同和关于他所生活的社会认为合适于男人或女人的动机、价值、行为方式和性格特征的过程就是性别化。这是儿童个性和社会性发展的重要方面。

儿童的基本生物特征、社会经验和认知发展相互作用,共同影响着儿童的性别化过程。

(一)性别角色认同的有关概念

1. 性别认同(gender identity)

性别认同是对一个人在生物学特性上属于男或女的认知和接受,即理解性别。包括知道自己的性别,正确地使用性别标签;理解性别的稳定性,如男孩长大后成为男人;理解性别的恒常性,如一个人不因发型、服饰或喜爱的玩具是异性的而改变自己的性别;理解性别的发生学基础,知道男女间生理上的差别。

2. 性别角色标准

社会成员公认的适合于男性或女性的动机、价值、行为方式和性格特征等,反映了文化或亚文化对不同性别成员行为适当性的期望。如,大多数社会认为女性应承担养育后代的角色,男性作为丈夫或父亲要为家庭提供支持、保护其免受伤害。因而期望女性富于感情、温柔、友好、合作、服从、谦和、对他人的需要敏感;期望男性独立、果断、自信、具有支配性、竞争性和强烈的成就动机等。

由于文化的差异和社会历史的变迁,每个社会的性别角色标准都不是一成不变的,有时还会发生很大的变化。

3. 性别角色认同

性别角色认同(sex-role identity)是对一个人具有男子气或女子气的知觉和信念。认同是精神分析理论的术语,指一个人接受并内化另一个人的价值观和信念的过程。与一个人认同并不意味着完全同一,而是增加了对那个人的忠诚和亲密感,这是社会化的重要机制。幼儿期大多数儿童开始认同父母,内化父母的标准、价值、态度和世界观。性别角色认同是其中的一部分。

关于儿童的认同动机有种种假设:是害怕失去爱?保护自己免受惩罚?对父母权力

和地位的崇拜和模仿？体验与父母的类似感而增强认同？也许认同过程并非是某一种假设可以解释清楚的。亲子关系的质量无疑会对儿童的性别角色认同有重要的影响。还没有足够的证据表明，男孩偏爱认同父亲，女孩偏爱认同母亲。是父母的温暖和支配地位促进了认同，而不是父母的性别（Maccoby，1980）。

4. 性别角色偏爱

性别角色偏爱指对与性别角色相联系的活动和态度的个人偏爱。性别偏爱主要与三种因素有关：

（1）自己的能力越接近某一性别标准，越偏爱成为其成员。

（2）对同性别的父母越喜欢，越偏爱成为同性别成员；随着儿童自我概念的日益分化，在他们能评价自我与性别角色标准的类似或差别，自我与同性别父母的相似或差异后，上述两种因素开始对儿童的性别偏爱产生重要影响。

（3）决定性的因素是社会环境中存在的关于某一性别的价值的线索。传统上，许多文化更重视男性，给男性以较高的地位，这种文化决定的有关性别的价值观通过家庭、同伴、其他对儿童有影响的成人或大众传播媒介等灌输给儿童，影响了儿童的性别角色偏爱。

（二）学前儿童性别化的发展

1. 性别认同的发展

一些 2 岁左右的儿童已能分辨出照片上人的性别，然而还不能确定自己的性别（Thompson，1975）。大多数 2.5～3 岁儿童能正确说出自己是男孩还是女孩，但是不能认识到性别是不变的属性。3～5 岁儿童还不能理解性别的恒常性。5～7 岁儿童才开始理解性别的恒常性，这正是儿童初步达到液体和数量守恒的阶段（Marcrus & Von Bargen，1980）。儿童先是理解自我的性别恒常性，继而是同性别他人的性别恒常性，最后是异性别他人的性别恒常性。理解男女生理上的差异是在学龄期间。

2. 性别角色标准的获得

每位父母都有一套性别角色标准，他们从儿童出生后，就以各种方式传递给子女。他们鼓励那些符合性别角色标准的行为，制裁那些不适当的行为。儿童几乎在会正确使用性别标签不久，就获得了一些性别刻板印象。有一项研究（Kuhn，Nash & Brucken，1978）给 2.5～3 岁的儿童两个性别不同的娃娃，问他们这两个娃娃分别从事什么活动，如做饭、缝衣服、玩娃娃、开火车或卡车、打架、爬树等。几乎所有 2.5 岁的儿童都有一些关于性别角色标准的知识，而 3.5 岁的儿童知道得更多。

戴蒙（Damon，1977）与 4～9 岁儿童交谈，以确定他们怎样用性别角色标准评价其他儿童的行为。如一个叫乔治的男孩喜欢玩娃娃，为什么人们告诉他不能玩，乔治玩娃娃是否对，如果继续玩下去会怎样？结果 6 岁之前大多数儿童都认为男孩玩女孩气的玩具是不对的，他们关于性别角色标准的观念是很刻板、严厉的。

3. 性别化行为的发展

儿童的性别偏爱最早表现在对玩具的选择上。男孩偏爱小汽车之类的玩具,而女孩则喜欢玩娃娃和毛绒玩具。进入幼儿园后,儿童一般都喜欢从事与性别相符合的活动或中性活动,他们经常分为男、女不同的游戏小组(Hartup,1983)。

在性别化过程中,男孩比女孩面临更大的社会压力。现代社会,父母往往更注意培养男孩不要有"娘娘腔",而不太在意女孩的"假小子气"。因而,男孩的行为稍微偏离性别角色标准就会受到严厉的批评,他们很快就知道了社会对男孩期望的是什么。有研究(Fagot,1978;Langlois & Downs,1980)比较了2~9岁儿童的父母对儿童玩异性游戏的反应证实了这一点。

4~9岁儿童对性别角色标准有了更多的了解,并且遵从这些社会要求。然而,女孩比男孩对异性玩具、游戏和活动的兴趣保持得更久些。有人(Richardson & Simpson,1982)记录了5~9岁儿童在给"圣诞老人"的信中表达的玩具偏爱。尽管他们的要求大多反映了各自的性别偏爱,但女孩比男孩要异性玩具的更多些。

一项追踪研究(Kagan & Moss,1962)还考察了儿童早期几种性别化行为的稳定性。结果表明,凡是与社会的性别角色标准一致的行为,由于在儿童的社会实践中不断受到强化,因而有可能保留下来,成为比较稳定的个性特征,而那些与社会性别角色标准不相符的行为,则因自幼得不到强化甚至受到谴责而可能逐渐消退。

(三)学前儿童性别角色的教育

性别角色是以性别为标准进行划分的一种社会角色,它决定着一个人的行为模式。虽然男女性别是由遗传决定的,但性别角色却是从儿童时期受到成人影响、教育的结果。而对儿童性别角色教育的缺失,是不利于其健康成长的,很容易造成儿童性别角色的错位,带给他们的将是心灵的扭曲和伤害。

1. 在家庭中进行科学的、潜移默化的性别角色教育

给幼儿合适的性别标签。孩子从出生后,父母就要按照性别进行一致性地培养。小女孩最经常穿的是粉色或其他色彩柔美的衣服。男孩主要穿的是蓝色、红色或白色的服装。给孩子们的玩具,也是根据他们的性别不同精心挑选的。男孩的玩具大多是工具,如锤子、汽车,女孩的玩具则是娃娃和厨房的工具。

(1)承认和赞赏

家长首先要承认幼儿的性别,让男孩认识到自己是男性,女孩认识到自己是女性。性别认同是幼儿自我认知的重要部分,这会使他对同性的性别特征抱有好感,并希望拥有这些性别特征。家长要在口头上明确告诉幼儿:你,是男孩;你,是女孩。也可以借一起洗澡的机会,告诉幼儿关于性别的知识,男孩借此认同爸爸,女孩认同妈妈,进而通过学习,逐步建立起自我的性别特质。另外,家长对幼儿的性别还要表示赞赏,家长如果对幼儿是个男孩或女孩表示高兴,幼儿也会对自己的性别感到满意。

（2）榜样的作用

幼儿在观察中得到的知识和启示，会在实际生活中试着运用起来，尽管其中一些信息也许在储存多年后才能有所模仿和启动。父母是幼儿在性别角色方面的指导者和模仿对象，所以一定要注意自身行为的影响，如果爸爸有些"娘娘腔"，或是妈妈习惯大大咧咧地说话做事，都要在幼儿面前有意克服，以免幼儿"依样画葫芦"。

（3）奖励和惩罚

幼儿做了与自己的性别角色相符的事，家长应该给予奖励；对孩子不当的性别角色行为，家长要反应冷淡，让他感到自己的表现有误，或是给予适量的"处罚"。这种奖励与惩罚会给幼儿一种心理支持或压力，促使幼儿根据自己的性别角色做出相应的行为，并逐渐形成正确的行为定势。

当然，男女两性不是截然分开的，许多优秀的性格品质是男女共有的。坚强勇敢、果断机智、温柔体贴、耐心细致、胆怯懦弱、争强好胜……这些性格特征不应贴上性别标签。在日常生活中，父母要摆脱性别刻板观念束缚、克服刻板性别角色意识，使每一个儿童都有更广泛的发展空间和选择余地。父母要鼓励女孩坚强、勇敢又耐心细致，教育男孩要果断机智又温柔体贴。不要嘲笑男孩子哭鼻子，更不需要反对女孩子风风火火，只要是他们身上表现出值得肯定的优秀品质都应该加以鼓励。应多赋予儿童一些社会自由度，使得儿童获得多种社会角色体验，增进对人、人生和社会的理解，让他们对男女优秀的人格品质"兼收并蓄"，让儿童的个性得到充分的发展，让孩子在潜移默化中形成正确的性别角色观念。

2. 在幼儿园里多关注性别因素，促使幼儿形成良好的性别角色认同和性别品质

20 世纪 70 年代，性别角色研究领域发生了一场革命。1964 年，Rossi 正式提出了"双性化"概念，即"个体同时具有传统的男性和女性应该具有的人格气质"，并认为双性化是最合适的性别角色模式，而非传统的单一性别角色模式。[1] 自此，双性化研究和双性化教育逐步开展。幼儿园是幼儿接受双性化教育的重要场所。

首先，教师应树立正确的性别观念，了解男女幼儿差异的表现及原因，了解教育活动中的性别角色特点，自觉反思师幼交往中的性别偏差，主动消除性别刻板认识和行为。

其次，教师要在日常教育行为中有意识地进行双性化教育。要谨慎选择幼儿教材和读物，尽量选择一些反映性别角色多样化的材料。要精心设计游戏，注意游戏材料的投放，材料不要有过多的性别化特征，如服务员的头巾不要都是鲜艳的花布，避免给幼儿带来性别角色上潜意识的影响。同时，还要让幼儿自由选择游戏，允许幼儿自由表现与传统性别角色相异的行为，指导男女幼儿之间的交流和交往，鼓励幼儿尝试不同性别的合作活动，如让男孩也参与到"娃娃家"中去照顾"娃娃"，女孩也可以拿手枪开汽车，让不同

---

① 强海燕.性别差异与教育[M].西安:陕西人民教育出版社,2000:23.

性别的幼儿在共同的游戏中,相互了解,取长补短,从而促进其性别角色社会化的健康发展。

再次,由于目前我国幼儿园中以女教师为主,幼儿性别角色的形成多是接受女性特点的影响。女教师的体贴细心虽然让幼儿感受到母亲般的呵护,但女性教师也往往容易根据自己的心理特点及对性别角色的认识来对待不同性别儿童。因此,女教师应使自己不断向着心理双性化努力。同时,幼儿园管理者应引进男幼教,平衡教师队伍性别结构,让幼儿接受兼具男性与女性特质的教育和影响。当前幼儿园的"男阿姨"是凤毛麟角,男教师的一些性格和生理特点,是女教师不可替代的。学校男教师少,就如同缺少父爱的"单亲家庭",容易使孩子的心理、思维出现缺陷。

3. 通过大众传媒传递正确的性别价值观

性别角色的规范和标准通过大众传媒作用于学前儿童,对其性别角色的形成产生着重要影响。传播学和社会学研究发现,媒介上男性出现的几率要远远大于女性,而且女性多半是温柔、迷人、少竞争的、性感的、情绪化的、依赖男人的社会角色;男性则多是具有理性、智慧、坚强、勇敢等特征居于主导地位的重要社会角色。大众媒介自觉和不自觉地对男女两性进行角色定型化的描述,儿童通过接触媒介,反复观看到这种描述而形成自己对两性的印象,进而在性别角色化的过程中产生影响。因而,大众传媒应该努力传递性别平等的价值观,为学前儿童性别角色观念的形成进行积极地引导。在今后的媒体宣传中要更多地注意两性的共同点,增加女性杰出人物的介绍,让儿童意识到男性和女性都有巨大的潜力,可以并肩创造奇迹。①

📚 案例 3-3 ≫≫

"她不像妈妈"

在"娃娃家"角色游戏活动中,其中有一个幼儿扮演"妈妈",而"妈妈"并没有按老师设计好的妈妈形象进行活动,而是坐到椅子上,把它当车在教室里开来开去。另一扮演孩子的幼儿,对着老师大喊到:"老师,老师,她不像妈妈。"老师看了以后说道:"对啊! 妈妈是不会到处开车的。妈妈都是买菜,在家洗衣服、拖地板、煮饭的。"

[评析] 儿童生来虽有性别之分,但性别意识和性别平等的观念却并非天生,需要通过教育手段来培养儿童。儿童很早就开始从大人的习惯行为中"习得"性别角色和相互的性别观念,上学后,这种习得在学校的环境中继续,学校的教材、测验工具、教师行为、伙伴组织、环境布置等都对幼儿获得一定的性别角色行为发生影响。

(资料来源:http://wenku. baidu. com/link? url=VcS3kmAC8LvBG-grkF7b5iJy-idLZOWA0U8T56zqnflxzt6Mg YeiqdMNNKYdR-uQKxWfGuoEEFgNaJcW_KbJMji7-IdJEMSZGSah8HldFFO&from_mod=download)

---

① 席庆兰,杨育林,魏霞,等. 对 286 名幼儿性教育现状调查[J]. 中国校医,2005,19(1):56-59.

第二节　学前儿童自尊、自信的发展与教育

引导案例 3-2

起　床

起床了,孩子们各自做着自己的事情。这时乐乐走到我身边,很不好意思地对我说:"李老师,我出汗了。"看到他那紧张的样子,我马上意识到,他可能是尿床了,但又不好意思对老师说。我随他来到床前,看到被子确实湿了好大一片。我安慰他说:"出汗了没关系,一会儿我帮你把被子晾干了就行了。你先去上厕所。"过了一会儿,我悄悄地把他带到无人的消毒室里,帮他换上了干净的裤子,他腼腆地笑着对我说:"谢谢李老师!"

思考:1. 以上案例中的老师的做法好吗?

2. 该案例给我们什么样的启示?

(资料来源:http://www.chinadmd.com/file/a3xeaiuotpioaoivrsaxvwcw_2.html)

自我体验是伴随自我认识而产生的内心体验,是自我意识在情感上的表现,即主我对客我所持有的一种态度。它反映了主我的需要与客我的现实之间的关系。客我满足了主我的要求,就会产生积极肯定的自我体验,即自我满足;反之,客我没有满足主我的要求,则会产生消极否定的自我体验,即自我责备。① 自我体验主要包括自尊、自信、自卑、自豪感、内疚感、自我欣赏等。

自我体验在 3 岁儿童中还不明显,自我体验发生转折的年龄在 4 岁,5～6 岁儿童大多数已表现出自我体验(韩进之等,1986)。

幼儿自我体验由与生理需要相联系的情绪体验(愉快、愤怒)向社会性情绪体验(委屈、自尊、羞愧感)不断深化、发展,同时又表现出易受暗示性。

一、学前儿童自尊的发展与教育

(一)自尊的概念

自尊是自我体验的核心,指个体在社会比较过程中所获得的有关自我价值的积极评价和体验。对自己感到满意的孩子会有较高的自尊感,他们能够认识到自己的优点,也能够知道自己的缺点,他们对自己的性格、能力感到满意。相反,低自尊的孩子对自己不是那么喜欢,总是看到自己的缺点而忽视自己表现出的优点。

---

① 陈会昌,庞丽娟,申继亮,等. 中国学前教育百科全书(心理发展卷)[M]. 沈阳:沈阳出版社,1994.

（二）学前儿童自尊的结构

杨丽珠、张丽华(2005)研究了儿童自尊的结构,结果发现,3～9岁儿童自尊结构包括重要感、自我胜任感和外表感。重要感是指儿童在心理上渴望得到他人的注意、接纳或接受、支持、喜欢,所以通过言语、身体姿态、面部表情等方面来展示自己,从而获得他人肯定的情感体验。自我胜任感是指儿童在游戏、体育、学习、交往等活动中,通过表现出成功的行为和能力,获得他人对其学业、体育等活动能力的赞许,以此证明自己是成功者,从而获得一种积极的自我价值体验。外表感是指从身体外表方面获得的一种自我价值体验。自尊的三个维度具有密切的联系。重要感是儿童自尊发展的基础,外表感是自尊获得的重要途径,自我胜任感是儿童自尊发展的最高表现形式。[①]

（三）学前儿童自尊的发展

儿童在3岁左右产生自尊感的萌芽,如犯了错误感到羞愧,怕别人讥笑,不愿被人当众训斥等。随着儿童身体、智力、社会技能和自我评价能力的发展,儿童的自尊也得到发展。在韩进之等人的研究中,儿童体验到的自尊感分别为:3～3.5岁为10%,4～4.5岁为63.33%,5～5.5岁为83.33%,6～6.5岁为93.33%,自尊感稳定于学龄初期。

自尊发展的具体特点:

（1）幼儿自尊发展具有年龄差异。总体来说,随着年龄增长,幼儿的自尊呈"波浪式"的发展趋势,其中,4～5岁是幼儿自尊发展的关键期(张丽华等,2004)。[②]

（2）幼儿自尊发展存在性别差异。总体上,女孩自尊发展水平显著高于男孩。

学前儿童自尊发展的影响因素主要有:

（1）父母的教养方式。民主型的父母教养方式有助于幼儿形成较高的自尊感,而专断型的父母教养方式则容易降低儿童的自尊感。

（2）个体的成功和失败的体验。幼儿经历过的成功或失败体验会直接影响其对自己的价值、能力等的评价和体验,从而影响自尊水平。

（3）他人的评价。他人评价在幼儿阶段起重要的作用,因此,父母或老师对幼儿的积极或消极的评价会直接影响幼儿的自尊水平。

（四）学前儿童自尊的培养

1. 为幼儿创造获得成功的机会,以成功体验来提高自尊感

成功的体验对提高幼儿自尊感具有举足轻重的作用,是其获得积极的自我评价的基础。幼儿由于年龄小的缘故,心理脆弱,只有尽可能多的使他们获得成功的体验,体验到成功带来的喜悦和兴奋,体验到成功带来的自信,才能不断提高自尊感。反之,则有可能否定自己而自暴自弃,或以一种负向自尊即逆反来维护其自尊水平。这就要求教师应结合实际尽可能多的为幼儿创造获得成功的机会,在具体实践中应特别注意对幼儿成功标

① 杨丽珠,张丽华.3～9岁儿童自尊结构研究[J].心理科学,2005(1):23-27.
② 杨丽珠,张丽华.论自尊的心理意义[J].心理学探新,2003(4):10-14.

准的确定不要太高,切忌好高骛远。对于幼儿来说,只要他们能够洗干净一双袜子、钉好一枚纽扣都可以算作成功。教师和家长在对幼儿发展时所确立的标准一定要适当,要考虑幼儿本身的特点和认知水平,标准定得过高,幼儿很难达到,屡遭失败,势必造成自卑的消极情感体验;幼儿的发展是一个渐进的、曲折的过程,切忌急于求成;有些家长望子成龙心切,盲目攀比,希望自己的孩子处处强过别人,总以其他孩子的长处来和自家孩子的短处相比。这些做法对孩子的自尊发展都会带来消极影响,幼儿由于年龄等特点,需要更多的是肯定、鼓励和赞扬,这点比成年人要明显得多。

2. 要多给幼儿些尊重和信任

幼儿与成人一样具有独立的人格,其发展无论是生理的,还是心理的,都是一个追求和体现独立的过程。随着生理和心理的不断成熟,他们会越来越多地表现出独立活动的要求和能力,每一个成人都不能无视他们这种独立的要求与能力。教师和家长要能敏锐地发现幼儿的那种要求上进的愿望,并给予充分的尊重、信任,并对其行为加以正确的引导。既要确实承认儿童现有的发展水平和能力,又要鼓励他们在力所能及的范围内独立发展,并为他们的独立发展创造条件,所有这些都将有助于儿童自尊的发展。

在本节的引导案例中,幼儿自尊心开始形成,幼儿会对自己做了不好的事情感到害羞,并希望成人能为自己保守秘密。成人对待幼儿的态度和方式直接影响幼儿自尊心的水平。案例中老师没有戳穿乐乐尿床的真相,并悄悄帮助幼儿换好裤子,让幼儿感到自己是一个值得尊重的人,自尊心得到维护。当幼儿犯错时,老师宜私下给幼儿指出来并进行教育,不宜当众批评幼儿,以免损坏幼儿的自尊心。要尊重幼儿,保护幼儿的各种权利。

3. 促进幼儿自尊发展也要防止另一个极端,即要防止形成自负性格

自负是一种消极的心理品质,在培养和提高幼儿自尊心的同时,应注意防止幼儿形成自负的性格。引导他们树立集体观念,正视自己的能力素质,避免盲目自大,使幼儿既有自尊心,又有谦虚的品格。[①]

二、学前儿童自信的发展与教育

(一)自信的概念

自信心也称为信心,是反映个体对自己是否有能力成功地完成某项活动的信任程度的心理特性,是一种积极、有效地表达自我价值、自我尊重、自我理解的意识特征和心理状态。自信心的个体差异不同程度地影响着学习、竞赛、就业、成就等多方面的个体心理和行为。自信心是儿童终身发展的动力,对人一生的发展和成长起着极为重要的作用。

(二)学前儿童自信心的结构

王娥蕊、杨丽珠(2006)研究发现,自信心包括自我效能感、自我表现和成就感三个维度。

---

① 李小静.浅谈促进幼儿自尊发展的方法[J].成功(教育),2009(11):75.

自我效能感是一种关于自己是否有能力完成某事的信心。当自我效能感高的时候,人有信心完成某些行为,克服困难,获得成功体验。自我表现是指个体内在的感觉、信念、态度等的表露,即儿童在个人行为、能力、智慧和思想方面的自我表达情况。成就感即成功体验,是指儿童做事情时力求取得成功,并为自己取得的成绩感到自豪的一种情感体验。其中,自我效能感作为儿童自信心的最高表现形式,在儿童自信心结构中处于核心地位。

(三) 学前儿童自信心的发展

Yoder(1988)指出,儿童在成长过程中,都将面临五个发展自信心的关键时期。第一个关键期(0~2岁),为基本的信任期;第二个关键期(2~3岁),为从婴儿期到蹒跚学步期的创伤性过渡期;第三个关键期(3~5岁),为兄弟姐妹争宠期;第四个关键期(5~13岁)为同伴竞争期;第五个关键期(13~19岁),为独立战争期。她认为,发展儿童自信心的关键所在,就是父母应该在这五个自信心发展的关键时期给予儿童更多的指导,使儿童顺利度过每一个关键期。①

从总体上看,3~9岁儿童自信心发展水平是随着年龄增长而不断发展变化的,呈非直线上升趋势。其中,3~4岁是儿童自信心发展最迅速的时期,4~5岁、5~6岁儿童自信心发展均处于缓慢上升期,5~6岁的发展速度略快于4~5岁,6~7岁儿童自信心发展的速度再次加快,仅次于3~4岁。4岁和7岁分别是儿童自信心发展的两个关键年龄(王娥蕊、杨丽珠,2006)。②

(四) 学前儿童自信心的培养

自信心是进取心的支柱,是有无独立工作能力的心理基础。自信心对孩子健康成长和各种能力的发展,都有十分重要的意义,幼儿期的自信心对一个人一生具有举足轻重的作用。培养孩子的自信心,可以从以下几点做起:

1. 调整成人与孩子间的关系

如果孩子感到老师、父母喜欢他、尊重他,态度温和,孩子的感觉很好,往往就活泼愉快,积极热情,自信心强。相反,如果老师、父母对孩子训斥多,粗暴,态度冷淡,孩子就情绪低沉,对周围的事物缺乏主动性和自信心。

2. 要言传身教

创设培养孩子自信心的环境,让孩子在潜移默化中自信起来。平时,遇事常对孩子说一些鼓励的话:"你一定能行!你肯定做得不错!"因为孩子的自我评价往往依赖于成人的评价,成人以肯定与坚信的态度对待孩子,他就会在幼小的心灵中意识到:别人能做到的,我也能做到。老师、家长是孩子的效仿榜样,因此,在孩子面前更应有自信心、乐观、有魄力、自强、办事不怯懦。为幼儿树立良好的形象,创设良好的精神氛围,也是形成

---

① Yoder J, Proctor W. The Self-confident Child[M]. The United States of America: Facts On File Publications, 1988.

② 王娥蕊,杨丽珠.3~9岁儿童自信心发展特点的研究[J].辽宁师范大学学报(社会科学版),2006(3):45-48.

孩子自信心的因素。

3. 让孩子从成功的喜悦中获得自信心

培养孩子自信心的条件是让孩子不断地获得成功的体验,而过多的失败体验,往往使幼儿对自己的能力产生怀疑。因此,老师、家长应根据孩子发展特点和个体差异,提出适合其水平的任务和要求,确立一个适当的目标,使其经过努力能完成。如让他跳一跳,想办法把花篮取下来,从而在不断的成功中培养自信。切忌将花篮挂得太高,而实际能力不及,连连失败,致使自信心屡屡受挫。同样,他们也需要通过顺利地学会一件事来获得自信。一个在游戏中总做不好的孩子,很难把自己看成是成功的人,他会减少自信心,并由此不愿再去努力,越是不努力,就越是做不好,就会越不自信,从而形成恶性循环。成人应通过帮助他们,完成他们想要做的事来消除这种恶性循环。另外,对于缺乏自信心的孩子,要格外关心。如对胆小怯懦的孩子,要有意识地让他们在家里或班级上担任一定的工作,在完成任务的过程中培养大胆自信。

4. 从小培养幼儿正确地面对竞争,提高耐挫能力

社会所需要的人才结构层次是金字塔分布,教育在某种程度上,必须依据于社会所需要的人才结构。在国际竞争日益激烈的新世纪,我们要增强幼儿的竞争意识,培养幼儿的自尊心、自信心、上进心和耐挫力。这样,才能使幼儿将来能适应社会的发展。在良好的竞争心理素质中,自信心是十分重要的。一个人如果对自己有信心,就会以自信的热情投入各种活动中,就更容易发挥自己的能力和水平。对幼儿进行意志品格的教育和训练,使幼儿明白在成长的过程中,难免遇到挫折和困难,但只要持之以恒,就能获得成功。教师和家长给予幼儿引导,帮助幼儿树立正确的竞争态度,充分相信自己,学会放松自己的方法,以平静自如的心情投入竞争。①

案例 3-4 >>>

有点特别的何前卫

何前卫是我班一个长得有点特别的男孩,他的特别之处就是一个眼睛大一个眼睛小。那个小的眼睛是由于眼睑下垂造成的,这成为了小朋友歧视他的理由,让他感到很自卑。刚开始接这个班,我并不了解孩子的情况,孩子之间有什么言论也不清楚,只是觉得这个男孩子不太活泼,怕生害羞,语言表达能力差,不跟小伙伴玩,有时尿裤子了也不敢跟老师说。由于平时都是他的奶奶接送,从没见过他父母,我以为是老人包办、溺爱,不善教养,或者是孩子缺少父母之爱造成的。一天我趁他奶奶来接他的时候了解了情况。他奶奶告诉我何前卫在家是个做事认真,爱劳动,讲卫生的好孩子。只是班里有些孩子欺负他、歧视他,不跟他玩,就是因为他的眼睛有一个是残疾的,所以他很自卑、孤

① 马英伟. 儿童自信心的培养[J]. 辽宁教育研究,2006(2):108-109.

独，不敢表达自己的愿望。

为了让小朋友不再欺负和歧视何前卫，并让他重新自信和快乐起来，我和班里的其他老师平时都比较关心他、多鼓励他，尽量找机会让他表现自己，并在孩子面前表扬他，但效果都不是很明显。我跟几位老师商量对策，又找有关幼儿心理的资料看看，我觉得孩子把老师的话当"圣旨"，要想改变他，就要改变孩子对他的看法，归根究底就是老师如何用一个完美的说法把他的缺陷变成优点。让他拥有自尊，从而获得自信。

又到了一个可以让孩子拿自己心爱玩具来幼儿园与小朋友分享的日子，有个男孩子拿了心爱的玩具枪来，很多男孩子都可以玩他的枪，但何前卫却不能。我问他为什么，他说："因为何前卫有个眼睛小很难看，我不喜欢他，所以不给他玩。"其他孩子也同意这个看法。这时我看到一个男孩用枪瞄准某样东西要闭一只眼睛，我灵机一动，对孩子们的恶意也不批评，就让这个男孩子表演开枪瞄准的动作。当他闭一只眼的时候，我问孩子们为什么要这样？他们都说是为了开枪更准些。这时候我就说："其实我们班的何前卫天生就是一个神枪手，因为他一个眼睛大一个眼睛小，不用刻意闭一只眼，随便用眼睛一看，就可以瞄准目标。以后他长大了，要当解放军或警察，先选中他然后才轮到你们。"这时我看到何前卫眼睛放光，脸上露出意想不到的笑容，而其他孩子表现得对他很羡慕。然后我问何前卫："你想当解放军和警察吗？"他开心地点点头。我又对他说："你要当解放军和警察还有一个条件，就是要勇敢大胆，敢讲，敢说，敢做。"他使劲地点点头。"另外，解放军和警察爱帮助人，会用眼睛观察不好的现象并及时报告。你做得到吗？"我继续问。"做得到！"他大声地回答。

从此，何前卫变了，变得自信快乐了，而且孩子们推选他当班里的小警察，有事就找他帮忙，他也乐此不疲。所以我相信孩子拥有了自尊，找到了自信，才能快乐起来。

[评析]　自尊、自信是孪生兄弟，没有自尊，就没有自信。自信心对一个孩子来说是极其重要的：一个没有自信心的孩子在学习和生活上是不会快乐的，要与同伴和睦相处也会有困难。本文中的何前卫由于五官的缺陷，被小朋友瞧不起，伤了自尊，没有自信心，认为自己缺乏能力，不敢言语，难与伙伴建立友好关系，表现得很孤独，给自己造成沉重的心理负担。在上述事例中，教师用一个美丽的谎言，帮他建立了自尊，从新获得了自信。

（资料来源：http://www.docin.com/p-86497629.html）

延伸阅读 3-2 >>>

"我 不 行"

在接手我们班的这段日子里，我发现了不少的孩子在学习活动、交往活动、自理能力等方面都存在着缺乏自信的表现。叶志豪（下面简称 Angel）幼儿的这种表现特别突出。他很少举手回答问题，区域活动从来都不主动参加，在穿脱上每次都要老师帮助，吃饭总是最后一个吃完。平时的活动中听到他讲得最多的话就是"我不会""我不行"。

在家访中我们也了解到,Angel 从小就体弱多病,并且他还有个姐姐,所以家长对他的照顾可以说是"无微不至",家长的过度保护和包办使得孩子在很多方面失去了自己动手的机会,也养成了他饭来张口、衣来伸手的习惯。在家里,不需要他动脑动手什么事情都可以解决,父母觉得为孩子做得多是爱孩子的表现,却不知道这样做滋生了他的依赖心理,离开家长他不敢自己独立做事,对什么都是无所适从。

每次听到他说"我不会"这样的话时,我都会问他:"做都还没做,你怎么知道你不会呢?我相信你一定能学会的。"但很多次他都说什么都不愿意试试看。其实凡事都要自己去试一试,会或不会,行或不行都是转瞬之间的事。我每次都鼓励他:"别人能做到的事情,你也一定可以,只要能勇敢地尝试,凡事都会是会或行的。"可是孩子毕竟还小,他并不理解我所讲的话。

针对案例中的 Angel,老师可以设计以下活动帮助他逐渐提高自己的自信心水平。

活动一:自己的事情自己做

在日常生活中,从简单的吃饭、午睡等活动入手,老师要引导幼儿自主地做自己该做的事情,慢慢克服"等靠要"的习惯。

在一段时间的坚持之后,我们看到了 Angel 的进步。他会自己穿脱衣服了,虽然速度还是比较慢,但他不再叫老师(家长)帮助了。他会很自豪地说:"我已经不用你们再帮我了。"从午睡的穿脱到自己收拾餐具再到主动喝水,他的这些改变让他开始觉得自己是行的,"我会自己做,我行的"。

活动二:我为大家讲个故事

我们的餐前餐后活动中,经常会请幼儿来讲故事或唱歌、讲笑话。可以先布置一个任务给 Angel,我请他的家长教他一个简单的新故事,学会后到幼儿园讲给同伴听。开始可以通过表扬、鼓励、师生共同参与等措施,慢慢让他能够尝试自己讲给大家听。

在这以后,他愿意在同伴面前讲故事了,而且胆子越来越大,声音响亮了许多。每次听到他说:"今天,我为大家讲个故事,故事的题目是……"我看到了他面对同伴的从容,听到了他声音中的镇定,感受到了他对自己越来越多的自信。

（资料来源:http://10350066. boke. 9ye. com/teacher/article⁻a⁻view⁻cid⁻4908531. html）

第三节　学前儿童自我控制的发展与教育

引导案例 3-3

卖 面 包 喽

今天的午点是奶油包,香喷喷的,孩子们可喜欢吃了。由于班内人数多,孩子们需要按组轮流洗手,然后到餐车前去拿点心吃。可心急的林子早已按捺不住,在餐车前转来转去,盯着奶油包直流口水。当林子的小手不由自主地碰到餐车上的奶油包时,同伴不满的声音出现了:"你还没有洗手呢!""你插队!"……原本安静有序的队伍也乱了开来。看到这样的情形,我故作惊讶地说:"咦?今天的面包店怎么没有营业员呀?怪不得闹哄哄的,谁来做营业员卖面包呢?"话音刚落,孩子们纷纷举起了小手,林子也大声喊着"我,我,我……"我故意左看右看,然后一把抓住林子的小手说:"嗯,林子现在站得最神气,就由林子来卖面包吧,不过你要先去把小手洗干净。"被选中后的林子别提有多开心了,洗完手回来得意地站在餐车前叫卖起来。

说来也怪,前来买面包的孩子一个个都自觉地排好队,还主动地与林子交流,一切都那么井然有序。直到还剩最后一个面包时,林子高兴地喊:"老师,这最后一个面包是卖给我的。"我笑着点点头,林子呢,已经迫不及待地拿起面包开吃了。

思考:1. 林子的表现说明了什么问题?

2. 从林子的案例中我们可以得到什么启发?

(资料来源:http://y. 3edu. net/gafx/148534. html)

一、自我控制的概念

自我控制是个体对自己行为、思想和言语等的控制,即主体我对客体我的制约。

幼儿的自我控制主要表现为自制力、自觉性、坚持性等方面。自制的两种表现为抗拒诱惑与延迟满足。

抗拒诱惑是指抑制自己,不去利用机会从事能够得到满足但是社会禁止的行为,它表现为在有人或没人在场的情况下,都拒绝具有诱惑力但被禁止的愿望和行动。4岁以前的儿童抗拒诱惑能力与惩罚成正相关,4岁以后则与说理关系密切。

延迟满足是为了长远利益而自愿延缓目前的享受。观察表明,小班幼儿已经具有为等待长远目标而抑制及时满足的能力。

幼儿的坚持性随着年龄的增长而提高。4~5岁是幼儿坚持性发展最快的年龄,也是受外界影响波动最大的年龄,因而是教育的关键期。

二、幼儿自我控制的结构

杨丽珠、董光恒(2005)采用验证性因素分析对幼儿自我控制结构进行了检验,结果表明,幼儿自我控制包括自制力、坚持性、自觉性和自我延迟满足。自制力表现为通过抑制直接的、短期的欲望而控制冲动的能力。坚持性表现为在某种困难情境中,为达到某一目的而坚持不懈地克服困难,并在此过程中表现出持续或持久的一种行为倾向。自觉性表现为在无人监督的情况下,对禁止体验的认识和与看护人期望一致的动机及相应的行为上。自我延迟满足是一种为了更有价值的长远结果而放弃即时满足的抉择取向,以及在等待中展示的自控能力。[1] 米歇尔(Mischel,1998)最早提出自我延迟满足的概念,并将其作为幼儿自我控制的主要研究范式,他认为,自我延迟满足不仅是幼儿自我控制的核心成分和重要技能,也是社会化和情绪调节的重要成分,更是伴随人一生的积极的人格力量。在自我延迟满足过程中,儿童自己做出选择并在延迟的过程中不断地控制、调节自己的情绪,抵抗诱惑。[2] 因此,它是幼儿自我控制不可或缺的内容。

国外学者通常从动作或运动的控制、情绪情感的控制、认识活动的控制三个方面来研究儿童的自我控制能力。

延伸阅读 3—3 >>>

延迟满足实验

有位心理学家曾把一群四五岁的孩子集中在一间屋子里,并告诉这些孩子,有一些很好吃的糖果,如果现在要吃,每人可以得到 1 颗糖果;如果等他办完事情回来,就可以得到 10 颗糖果。结果,等心理学家关上门走后,孩子们的表现各不相同。有的孩子迫不及待地拿了一颗糖就吃,而有的孩子能抵御诱惑,一直等着心理学家回来,得到 10 颗糖。

心理学家通过多年的跟踪研究发现,那些用坚韧、顽强的毅力克制自己欲望的孩子,更稳重可靠,更能快速地适应环境,人际关系更融洽。而那些克制力差的孩子则显得固执、孤僻,易受挫折,遇到压力易退缩,面对竞争易发慌。这个实验很好地说明了自控能力对于一个人的影响。

在日常生活中,妈妈要有意识地训练孩子学会等待。当孩子向父母提出某些要求时,可视情况延迟满足孩子的欲望。让孩子等上一段时间后再实现他们的愿望。孩子有了这样的体验后,就有了经验,想要得到东西,就需要耐心等待。于是,孩子逐渐就能培养起耐心和自控的习惯。

(资料来源:http://i. yanxiu. com/blog/10099501/46910692637! cateId=54228104240282.)

三、幼儿自我控制的发展

国内外大多数学者认为,婴儿在出生后的 12~18 个月之间就有了自控能力。国内有研究表明,3~9 岁儿童的自我控制能力随年龄增长呈上升趋势。总的来说,3~5 岁是自我控制能力发展的关键期。[3] 杨丽珠、董光恒(2005)研究发现,3~5 岁幼儿的

---

[1] 杨丽珠,董光恒. 3~5 岁幼儿自我控制能力结构研究[J]. 心理发展与教育,2005(4):7-12.

[2] Mischel W, Shoda Y, Peake P K. The Nature of Adolescent Competencies Predicted by Preschool Delay of Gratification[J]. Journal of Personality and Social Psychology, 1988, 54(4):687-696.

[3] 吴玉萍,张睿,梁宗保等. 儿童早期自我控制的发展及培养策略述评[J]. 幼儿教育(教育科学),2015(1、2):78-81.

自我控制能力随着年龄的增长而呈上升趋势,从各因素的特点来看,其发展趋势也是随着年龄的增长而呈上升趋势。3～4岁和4～5岁的年龄差异都达到显著水平。在分测验上,自制力和自我延迟满足的发展在3～4岁达到显著差异,表明这两种能力发展得比较早。

自我控制能力存在年龄差异,也与性别显著相关。幼儿自我控制能力的发展存在极为显著的性别差异:从各因素来看,自制力、自觉性和坚持性都达到0.01水平以上的显著差异,且所有的差异都表现为女孩高于男孩;自我延迟满足在总体性别上尽管表现出女孩高于男孩,但是,未达到统计学上的显著水平。在2岁、4岁、7岁时,女孩的自我控制能力均显著高于男孩。2～11岁期间,男孩和女孩自我控制能力的发展存在差异。[①]

四、学前儿童自我控制能力的培养

大量研究表明,儿童早期的自我控制能力与后来的身体健康、学业成绩、社会技能,甚至与成年后的社会经济地位、犯罪情况密切相关。自我控制能力对个体学业与事业成功的预测力甚至超越了智力。可见,自我控制能力对个体的发展具有举足轻重的作用,培养儿童的自我控制能力成为摆在家长和教育工作者面前的一个重要任务。

1. 建立良好的父母控制模式,形成温暖和谐的家庭氛围

家庭环境对儿童自控能力培养是其他环境所不能比拟的。在家庭环境中,通过父母对儿童进行自控能力的培养至关重要且尤为有效。良好有效的父母控制模式的建立有赖于良好亲子关系的形成。父母要具有良好教育观念和管教态度,要尊重儿童、关爱儿童,视儿童为平等发展的人。在此基础上,建立既尊重儿童的要求与独立性又能限制儿童的不良行为习惯和冲动的父母控制模式。在进行良好有效父母控制的同时,形成温暖和谐的家庭氛围对儿童自控能力的培养有促进作用。在温暖和谐的家庭氛围中,儿童受到关注与爱,在控制自己的不良习惯和冲动的过程中会得到良好支持,会使他们在发展自控能力的过程中形成良好自我效能感。

2. 有效的言语指导

儿童自我言语指导和成人言语指导对儿童自控能力的发展起重要作用。对儿童进行言语指导要注意年龄特征,3岁以下儿童对自己和成人言语指导还不能作出应有的反应。儿童通过言语进行自我控制是逐渐向前发展的,由成人指导到自我指导,由外部言语控制到内部言语控制。对幼儿期儿童,成人应多加以言语指导,并和一定的情境相结合。在许多延迟满足情况下,成人通过言语对儿童进行行为控制,指导儿童转移注意力,会对儿童自控起明显作用。随着儿童的成长,成人可以指导儿童通过自

---

① 张萍,梁宗保,陈会昌,等.2～11岁儿童自我控制发展的稳定性与变化及其性别差异[J].心理发展与教育,2012(5):463-470.

我言语对自己的行为和冲动不断进行约束和纠正,使自己离开当时的情境来进行自我控制。

3. 通过榜样培养儿童自我控制能力

榜样对儿童的认知、情感和社会性发展具有重要影响。班杜拉的社会学习理论认为,儿童可以通过观察榜样受到奖赏或强化而产生自我强化作用。成人可通过树立榜样来提高儿童的自我控制能力。首先,父母自身就是儿童的榜样。儿童通过观察父母对自己自控行为可习得许多自控策略。由于儿童更善于通过语言来表达思维,父母可在自己进行自控情境中通过"发声思维"的方式使儿童知道父母是如何控制自己冲动的,进而通过模仿来对自己进行自控。其次,可通过他人榜样对儿童进行自我控制的培养。当儿童处于对自己的冲动不能或失去控制的情境下,及时对另一个自控能力强的榜样人物作出表扬,使儿童转向榜样,进行模仿,如果儿童由此做到了自我控制,可对儿童进行表扬和奖励来强化他的自控行为。再次,可有效利用媒体榜样来达到培养儿童自控能力的目的。媒体尤其是电视、网络对儿童各种行为的习得已具有广泛的影响。电视的声像具有动态性,能较好吸引儿童的注意力,从中选择一些适当的榜样教育儿童进行自我控制是一条既合乎儿童心理又行之有效的途径。

4. 在游戏中指导儿童进行自我控制

游戏是学前儿童的主导活动。由于游戏具有一定的规则性,儿童在游戏中扮演各种社会角色,承担各种社会责任,学会各种社会规范、行为准则,从而逐渐将在游戏中获得的行为规则转化为内在意识,以实现对自我的控制、监督和调节。成人可充分利用游戏活动,激发儿童的兴趣,使之参与进去。不同年龄阶段的儿童喜欢的游戏类型存在差别,研究表明:幼儿园小班儿童的游戏主要有操作性游戏、娱乐性游戏和运动性游戏,小班儿童社会性水平低,游戏中缺乏合作能力,幼儿更喜欢平行游戏;中班幼儿运动性游戏的积极性比较高,社会性增强,儿童能理解并遵守游戏规则;大班儿童开始表现出强烈的求知欲,对规则的理解力增强,棋类游戏和智力竞赛能满足这一心理需求,大班儿童的操作性游戏更注重精细性。因此,应针对不同年龄阶段,采用不同类型的游戏活动,逐步指导儿童遵守游戏规则、尊重他人,采纳他人观点,控制自己的不良行为及冲动,逐渐将外化规则、外部指导内化为内在规则和进行自我指导,从而提高儿童的自我控制能力。[①]

在本节的引导案例中,面对着香喷喷的奶油包,林子原本是那么按捺不住,可是当进入"卖面包"的游戏后,他完全投入了,是那么认真专注,那么有始有终。看来,林子对游戏的情有独钟是无人能比的,当他进入游戏中时,会很快地与角色融为一体,从内心来调整、控制自己的行为。"卖面包"游戏,不仅让孩子们产生了新鲜感,玩了一次好玩的游戏,还自然地约束了林子这样不守规则的孩子,使他的不良行为得到了纠正。

---

① 盖春明,王春来. 论儿童自我控制能力的培养[J]. 黑龙江教育学院学报,2007(6):61-63.

延伸阅读 3-4 >>>

好动的小志

小志上课小动作太多,不认真听讲,不是乱动书本就是用笔在纸上乱画,再不就是乱掷纸团打同学。妈妈想,小志正处在学知识的阶段,如果不管他现在在课堂上的表现,会让他学习的自觉性和自制力更差。

于是,妈妈对小志说:"小志,老师希望你上课注意力能集中一些,不要影响其他同学,这样吧,从今天起,你在家里当40分钟的机器人。"

小志虽然不愿意,但妈妈的话不敢不听,小志坐在椅子上,没有5分钟,就开始动来动去,妈妈看到小志又坐不住,只好用惩罚的方法,小志动一下,妈妈就拿小棍敲一下,可不管妈妈怎么敲打,小志就是坐不住。

妈妈警告小志道:"上课时除非老师叫你回答问题,否则双手和双脚都不许动,要不,看妈妈怎么训你!"

虽然妈妈一直提醒小志上课要注意力集中,不要搞小动作,但小志就是无法管住自己。

问题:如果你是小志的老师,会如何帮助他?

指导建议:

1. 教孩子一些必要的自我控制策略

与成人相比,儿童行为的一个突出特点就是冲动性强,儿童在行动前常常不加思索,很少考虑行为的结果,而不像成人会在具体行动前先仔细考虑,考虑到该行为的利与弊,从而相应地采取一种适宜的行为方式。因此针对孩子行为的这一特点,对于孩子来说,为了提高自己的自我控制能力,就应该学着在做事之前先想一想,根据自己以往的生活经验或他人的经验想一想这么做会有什么样的结果,对自己个人以及周围他人会产生哪些有利的和不利的影响,在此基础上,对自己的行为进行调控,采取适宜的行为方式。比如说孩子在上课时想说话、做小动作,如果这时候他能先想一想这样做的后果,认识到上课讲话不仅自己听不到老师的讲课内容,影响到自己的学习,而且还会影响周围其他同学的听讲,那么他就有可能会有意识地控制自己,专心听讲。所以,一定要让孩子养成"想一想,再去做"的习惯。

2. 少说教,做聪明的父母

晴晴看电视到了痴迷的程度。她特别爱看少儿频道,不管是红果果和绿泡泡主持的《智慧树》,还是月亮姐姐主持的节目,她是一个也不愿放过。有时候她脸上的神情会随着电视情景的节奏一起一伏,有时哈哈大笑,有时还自言自语。

因为看电视,晴晴的作业不能按时完成,早上更是起不来床,上课也没精打采的。看着晴晴这个样子,妈妈开始担忧起来,看电视没节制,不仅影响学习,对晴晴的身心发展也会带来不好的影响。

于是,妈妈想了一招,删除少儿频道,让晴晴找不着。虽然少儿频道的每个栏目都是为孩子打造的,但是整天滚动播出,孩子没完没了地看,也不适合,为了改掉晴晴看电视没够的毛病,妈妈决定先删除少儿频道。

下午,晴晴放学回来,和往常一样打开电视,发现没有少儿频道了,她连忙叫妈妈:"妈妈,你快来看啊!少儿频道怎么不见了?"

妈妈装着什么都不知道:"是吗?妈妈看看再说。"

妈妈帮着晴晴搜索了一会儿,然后故作遗憾地对晴晴说:"哎呀,妈妈也找不到,可能是电视台出故障了,说不定明天就好了。"

没有了少儿频道,晴晴似乎对其他的电视节目不感兴趣,只好安心做作业。

在吃饭的时候,晴晴还在问妈妈:"怎么今天少儿频道就没了呢?"

妈妈在心里窃笑,不用一次次地喊,也不用苦口婆心地劝说,晴晴吃完饭就去自己的卧室看书了。

第二天晴晴回来,还是没有看到少儿频道,晴晴抱怨起电视台。妈妈说:"不播少儿频道是电视台的事情,妈妈也没有办法。"

过了几天,晴晴虽然有些失望,但还是接受了不看少儿频道这个事实。

一段时间后,晴晴也不再痴迷电视了。晴晴既有了活动的机会,又能按时完成作业。妈妈不显山不露水的做法让晴晴在学习上变得自制起来。

聪明的妈妈并没有苦口婆心地劝说孩子不要看电视,而是让少儿频道暂时消失。这个简单的做法减少了亲子之间的冲突,孩子在被动的情况下只好控制自己的不良行为。

3. 用游戏训练孩子的自我控制

游戏是孩子都喜欢的活动,而且游戏本身也具有一定的规则性,经常和孩子玩游戏,可以使孩子在懂得规则的基础上,不断训练抗诱惑的能力,让孩子的自制力得到发展。

比如,妈妈和孩子一起玩"我是木头人"的活动。妈妈发指令,并和孩子一起做游戏。游戏开始前,妈妈告诉孩子可以自由活动,当妈妈发出"看谁是个木头人"的口令后,参与游戏的妈妈和孩子必须像木头人那样定住一动不动,木头人的姿势可以由孩子自由选择,可以是人物的各种动作,也可以是各种动物的特定动作。如果谁先动了,谁就被换下。

通过和孩子一起玩"我是木头人"等活动,可以培养孩子遵守游戏规则的习惯,提高孩子的自我控制能力。

(资料来源:http://www.aiweibang.com/yuedu/90611509.html)

本 章 小 结

自我意识,也称自我,是儿童社会化的重要组成部分,"儿童社会化的目标就是形成完整的自我"。自我也是"个性成熟水平的标志,是整合、统一个性各部分的核心力量,也是推动个性发展的内部动因"。自我意识包括三种形式,即自我认识、自我体验和自我调控。自我认识包括自我概念、自我评价和性别角色认同;自我体验包括自尊和自信心;自我调控主要有自我控制。

学前儿童自我概念的发展与教育:7岁之前,儿童对自己的描述仅限于身体特征、年龄、性别和喜爱的活动等,还不会描述内部心理特征。帮助儿童形成积极的自我概念,要注意幼儿自身的认知水平和自身成功与失败的体验。还要重视家庭环境、学校环境和社会环境的作用。自我评价的发展与教育:5岁儿童大多数已能进行自我评价,但是,幼儿的自我评价能力还很差,成人对幼儿的评价在幼儿自我意识发展中起重要作用。培养学前儿童能够正确地评价自己,成人要多给儿童一些正向评价。成人对儿童的评价要具体、客观,并引导、鼓励儿童自己评价自己。性别角色认同的发展与教育:5~7岁儿童开始理解性别的坚定性,几乎所有2.5岁的儿童都有一些关于性别角色标准的知识,而3.5岁的儿童知道得更多。4~9岁儿童对性别角色标准有了更多的了解,并且遵从这些社会要求。帮助儿童形成正确的性别角色认同,首先,在家庭中要进行科学的、潜移默化的学前儿童性别角色教育。其次,在幼儿园里通过双性化教育等方式,促使幼儿形成良好的性别品质。最后,大众传媒也有责任传递正确的性别价值观。自尊的发展与教育:儿童在3岁左右产生自尊感的萌芽。培养学前儿童自尊心要为幼儿创造获得成功的机会和成功体验,要多给幼儿些尊重和信任,同时也要防止其形成自负性格。自信心的发展与教育:3~4岁是儿童自信心发展最迅速的时期。4岁和7岁分别是儿童自信心发展的两个关键年龄。培养学前儿童的自信心,要调整成人与孩子间的关系。要言传身教,为幼儿树立良好的形象。让孩子从成功的喜悦中获得自信心。自我控制的发展与教育:3~5岁幼儿的自我控制能力随着年龄的增长而呈上升趋势,自我延迟满足在总体性别上尽管表现出女孩高于男孩,但是未达到统计学上的显著水平。培养学前儿童的自我控制能力,要建立良好的父母控制模式,形成温暖和谐的家庭氛围。进行有效的言语指导。在游戏中指导儿童进行自我控制。

检　　测

1. 简述自我意识的概念。
2. 举例说明幼儿自尊的特点。

3. 举例说明怎样培养幼儿的自信心。

4. 如何提高学前儿童自我控制能力？请举例说明。

5. 案例分析：

那天，4 岁的静静从幼儿园回来，我们问她在幼儿园的表现，她得意地告诉我们："我是好孩子，老师表扬我了。"我们接着问："老师为什么表扬你呢？"她回答道："我收拾了玩具，还帮豆豆收拾了。""还有吗？"我们接着问，静静瞪着大眼睛看着我们，似乎绞尽脑汁，却不知道说什么了。

问题：在以上案例中，静静的表现体现了什么特点？

6. 案例分析：

在一些幼儿园里，孩子们几个人经常"躲在"厕所里叽叽喳喳地说着什么，并且经常出现这样的现象：一个小朋友在上厕所，几个小孩子站在一边看，而且一个个一脸的怪异。且有位家长反映，她的小孩自进园以来，一直都不敢在幼儿园上厕所，因为在幼儿园里，男孩子和女孩子都是一起上厕所的，很多女孩子看他，他不敢上。

问题：你如何看待幼儿园卫生间的安排与设计？在幼儿园如何培养儿童正确的性别角色认同？

第四章

学前儿童人际关系的发展与教育

学习目标

- 理解亲子关系、依恋、同伴关系、师幼关系的概念
- 掌握亲子关系、同伴关系、师幼关系在幼儿期的发展特点
- 应用培养亲子关系、同伴关系、师幼关系的原理与方法,促进儿童人际关系的发展

本章导读

亲子关系、师幼关系和同伴关系是学前儿童认识、了解和适应社会的最重要的社会关系。亲子关系是家长与孩子间的代际血缘关系,它既是儿童最早的人际关系,也是交往时间最长、最频繁及最为稳定的一种关系,因此影响也较为深远。师幼关系由于社会角色的规定,更多体现为教育者和被教育者、领导者和被领导者之间的一种关系,且带有明显的教育性质。其与亲子关系的一大区别在于不稳定和多变化。师幼关系这种多样性和不稳定性使得其对儿童发展的影响也带有一定的不稳定性。而同伴关系则是年龄、心理发展水平和地位等较为相近的伙伴间关系,相对亲子关系和师生关系具有明显的平等性,因而儿童更容易和乐于接受其影响。

第一节　学前儿童亲子关系的发展与教育

引导案例 4-1

哭泣的丹丹

11 个月大的小女孩丹丹,开始哭泣,过了几秒钟,开始大哭。当她的妈妈迅速来到房间里的时候,丹丹停止了哭泣。很快,丹丹爬到了妈妈坐的地方,伸出手要求妈妈抱她。

思考:1. 丹丹为什么见到妈妈以后就停止了哭泣?

2. 如何用本节学到的内容来解释丹丹的行为?

3. 丹丹和妈妈的亲子关系属于哪种类型,为什么?

亲子关系是父母与子女之间的关系,是以血缘和沟通生活为基础,以抚养、教养、赡养为基本内容的自然关系和生活关系的统一体。[①] 亲子关系是个体发展过程中最早出现的社会关系,是影响儿童未来同伴关系发展的重要源泉之一,包含亲子之间的关爱、情感和沟通。良好的亲子关系使成长中的儿童习得基本知识、技能、行为及价值观,促使其成功地发展各种社会人际关系。[②] 亲子关系有狭义和广义之分,狭义的亲子关系指儿童早期与父母(主要抚养者)的情感关系,即依恋;广义的亲子关系即父母与子女的相互作用方式,即父母的教养态度与方式。[③]

一、亲子关系对学前儿童发展的意义

(一) 良好的亲子关系为儿童认知发展创造了有利的条件

早期亲子交往为儿童提供了丰富的刺激,为儿童认识周围世界、发展认知能力创造了有利条件。儿童因其整体发育、发展水平的局限,对成人有着极大的依赖性,他们只有在成人的帮助下才能满足基本需要,同时实现与外界环境的互动和交流。在积极互动和交流中建立的良好亲子关系,更加促进了亲子交往。在亲子交往中,儿童学习大量的日常生活知识,认识各种日常用品,包括其名称、功用和使用方法;学会玩不同种类的玩具;同时在父母的引导下,注意、观察身边的物品、人物和事件,以此发展注意力和感知能力,并奠定好奇心和求知欲的最初基础。父母在与儿童交往过程中运用的游戏性或者指导性语言,也是儿童学习语言的自然榜样与模仿的对象,有利于儿童顺利地掌握本民族语言。有关研究也指出,缺乏早期亲子交往经验的儿童,在智力和语言能力以及探索欲等方面均比富有亲子交往经验的同龄差。亲子交往的质量也反映着亲子关系的质量。

(二) 良好的亲子关系有助于儿童情绪情感的稳定和健康发展

良好的亲子关系有助于儿童积极、愉悦情绪情感的获得和发展。最早研究父母教养方式对儿童社会化影响的美国心理学家 P. M. 西蒙斯在研究中发现,被父母接受的孩子一般都表现出社会所需要的行为,比如情绪稳定、兴趣广泛、富有同情心等;而被父母拒绝的孩子大都情绪不稳、冷漠、倔强而逆反;受父母支配的孩子则被动顺从、缺乏自信、依赖性强。[④] 亲子依恋关系的研究也表明,当父母在场时,儿童往往更加安静、坦然、踏实,更具坚持性地完成任务;父母的声音或者录像,也对儿童具有安慰的作用,能使得他们更

---

① 雷雳,王争艳,李宏利. 亲子关系与亲子沟通[J]. 教育研究,2001(6):49.

② 王云峰,冯维. 亲子关系研究的主要进展[J]. 中国特殊教育,2006(7):77.

③ 陈帼眉,邹晓燕. 幼儿心理学[M]. 北京:北京师范大学出版社,1999:155.

④ 叶一舵,白丽英. 国内外关于亲子关系及其对儿童心理发展影响的研究[J]. 福建师范大学学报(哲学社会科学版),2002(2):130.

加放松地应付陌生环境,从紧张、焦虑或恐惧的状态中解脱出来,恢复平静。此外,父母对儿童平时所表现出来的关怀、温暖、支持和鼓励,也非常有助于儿童积极、愉快情绪情感的获得与发展,并且有利于儿童形成对他人的关爱感、善良、同情、体贴,并对儿童自信心和自尊感的形成具有积极的影响。[①]

(三)良好的亲子关系有助于学前儿童社会性行为和交往的发展

良好的亲子关系通过直接和间接的方式发生影响儿童社会性行为发展。直接影响是父母关心儿童的社会交往,有意识地为他们的社会交往提供机会,并在交往过程中给予大量的帮助、指导、纠正或者强化,帮助儿童形成分享、谦让、轮流、协商、帮助、友爱、尊敬长辈、关心他人等亲社会行为。同时,让他们参与家庭中某些事情的决策,以培养儿童的责任感。间接影响表现在:良好的亲子关系为儿童的同伴交往提供了实验基地,如儿童在安全型母婴依恋中获得的经验使其在离开母亲与同伴交往的过程中有安全感,并具有与同伴交往的技能,这有利于儿童建立亲密的同伴关系。此外,在亲子互动中,父母通过榜样示范作用,为儿童示范社会所接受的行为方式,有助于培养儿童的亲社会行为。

亲子关系是一个双向互动的开放系统。[②] 良好的亲子关系对儿童的认知、情感和社会性等方面有着积极的作用。同时,良好的亲子关系也对父母有着积极的影响。良好的家庭和亲子关系对儿童社会化发展最大的贡献就在于培养儿童正当的行为模式、对力所能及的工作的责任感以及灵活的交往能力。而所有这些特性正是儿童良好的社会适应的必要条件。[③]

二、亲子依恋的概念和特点

(一)亲子依恋的概念

依恋(attachment),一般是指个体的人对某一特定个体的长久持续的情感联系。依恋的主体是特定社会环境中的人,可以是儿童,也可以是儿童的父母或其他看护者;依恋的客体或对象一般是能形成对主体的感情呼应并与之建立强烈情感联结的特定个体,特殊情况下,也可以是某一特定的群体。个体的人有时也会形成对某一群体的依恋。依恋的主体与客体具有相对性。在发展心理学中,依恋特指婴儿与成人所形成的情感联结。正是因为这种情感联结,婴儿在不高兴时就会趋近这个人,当有陌生人引起焦虑时,婴儿不仅对这个人不惧怕,反而喜欢得到他的照料;如果强迫婴儿同这个成人分离,婴儿就会表示不满。[④]

依恋本质上是个体赖以组织、发动对他人情感的行为系统,是内在情感需要与作为

① 陈帼眉,冯晓霞,庞丽娟.学前儿童发展心理学[M].北京:北京师范大学出版社,2013:232.
② 王振宇.儿童心理学[M].南京:江苏教育出版社,2000:240.
③ 王振宇.儿童心理学[M].南京:江苏教育出版社,2000:240.
④ 张文新.儿童社会性发展[M].北京:北京师范大学出版社,1999:184.

这种情感需要体现的外在行为的统一。依恋情感的养成是依恋关系建立的标志,而依恋行为则是依恋情感的外在表现形式。它是特定情景下的产物。而依恋关系一般是指存在于两个个体之间的交往关系。依恋情感的形成一般伴随着依恋关系发生,而依恋关系并非依恋确立的必然表征。但在儿童早期发展的过程中,依恋关系通常是依恋情感形成的前奏。[①]

延伸阅读 4-1 >>>

恒河猴的依恋

心理学家哈罗曾做过一项关于恒河猴的有趣研究,研究者将小猴与猴妈妈分开,而让它与一个用金属制成的和一个用绒布制成的假妈妈一起生活。金属猴妈妈能为小猴提供食物,绒布猴妈妈不能提供食物。结果,在 165 天的实验过程中,小猴同金属妈妈和绒布妈妈待在一起的时间有显著差异。小猴在绒布妈妈身旁的时间平均每天达到 16 小时以上,它总是设法待在绒布妈妈身旁,与其拥抱、亲昵或在绒布妈妈的怀里睡觉。而小猴每天在金属妈妈身旁待的时间只有 1.5 个小时,这期间还包括吃奶的时间。该研究表明,接触舒适对于猴子形成依恋比喂养或减轻饥饿更为重要。

（资料来源:李燕,赵燕.学前儿童发展心理学[M].上海:华东师范大学出版社,2012:134.）

(二) 亲子依恋关系的特点

与其他社会关系相比,亲子依恋具有以下重要特点:

1. 在对象上,依恋具有选择性。儿童趋向于依恋那些能够激起特定情感与行为、满足自身需要的个体,而不是依恋所有的人。如婴儿易对能满足自身需要的具有较高反应性与敏感性的父母形成依恋,而稍大的儿童则可能会对那些能共同玩耍的同伴形成依恋。

2. 在行为表现上,依恋者寻求与依恋对象的身体亲近。依恋母亲的婴儿趋向于偎依在母亲身上或在母亲身边活动。

3. 在对个体的心理意义或直接后果上,依恋双方特别是依恋者可从中获得一种慰藉和安全感。它既是依恋行为的必然报偿,同时也是巩固和加强这种依恋关系的情感基础与内在动力。

4. 在其所具有的强烈的情感意义上,依恋遭到破坏后造成依恋双方尤其是依恋者的分离焦虑和痛苦。这是依恋的个体意义的另一方面。

5. 在其赖以形成的基础上,依恋双方具有某种和谐性。他们能保持行为与情感的呼应与协调。

[①]　张文新.儿童社会性发展[M].北京:北京师范大学出版社,1999:184.

对儿童来说,寻求亲近是依恋的核心与基本的外在行为表现,而强烈的相互依存的情感是依恋基本的内在心理表征。依恋在本质上是一种融情绪、情感、态度及信念于一体的复杂系统,其生物意义在于个体从中获得关爱、安全感等生存的"必需品"。①

三、亲子依恋关系的发展阶段

约翰·鲍尔比用依恋来描述人与人生活中特定人物之间的强烈的情感联系。鲍尔比认为,安全依恋的人能从与对方的互动中获得快乐,在面临压力和不确定的情况下,只要有依恋着的人存在,就会觉得舒适。亲子依恋是一种互惠关系,婴儿依恋父母,父母也依恋婴儿。

根据谢弗、埃莫森、鲍尔比等人的研究,依恋的发展经历了四个阶段:

前依恋阶段(0～6周)。6周前的婴儿在某种程度是非社交的,这个阶段,婴儿对所有人的反应几乎是一样的,喜欢听到所有人的声音,陌生人、父母都会引起婴儿的哭或笑。

产生依恋阶段(6周到7个月)。这个阶段的婴儿逐渐学会区分熟悉的人和陌生人。他们会对最熟悉的人大笑,而且当熟悉的人照顾他们时,能很快平静下来。但这个阶段,仍然没有分化出特定的依恋对象,仍不会介意与父母分开。

明确的依恋阶段(7～8个月到2岁)。7～8个月,婴儿形成了特定的依恋,开始主动寻求与主要照顾者的接触,通常是母亲或父亲,也出现了明显的分离焦虑,只有当母亲在他身边,婴儿才能安心地探索周围环境。同时,婴儿对陌生人的态度变化很大,见到陌生人,不再微笑,而是紧张、恐惧甚至哭闹。

互惠关系形成阶段(2岁以后)。2岁以后,婴儿能够认识并理解母亲的情感,并知道交往时需要考虑母亲的需要和兴趣,并调整自己的情绪和行为反应。这个阶段,婴儿会把母亲作为一个交往伙伴,并认识到她有自己的需要和愿望,交往时双方都应考虑对方的需要,并适当调整自己的目标。此外,这个阶段,他们也会逐步建立起与多个家人、朋友之间的多元依恋关系。

四、亲子依恋的类型

依恋是存在个体差异的。研究者爱斯沃斯运用陌生情境测验,对婴儿在8个陌生情境(表4-1)中进行观察,包括探索活动、对陌生人和分离的反应,特别是与亲人重聚时的反应,据此将婴儿对养育者的依恋分为四类:

安全型依恋。这类儿童的人际关系表现出舒适、安全的主要特征。在陌生情境中,能在母亲附近愉快地游戏,自信地探索环境,但并不时刻注意母亲是否在场;能以母亲作

---

① 张文新. 儿童社会性发展[M]. 北京:北京师范大学出版社,1999:185.

为自由探索环境的安全基地,并表示出中等程度的寻求亲近的愿望;对母亲的分离表示伤感,但并没有强烈的分离焦虑;与母亲团聚时表现出很大的热情;停止游戏和探索时,寻求与母亲的亲近和安慰,但很快就平静下来,重新进行探索和游戏活动。而且对陌生人表现出积极的兴趣。当妈妈在场时,会和陌生人友好相处。多半儿童的依恋属于安全型依恋。

拒绝型依恋。这类儿童表现出相对矛盾的依恋行为,他们在陌生情境中显得困惑或谨慎,对陌生情境不能很好地适应。怯于探索环境,对母亲的离开表现出极大的伤感;与妈妈团聚时,同时表现出寻求亲近与拒绝亲近两种相互矛盾的行为,对母亲表示愤怒。例如,妈妈在场时紧靠着妈妈,很少有探索行为;妈妈离开时非常悲伤,但当妈妈回来后,他们的行为有些矛盾,会靠近妈妈,但是也会生气而拒绝妈妈发起的身体接触;妈妈在场,也会对陌生人警觉。这类儿童占 10%～15%。

回避型依恋。这类儿童的人际关系倾向于冷淡、疏远。他们忽视父母的在场,表现得漠不关心;自主探索环境和游戏而不受父母的影响,甚至回避父母的接近;游戏显得不投入、浅显、缺少情绪性。该类型儿童和父母分离时很少悲伤,离开父母时,即使父母想引起其注意,他也不理睬父母。对父母是否在场无所谓,对陌生人也不在意。在整个人际互动中,儿童表现出一些回避迹象,如避免成人注视或扭身走开。这类儿童占 20%。

混乱/迷惑型依恋。这是后来发现的一种类型。陌生情境对他们造成的压力最大,是一种最不安全的依恋。它显示出一种拒绝型与回避型依恋的古怪结合,反映了对养育者靠近或回避的矛盾。与妈妈重聚时,他们可能茫然、冷淡;也许会走近妈妈,但妈妈要把他们拉近时,又突然跑开;也许在两次重聚情境中表现出两种不安全依恋类型。

后三种类型都是不安全型依恋。从外在的行为特征来看,安全依恋型儿童情绪健康、稳定、自信、友善,乐于探索,反映了亲子关系的和谐性,情感的互容性。回避型儿童似乎缺乏对爱的反应,倾向于排斥、独立,情绪活动水平低,反映了亲子情感联系的缺乏。而拒绝型儿童则情绪不稳定,排斥与接纳并存,依附性强,缺乏自信,反映了亲子关系的矛盾性及情感需要的冲突,儿童难以实现自我统一。混乱/迷惑型儿童的行为充满矛盾且缺乏目的性,依恋的指向性差,反映了亲子关系的不稳定、不一致,而且反映了儿童自身需要的不和谐。[1]

陌生情境测验极大地推动了有关依恋的研究,被看作是研究婴儿社会情感发展的最有力的,也最有效的方法。但是陌生情境测验并不适用于任何情景,它有特定的适用范围及条件。从时间上来说,它只适用于 1～1.5 岁的儿童,不能测量依恋的长期稳定性。因此,无论对个体儿童的测量,还是对特殊群体测量,都必须综合运用多种技术,而非陌生情境测验这一种。[2]

---

① 张文新. 儿童社会性发展[M]. 北京:北京师范大学出版社,1999:206.
② 张文新. 儿童社会性发展[M]. 北京:北京师范大学出版社,1999:203-204.

表 4-1　陌生情境的 8 个情节①

情境	事件	记录的潜在依恋行为
1	实验员向母亲和婴儿介绍游戏室,然后离开	母亲是否被作为安全基地 陌生人焦虑 分离焦虑 重聚行为 接受陌生人安抚的能力
2	妈妈坐下,婴儿玩游戏	
3	陌生人进入,坐下,与母亲交谈	
4	母亲离开,如果婴儿不安,陌生人安抚婴儿	
5	母亲回来,问候婴儿,如果婴儿烦躁就安抚他,陌生人离开	
6	母亲离开游戏室	
7	陌生人进入并安抚婴儿	
8	母亲回来,问候婴儿,如果需要就提供安抚,尝试引起婴儿对玩具的兴趣	

注:除了第 1 个情节,所有的情节都持续 3 分钟,尽管对于极度不安的婴儿,分离情节可能被缩短,重聚情节可能被延长

五、亲子依恋关系的影响因素

亲子依恋关系是在家庭环境中,养育者与婴儿的互动过程中形成的。影响亲子依恋关系的因素主要包括养育质量、家庭特点和情绪氛围以及婴儿的气质。

(一) 养育质量

儿童对养育者的依恋受到养育者的养育质量的影响。研究者爱斯沃斯认为,婴儿对母亲(或亲密他人)依恋的质量取决于婴儿所受到的关注。根据她的养育行为假说,安全型依恋婴儿的母亲从一开始就必须是敏感的、反应性的养育者。有研究者通过对 66 项研究的综述归纳出了促进安全型依恋的养育方式(见表 4-2)。

表 4-2　促进安全型依恋的养育方式

特征	具体表现
敏感性	对婴儿发出的信号作出提示性的、恰当的反应
有积极态度	对婴儿表达积极的情感和喜爱
同步性	与婴儿进行平稳、互惠的互动
亲密	母亲和婴儿做同一件事情,进行有意义的互动
支持	及时地参与婴儿的活动,并提供情感上的支持
刺激	经常把自己的行为指向婴儿

表现出拒绝型而非安全型依恋的婴儿往往具有易激惹和反应迟钝的气质特点。但

---

① [美]戴维·谢弗. 社会性与人格发展(第 5 版)[M]. 陈会昌,译. 北京:人民邮电出版社,2012:151.

更可能的是其父母教育方式不一致——对孩子是热心还是无动于衷,取决于他们自身的情绪,而且他们大部分时间不做回应。婴儿为了应对这样自相矛盾的养育者,会不顾一切地通过使劲缠着妈妈、哭喊的行为来得到妈妈的情感支持和安慰,当这些努力都无济于事时,他们会变得生气和抱怨。

至少有两种养育方式有可能会让婴儿形成回避型依恋。爱斯沃斯研究发现,一些回避型婴儿的妈妈很急躁,对孩子发出的信号反应不及时,她们经常对孩子表达消极情绪,很少从母婴交往中获得快乐。爱斯沃斯认为,这些妈妈既刻板又以自我为中心,她们常常拒绝自己家的孩子。但有时,回避型婴儿的妈妈是那种热心过度的人,她们不断地与孩子说话,给孩子提供太多的刺激,与拒绝型婴儿努力得到情感支持相比,回避型婴儿则学会了什么也不做。

混乱/迷惑型依恋的婴儿是因为养育者对其忽视或体罚的场景在他们心中留下阴影。因为他们过去多次经历过被接纳和被虐待,被惊吓和被忽视,他们不知道是应该接近养育者以获取安慰,还是离开养育者来得到安全。

有几种特征的养育者易形成非敏感性的教养方式,从而导致孩子形成不完全依恋。比如,患有严重抑郁症的养育者,常常忽视婴儿发出的社会性信号,他们难以和婴儿建立起令人满意的、同步的关系。婴儿在养育者缺乏反应的情况下也往往变得抑郁,甚至在与其他不抑郁的成人交往时也会如此。另一类养育者,是那些童年期缺乏爱、被忽视和被虐待的人,他们往往一开始会带着美好的想法,发誓绝不像小时候父母对待自己那样对待孩子,但是他们常常希望自己的孩子很完美,且喜欢自己。所以,当孩子哭闹、发脾气、漫不经心时,这些情感上不安全的父母就会产生自己再次被拒绝的感受,进而可能会收回对孩子的爱,有时会忽视或虐待孩子。第三类是那些意外怀孕和不想要孩子的成人,其特别容易变成缺乏敏感性的养育者,他们的孩子可能在发展的各方面都受到不好的对待。显然,如果父母不打算认真地养育一个孩子,他们就不会非常敏感地对待他,也不会努力促进孩子的发展。

(二)儿童的气质与其他自身因素

气质在依恋形成与发展中的意义在于,它是影响儿童行为的动力特征的关键因素。它在很大程度上赋予儿童的依恋行为以特定的速度和强度,制约着儿童的反应方式与活动水平。儿童的气质特性与特定抚养环境是相互作用、相互影响的。气质赋予儿童行为以特定的反应性与活动水平,影响抚养难度和成人(尤其是父母)对儿童的看法,进而影响父母的抚养质量,而这种抚养质量,尤其是反应性与敏感性的变化又反过来作用于儿童,使其依恋产生与发展呈现出相应的个体特点,从而表现为一个循环作用的过程。① 对于困难型气质和敏感—退缩型气质的儿童,其母亲的抚养困难程度,明显地高于容易照

---

① 张文新.儿童社会性发展[M].北京:北京师范大学出版社,1999:217-218.

看型气质的儿童的母亲。

此外，早产、发育迟滞、慢性疾病、畸形的儿童，在外貌和行为上都区别于那些正常发育的儿童。他们可能由于缺少积极的焦虑信号，缺少警觉性，存在喂养困难等，比健康儿童更有可能形成不安全依恋。

（三）家庭与社会环境

家庭与社会环境在很大程度上影响依恋质量。如在一个有压力、不稳定、不敏感养育的家庭里，不安全依恋的比例很高。关于社会环境的影响，贝尔斯基等研究者综合考虑了父母工作满意度、社会支持力度和邻里友好程度等因素与亲子依恋质量的关系，发现当父母工作满意度越高、社会支持来源越广泛、邻里友好程度越高时，父母和子女情绪稳定性就越好，越有可能形成安全型亲子依恋关系。①

总之，影响儿童依恋产生与发展的因素是极其复杂的，既包括生理发展、机体成熟与健康状况，又包括儿童基本心理品质的发展状况和宏观社会环境的驱动和制约，这些因素相互交织、相互作用与整合，共同影响着儿童依恋的发展。

延伸阅读 4-2 >>>

依恋的长期效应

正如依恋理论所提出的，安全型依恋影响情绪、社会和认知能力。依恋类型越接近安全型，成人与儿童越容易形成良好的关系。如果儿童在婴儿期有一个安全基地，能够信赖父母或照料者的回应，他们有可能获得足够的自信去积极主动地探索世界。在以 70名 15 个月大的婴儿为被试的一项研究中，通过陌生情境法测得的安全型依恋的儿童，在托儿中心表现出了较小的适应压力，而非安全型依恋的儿童则压力较大。在学步期，安全型依恋的儿童比非安全型依恋的儿童获得的词汇量更大，词的种类更丰富。他们与同伴之间的互动更加积极，他们的友善也更容易被接受。非安全依恋的儿童通常表现出更多恐惧、悲痛和愤怒，而安全型依恋的儿童则更加欢快。在 3～5 岁期间，与非安全型依恋的儿童相比，安全型依恋的儿童可能表现出更强的好奇心、能力、共情、适应性、自信，且与其他儿童相处得更好，更容易形成较亲密的友谊。安全型依恋的儿童与父母、幼儿园教师、同伴的互动更加积极，并且能够较好地解决冲突。在一项以法国—加拿大的儿童为被试的实验室研究中发现，6 岁时的依恋类型和与母亲互动的情感质量，共同预测了 8 岁时的交流技能、认知参与等的强度。安全型依恋为儿童建立亲密的友谊关系奠定了基础。

（资料来源：［美］David R Shaffer.发展心理学——儿童与青少年（第六版）［M］.邹泓，译.北京：中国轻工业出版社，2005：424-426.）

---

① 刘春梅，陈一心，张宁.亲子依恋研究新进展[J].中国儿童保健杂志，2012(7)：610-612.

六、学前儿童亲子关系的培养

（一）了解幼儿，建立安全型依恋关系

1. 尽量准确回应婴幼儿发出的各种信号（包括言语和非言语信息），并尽可能保持一致、及时、准确地回应，让幼儿感受到父母总会在自己需要的时候出现，而不会因为幼儿的淘气或做错事喜怒无常。

2. 父母要和婴幼儿经常进行呼应性对话。用他能懂的语言耐心地解释他那没完没了的问题。在这个过程中，孩子会逐渐形成对他人和对自己的看法。这对他与他人交往十分重要。

3. 父母要主动和婴幼儿修缮关系。偶尔的情绪失控，或误解孩子是难免的，重要的是一定要在事后进行精心修缮。让孩子认识到生活中会有各种误解，父母也可能出错，但父母无论怎样生气都是爱孩子的。千万不要让恐惧和害怕的阴影在孩子与父母的交往中成为障碍。

4. 父母要保持一致性的叙述。在平常和孩子的交流中，父母应该尽可能让孩子看到、听到、感受到一致性的事，形成对自己、家人或世界相对稳定的评价。如果父母之间经常发生争执或说话前后不一致，让孩子无所适从，对孩子建立安全依恋会构成障碍。

5. 父母要和孩子进行积极的情感交流。父母要关注孩子每天积极的变化，及时表达对他的肯定和鼓励。否定、怀疑、训斥、打骂孩子应该成为父母的禁忌，快乐的孩子必然会建立安全型依恋。

（二）家庭里加强亲子间的沟通和交流

1. 定时沟通

定时沟通对了解孩子是非常有益的。可以采取以下具体程序：每周保证有一定的时间量进行沟通，沟通内容可以是事先设计的，也可以是随机的，前者主要是了解孩子的情况，后者用于情感的交流。一般是先做设计好的沟通，这样会使孩子形成对父母的信任，很乐意说出个人的想法或困惑，表达个人的主张。

2. 鼓励表达

父母在行为上要鼓励儿童表达自己的想法、态度、情感等。这样才能使单向沟通发生改变，儿童除了能够了解父母的想法、态度、情感之外，也能把自己的想法、态度、情感传达给父母，从而使亲子沟通真正成为双向沟通。

3. 耐心倾听

在父母鼓励孩子表达自我时，很重要的一点就是要耐心倾听。由于父母的人生经历比孩子丰富得多，很多父母认为是无聊、不重要或者乏味的事物，对孩子来说，却是很珍贵、重要或者是具有独特意义的事物。对于成长中的孩子来说，与接纳他们想法的、值得信赖的人的分享是非常重要的。因此，父母在和孩子沟通和交流的过程中，需要搁置自己固有的想法，耐心倾听孩子的表达。

4. 宽容异见

在家长倾听儿童的表达时,有时会发现孩子有一些"奇怪的""不可思议的""错误的"的想法、看法、打算,尤其是有些想法与父母所信奉的价值观是背道而驰的,对此父母要有足够的胸襟宽容地让孩子充分表达自己的内心,之后再以谈论的方式与孩子交换意见,否则可能堵塞沟通。

5. 解释规则

父母对子女实施的管教中,必然包括许多行为规范的要求,特别的是,有些要求是在沟通和观察中发现孩子有某种问题之后而提出来的,这就需要父母向孩子解释这些规则,可能的话,父母可以和孩子一起协商制定规则,这也是以上沟通要点的充分体现。①

(三) 幼儿园开展丰富多彩的亲子活动,支持亲子关系发展

1. 邀请家长参与班级活动,增加儿童对父母的认识与了解

对于父母的认可,也有助于建立良好的亲子关系。发挥不同家长的特长、职业与能力,邀请家长参与幼儿园的游戏、教育教学等活动,不仅让儿童认识与众不同的父母,同时也有助于家长更多地思考亲子关系与亲子教育,进而促进亲子关系的发展。

2. 开展亲子主题活动,为亲子间沟通与表达创造条件

基于良好亲子关系的培养和幼儿对积极的亲子关系的需求,幼儿园可以开展《我和爸爸》《我和妈妈》《谢谢您,我的妈妈》等亲子主题活动,支持儿童了解爸爸、妈妈对自己的爱,并用自己所理解的方式去表达,让父母也感受到孩子对自己的爱,同时也为父母表达自己对孩子的爱创设条件,有助于加深亲子间的了解,助力亲子关系的建立和发展。

3. 开展亲子社会实践活动,为亲子交往提供互动情境

在亲子社会实践活动中,脱离家庭和幼儿园形成的亲子互动方式,让亲子间在平等、宽松、自由的环境中共同面对社会情境和实践活动,有助于亲子间体验不同家庭中的亲子互动和亲子关系。同时,在社会实践活动中,可以展现来自不同家庭的亲子关系,为父母反思和改善亲子关系提供了很多参考。

4. 开展亲子毕业活动,让家长了解儿童的成长与发展

一年一度的亲子毕业活动是父母见证儿童成长的重要时刻,父母的参与极大地提升了儿童的自豪感和自我价值感。同时,回忆儿童的成长过程,见证儿童的发展和进步,极大地增强了父母的成就感,进而支持良好亲子关系的培养。

延伸阅读 4-3 >>>

爱迪生的童年故事

爱迪生没有上过大学,上小学也只有几个月,但他正式登记的发明却有 1 300 多件。

---

① 雷霄,王争艳,李宏利. 亲子关系与亲子沟通[J]. 教育研究,2001(6):49.

爱迪生能成为19世纪末20世纪初的美国大发明家,追根溯源,是和他妈妈南希分不开的。爱迪生从小就喜欢问这问那,南希理解孩子的心理,总是尽可能给孩子满意的答复,并且启发他再想,再问。在他5岁那年,有一次他问妈妈:"鸡把蛋放在屁股底下坐着干啥?"南希告诉他,这是鸡妈妈怕蛋着凉,给它们暖和暖和。爱迪生又问:"蛋为什么要暖和呢?"南希回答这是为孵小鸡。

爱迪生听了妈妈的话后想,母鸡把蛋放在屁股底下可以孵出小鸡来,我也把蛋放在屁股底下能不能孵出小鸡呢?他决心试试看,便找了一些鸡蛋,躲到邻居家的仓库里,做了一个小窝,把蛋放在里面,自己蹲在上面孵起小鸡来。

爱迪生失踪了,家里人很着急,找了好几个钟点才找到他。但是,南希并没有因此责怪和取笑儿子,从此,爱迪生好问好学的积极性更大了。

（资料来源:爱迪生小时候的故事 http://www.zhlzw.com/lz/ys/781691.html）

第二节　学前儿童师幼关系的发展与教育

引导案例 4-2

新　挑　战①

一个月过去了,锡坤藏鞋子的热情依然没减弱,有天早上入园的时候,他连自己的鞋子也找不到了。大李老师想,该给锡坤立规矩了。

巴学园里有积木、计数珠子、拼图等各种教具,大李老师引导锡坤玩教具。一个小朋友刚刚把盛满计数珠子的塑料框放在架子上,锡坤突然一把将它打翻。白色的珠子蹦蹦跳跳撒满一地,发出清脆的响声。锡坤探下身来把珠子拨弄来拨弄去,发现珠子敲打地板的乐趣,还站起身来边跑边踢脚下的珠子,满意地大喊:"好玩! 好玩! 好玩!"

大李老师不断地用扫帚把珠子扫在一起,试图引导锡坤把撒在地上的珠子归位,可他还沉浸在抛撒珠子的快感中,不但不理会大李老师的建议,还把架子上的另一盒教具又打翻在地。

"锡坤不可以这样子,不可以这样,如果这样就请坐在这儿。"大李老师边说边把锡坤抱到了"反思角",认真地命令道:"坐在这儿,不可以动。请坐着,大李老师来了你再动。"

思考:1. 锡坤和大李老师的互动体现了一种什么样的师幼关系?

2. 请运用本节所学内容分析案例中的师幼关系。

---

① 张同道,李跃儿. 小人国的秘密[M]. 北京:京华出版社,2010:11.

一、良好的师幼关系的意义和价值

幼儿园教育是在教师与幼儿之间展开的。师幼关系如何,直接影响着幼儿园教育质量。教师作为社会专职的教育者,在不同的亚系统及其联系中起着独特的主导、调控、中介及缓冲等多种作用,成为儿童发展意向系统中具有动力性的重要组成部分。[①]

(一) 良好的师幼关系支持儿童的学业成绩和入学准备

教师能够为儿童的学习创设环境和提供支持,大大丰富了儿童的学习经历,有助于提高儿童的技能水平。一项对 179 名儿童从幼儿园到 8 年级的跟踪研究表明,师幼关系是儿童学业和行为表现的一种独特的预测指标。师幼关系中的消极关系维度与儿童 1～8 年级的学业成绩和表现有关,这种预测效果在问题行为幼儿或男孩子身上表现得更加明显。[②] 另一项研究,通过对 95 名幼儿的观察也发现良好的师幼关系能够预测良好的学业准备,提升学前儿童的社会适应。教师的培训情况、受教育程度和良好的师幼关系能提升学前儿童的社会适应,并促进其学业准备。[③] 有研究者通过观察 2 751 名幼儿,研究影响儿童入学准备状态的因素后发现,在高质量的师幼互动环境中,儿童的入学准备状态尤其是来自不利家庭背景中的儿童,能够在上幼儿园前的一年得到显著增强。[④]原因就是因为,优秀的教师会创设一个灵活的、以儿童兴趣为主导的教室环境,并通过有针对性的教育支持、敏感而又热情的互动、丰富的语言刺激和积极的反馈促进儿童的发展。[⑤]

(二) 良好的师幼关系支持儿童的同伴交往和社会适应

良好的师幼关系会对同伴交往和社会适应产生积极的影响。豪斯等人认为,早期安全型的师生关系会为儿童提供一种对同伴关系的乐观定位,从而有助于塑造儿童良好的同伴交往行为,能对同伴冲突作出积极反应。该研究还发现,早期师生关系的情感安全性可以预测同伴交往较多的适宜行为及较少的不适应行为。而且,儿童与入园后的第一位教师的情感安全性最能预测其同伴关系。同时,师幼关系还影响同伴对儿童的认识。当教师在儿童与同伴互动的过程中给予他积极反馈的时候,同伴会更加接纳他。[⑥] 此外,儿童早期在幼儿园与教师形成亲密、信赖和低冲突的师幼关系的能力是儿童适应社会环

① 庞丽娟. 教师与儿童发展[M]. 北京:北京师范大学出版社,2003:12.

② Hamre B K, Pianta R C. Early Teacher-child Relationships and The Trajectory of Children's School Outcomes through Eighth Grade[J]. Child Development, 1900,72(2):625-638.

③ Palermo F, Hanish L D, Martin C L, et al. Preschoolers' Academic Readiness: What Role Does the Teacher-child Relationship Play? [J] Early Childhood Research Quarterly, 2007,22(4):407-422.

④ Chien N C, Howes C, Burchinal M, et al. Childern's Classroom Engagement and School Readiness Gains in Prekindergarten[J]. Child Development, 2010,81(5):1534-1549.

⑤ 韩春红. 上海市二级幼儿园师幼互动质量研究[D]. 上海:华东师范大学,2015:14.

⑥ Howes C, Matheson C C, Hamilton C E. Maternal, Teacher, and Child Care History Correlates of Children's Relationship with Peers[J]. Child Development, 1994,65(1):264-273.

境的一个重要标志。① 早期拥有支持性师幼关系的儿童比其他儿童对幼儿园更为满意和喜欢，适应得也更好。当儿童拥有温暖、亲密、开放的师幼关系时，儿童的社交能力和学校适应等方面都表现出很高的适应水平。② 而且早期积极的师幼关系对儿童的适应不良具有缓解和改善作用。

（三）良好的师幼关系对教师的发展有积极的影响

师幼关系作为一种双向的人际关系，对教师的发展也会产生影响。良好的师幼关系能够增强教师的自我效能感，提高教师的自信心，从而为教师的个人专业成长提供动力；而不良的师幼关系则会使教师产生挫折感，自信心降低，从而不利于自身的专业发展。因此，师幼关系作为教师人际关系系统中的重要组成部分，对教师的发展具有很大的影响。③

二、师幼关系的内涵

师幼关系是指幼儿与教师之间形成的以情感、认知和行为交往为主要表现形式的心理关系。④ 理想的教师不仅应该为儿童提供丰富的认知学习材料和环境，调整好儿童的活动水平，为儿童的行为和技能提供支持，还应该帮助儿童与家庭之外的成人（其中主要是教师）和伙伴建立积极、信任的人际关系。师幼关系的内涵可以从三方面来理解：

（一）师幼关系是一种非对称的相倚关系

教师与幼儿是教育者、保护者与被教育者、被保护者的关系。作为专业的幼儿教师，一般都具有对幼儿施加正确教育影响的能力，可以在一定程度上支持、引导幼儿的发展方向，能提供适宜的环境和材料，支持幼儿的发展。因此，教师对幼儿的信任、热爱、教育和幼儿对教师的尊敬、依恋、信任是师幼间的第一层关系。

（二）师幼关系是完全平等的关系

从本质上看，教师与幼儿都是独立的人，都有着人的尊严、物质和精神的需要，都有生存、学习、游戏、娱乐、自我发展和自我实现的需求和权利。教师应以朋友的身份与幼儿交流情感和看法，耐心倾听和征求幼儿的意见，赏识幼儿的优点和进步，这样，教师才能走进幼儿的内心世界，得到幼儿的真诚爱戴。

（三）师幼关系是教师和幼儿共同学习的关系

每个幼儿都是有能力、有自信的、发展着的个体，他们不断对周围环境探索，以发展自己的经验、能力、学习品质和情绪态度。幼儿的能力常常超出教师的预料。因此，教师

---

① Hamre B K, Pianta R C. Early Teacher-child Relationships and the Trajectory of Children's School Outcomes through Eighth Grade[J]. Child Development，1900，72(2)：625-638.

② Birch S H, Ladd G W. The Teacher-child Relationship and Children's Early School Adjustment[J]. Journal of School Psychology，1997，35(1)：61-79.

③ 庞丽娟. 教师与儿童发展[M]. 北京：北京师范大学出版社，2003：318.

④ 张晓，陈会昌. 儿童早期师生关系的研究概述[J]. 心理发展与教育，2006(2)：120-124.

需要充分发挥幼儿主体性,挖掘幼儿潜能,学会站在幼儿的角度客观评价和反思自己的教育观念、策略和方法。从幼儿的发展、需求和利益出发,思考教育的各个方面内容。[1]

三、师幼关系的结构、类型

对于学前儿童师幼关系的结构、类型的研究主要受到了亲子依恋理论的影响。豪斯及其同事对早期师幼关系特点做了考察,他们根据亲子依恋的框架界定了师幼关系的质量,将师幼关系的质量分为安全、回避、拒绝、矛盾等类型。提出教师在学前儿童生活中有三方面的作用,即师幼关系的三个维度:情感安全性、依赖性和社会调解。[2] 另外,皮安塔及其合作者在依恋理论和师幼互动研究的基础上,运用聚类分析将幼儿园的师幼关系分为六类:依赖型、积极参与型、不良型、普通型、愤怒依赖型以及不参与型;并进而提出了师幼关系的三个维度:温暖/安全、愤怒/依赖、焦虑/不安全,他采用因素分析法提取出师幼关系的三个主要因素:亲密性、依赖性、冲突性/愤怒,以此作为他编制师生关系量表(STRS)的主要结构。[3]

豪斯提出的情感安全性和皮安塔所说的亲密性含义是相同的,二者都表示师生间情感联系的程度。根据依恋理论,在情感安全或亲密的师生关系中,教师在儿童对环境的探索过程中发挥着安全基地的支持作用,师生之间有着温暖的情感联系,师生之间的交流是开放性的。依赖性是指儿童对教师的占有和缠人行为,表现为过度依赖教师的帮助。除此之外,皮安塔又提出了冲突性这一维度,他认为,冲突性的师生关系指的是师生在互动过程中不和谐和不友好,儿童在这种师生关系中会对教师的支持和帮助失去信任。与皮安塔不同的是,豪斯将社会调解列为师生关系的一个维度,这一维度关注教师在儿童与同伴交流和互动过程中的调解作用,而之所以单列出来,是因为考虑到教师的社会调解可能对儿童的社会化产生影响。[2]

四、积极有效的师幼互动关系的基本特征[4]

(一) 师幼互动时机是适合的

当幼儿遇到矛盾和困难、产生疑惑、兴趣转移、有认知偏差、需要建立规则时;当幼儿有思维碰撞、有新发现、有新经验积累、自己解决问题时,教师发起互动。当幼儿发起有价值提问,有情感需求时,如情感依恋、生活照料等内容时,幼儿会主动发起师幼交往。

① 卢乐珍. 关于"师幼互动"的认识[J]. 早期教育,1999(2):28-29.
② 张晓,陈会昌. 儿童早期师生关系的研究概述[J]. 心理发展与教育,2006(2):120-124.
③ Pianta R C, Steinberg M. Teacher-child Relationships and The Process of Adjusting to School[J]. New Directions for Child & Adolescent Development,1992(57):61-80; Pianta R C. Patterns of Relationships between Children and Kinder-garten Teacher[J]. Journal of School Psychology, 1994, 32(1):15-31.
④ 黄娟娟. 对积极有效师幼互动的探索与思考[J]. 幼儿教育,2010(7-8):8-10.

（二）师幼互动主体体现在并重性

教师积极主动发起与幼儿积极主动发起并重。教师能够根据幼儿的发展水平、兴趣、需要，设计师幼互动的内容，运用语言、肢体动作、情感等激发幼儿活动；关注幼儿作为学习者的需要，创设有利于幼儿主动发起互动的空间和时间（宽松的环境、丰富的材料、合理的空间布局、充足的探索和质疑时间）。幼儿会主动投入活动，大胆发表自己的见解和发问。

（三）师幼互动内容以指导活动和评价为主

指导活动以提问、提示、解惑以及玩伴同伴身份参与活动，调动幼儿已有经验，帮助幼儿积累经验和获得新知识。评价活动行为，在幼儿有新发现、自己解决问题时给予激励和表扬。从幼儿的角度来看，教师是幼儿的玩伴，能够给予幼儿激励和表扬。

（四）师幼互动性质体现为正向性

师幼间的互动以肯定和平行互动为主。具体来说，表现为以共同游戏、发表见解和提问为主。肯定互动体现为：倾听幼儿心声，接纳幼儿的不同想法，鼓励、表扬幼儿等；平行互动体现为教师与幼儿以协商、讨论等形式互动，师幼间是平等的关系。

（五）师幼互动行为具有多样性

施动行为和反馈行为都是以语言、表情、肢体动作等方式适宜出现的。

（六）师幼互动方法具有适宜性

教师发起师幼互动的方法以陈述、启发、帮助、鼓励、激发兴趣、参与、协商讨论为主，幼儿反馈的方法以接受、陈述、质疑、询问为主；幼儿发起师幼互动的方法以陈述、发表见解、询问、建议、帮助、参与、协商讨论为主，教师反馈方法以接受、肯定、启发、建议为主。

（七）师幼互动对象体现兼顾性

教师与幼儿的互动对象体现为幼儿集体、幼儿小组与幼儿个体互动有机结合。

（八）师幼互动效应体现为有效性

这能够促进师幼情意发展，充分调动了师幼思维的活跃性；有效达成活动目标，师幼间呈现了良好的呼应关系。

五、良好师幼关系的培养

（一）尊重儿童，建立平等、相互尊重的师幼关系

为了建立平等、和谐的师幼关系，教师首先要转换角色。要改变传统师道尊严的旧思想，建立民主、平等、相互尊重的师幼关系。教师可运用观察、测量、谈话、资料收集等方式了解每一个幼儿的特点。教学时，针对幼儿不同的特性和需求给予不同的课程要求和期望，多角度去肯定儿童的学习表现。在了解个别差异的同时，应该用尊重、包容去面对每个儿童。对儿童持肯定、接纳的态度，不仅能缓解幼儿内心的紧张，而且能激发他们的思维和想象力；而幼儿则对教师表现为尊重、信任，并且积极配合教学。教学活动是师幼的双边活动，要使之有效地进行，就要建立起幼儿对教师的信任感。良好的师幼关系，应来自于师幼的互相信赖和接纳,教师应注重培养自己的人格感召力量,使幼儿愿意认同并向他看齐,这样的教师才能够影响儿童。

(二) 充分相信儿童,建立正确的儿童观,突显儿童的主体地位

师幼关系是在师幼互动过程中形成和发展的。教师只有将儿童作为积极的、主动的、有能力的发展着的主体来看待,尊重儿童与教师交往、互动过程中的主体地位,建立正确的儿童观,才可能真正与儿童建立平等、和谐的师幼关系。教师要成为师幼良好互动环境的创造者、交流机会的提供者、积极师幼互动的组织者和幼儿发展的支持者、帮助者、指导者和促进者。教师只有对自身角色准确定位,才可能在与儿童的交往过程中更多地关注儿童的兴趣、需求、观点和见解,也才有可能投入更多的时间和心力与儿童展开交流、对话,倾听、理解儿童,并为儿童做记录。同时,还应该创设一个体现儿童主体地位,鼓励儿童积极主动与教师交往和互动的环境和心理氛围,创设一个开放、温馨、宽松的环境,为和谐师幼关系的建立奠定基础。

(三) 加强师幼间的情感交流

师幼关系是蕴含着情感因素的人际关系,师幼间的情感交流和互动有助于儿童对教师产生亲近感,对与教师的交往和互动产生愉悦感,这对于和谐的师幼关系的形成是十分有益的。教师与儿童情感交流的基础是教师真诚地接纳每一个儿童,并且从儿童的角度体验他们对人、对物、对事的感受。教师与儿童的情感交流既可以是面向儿童集体,也可以是面向个人,既可以是在活动中渗透,也可以是单纯的情感交流。在具体方法上,教师不但可以通过语言与儿童进行情感交流,也可以通过眼神、微笑、语调、动作等传达对儿童的爱、关怀、支持、信任和鼓励。[①]

(四) 掌握有效师幼沟通的策略,并对儿童的言行进行及时和适宜的反应

良好的沟通是教学成功的基本条件,教师要建立双向的良好沟通。首先,教师要增强自己的沟通能力,如信息的理解、反馈的方式、媒介的运用等。其次,要通过教育活动培养幼儿的沟通和反应能力,先学习听懂别人的话或问题,接着试着去了解他人的感受,再学习表达和反应。学习沟通和反应能力应是师幼间建立良性互动关系最基本的先决条件。我们在实践中体会到,教师对幼儿的期望会影响幼儿的自我观念和幼儿的成就动机,因而,教师对幼儿应该多积极地鼓励,而不是消极地责骂、处罚;善于使用鼓励幼儿参与、让幼儿说出自己的感受等正面的教学方法,并重视幼儿的反馈,随时调整教学过程。师幼间的情感交流以及由此产生的心理氛围也是促进师幼积极互动的有利条件。亲其师,信其道,教师把对幼儿的爱化为一个温柔的眼神、一个会意的微笑、一句暖心的话语、一个赞许的姿态、一个体贴入微的动作,都会使幼儿感到教师的关心、赏识,在心理上就会产生一种说不出的愉悦与满足。这样才能促进他们积极上进,激发他们的求知欲,增添他们的勇气,鼓励他们的自信。

---

① 庞丽娟. 教师与儿童发展[M]. 北京:北京师范大学出版社,2003:324.

反之,师幼之间的关系紧张,幼儿会由厌恶教师进而厌恶学习,即使是难度不大或者很有趣味的教育内容,也不能引起他们的兴趣。缺乏情感交流和支持是当前师幼互动中存在诸多问题的主要根源之一。这固然有外部客观环境,如长期传统文化的影响,但教师自身对积极情感支持作用的重视不够和不善于利用情感支持,也是不容忽视的问题。曾有幼儿说"希望老师多笑,多与我们讲话"。确实,教师整天忙于日常的教学,与幼儿的情感交流有时似乎成了一种奢侈的享受。新型师幼互动关系的建立就需要教师能正确表露自己的情感,善于表露自己的情感,通过自己的情感去感染幼儿。只有教师以饱满的热情出现在课堂上,幼儿才会以愉快、轻松自信的情绪听讲,积极参与教学活动。

延伸阅读 4-4 >>>

"学习故事"中的师幼关系

学习故事《心形香水卡片》

观察者:刘婷老师　　　　观察对象:娉娉(4岁半)

观察时间:2014年5月　　观察地点:中一班活动室

在香水屋里,你跟我说:"没有花瓣了,我能下楼去捡花吗?"外面还在下小雨让我有点担心,但你告诉我"我有雨衣"。所以,我答应了你的请求,送你到班门口⋯⋯不一会儿,看到你穿戴得那么整齐、安全地回到我面前,捧着满得都冒出来的一罐梧桐花!你的眼睛里充满快乐、成功、幸福、得意⋯⋯微笑地望着自己的一罐花朵,似乎在设想未来⋯⋯

回到美工区,你迅速把花放在小酸奶盒里用木棒凿打。你的小手特别有劲,牢牢攥着木棒,一阵"嘟嘟嘟"的响声后,花朵被捣成泥的样子,木棒头湿了。

你用花边剪子剪出很多四边形卡纸,开始把捣烂的花泥往纸上码放。先是轻轻捏出几个花泥放在纸上,不一会儿,卡纸被浸湿了一大片。

有了这个发现,你立刻在第二张卡纸上摆出四堆花泥⋯⋯"嗯?好像没有水啊?"接着,你在第三张卡纸上摆出两大堆!"你是怎么想的呢?"我好奇地琢磨着。还是垒堆的方法,你又摆出两大堆,一大堆!坐在桌子边,你来回看着、想着,似乎发现了什么,明白了什么。

⋯⋯

你还知道请我闻闻,我把它贴近鼻子,深深吸吮,一股凉凉甜甜的清香味钻进鼻子,把我的鼻腔都打通了⋯⋯特别舒服!

闻到香水味了,我以为你要休息一下享受成果了,没想到,你又拿出了剪子,依着洇湿的地方剪出一个心形。这个举动真让我惊讶!香水屋里大部分作品都是到这一步就完成了!你却安安静静地继续着自己的计划。而且你每剪一下都把剪子张到最大口、每一下都特别慢,需要剪两三下才会剪开。因为湿了的纸特别不好剪!但你很小心,剪出喜欢的心形香水卡片。

⋯⋯

8:30~9:45,这么长时间,你一直在安静地做这件事情。休息的音乐响起来了,不知道你画完漂亮、清楚的轮廓线后还要怎么做? 我们最终会看到什么样的作品呢?

……

这个故事告诉了我们什么样的学习可能在发生。

我很想对你说:"回想你整个学习,我发现你从一开始就为自己设定了目标,而且在探究过程中不断形成新想法,设定新目标! 所以,说目标、穿雨衣、独自下楼、捡、回班、捣花瓣、交换摆法、收集香水、剪、粘、勾边、做卡片、装饰……你整整花了 75 分钟完成自己心中的目标,从一个想法变成可以跟大家分享的好闻好看的香水卡片,我看到一个勇敢行动者的坚持、努力和快乐!"

老师还发现,你这个勇敢的行动者知道如何尝试不同方法,同时观察和反思各种方法的效果,然后及时作出调整;了解各种小工具的特点和作用,然后合理使用他们;你还用对比色让自己的作品更突出,加上剪、贴、画的技能都用上,独立制作了一张特别的香水卡片。这些都告诉老师你是一个有能力、有自信的学习者。老师真的很为你骄傲,也很高兴你能跟我分享你探究和学习成功后的满足和喜悦。

下一步学习的机会和可能性:

当你是"勇敢的行动者"时,我是个支持者! 如果你愿意,我会陪你一起去捡花朵的! 也请你把我们都没有看到的捡花故事说给我们听听。

当你是"会思考的学习者"时,我是个观察者! 你的每个动作一定有自己的道理! "为什么垒出四小堆?""你发现了什么?""改成两大堆又怎样了?""平铺和垒堆有什么不一样吗?""小勺和木棒用起来不同吗?"这些我好想知道啊!

当你是"爱表现的创造者"时,我应该是个合作者,做你的智慧大玩伴,也勇敢地拿起一张香水卡创造我的作品!

(资料来源:刘晓颖.发现儿童的力量——"学习故事"在中国幼儿园的实践[M].北京:北京少年儿童出版社,2015:193-195.)

第三节　学前儿童同伴关系的发展与教育

引导案例 4-3

我喜欢和小朋友玩①

情境1:拉里坐在地板上,伯尼转过身看着他。伯尼挥着手,嘴里说道"da",仍旧看着

---

① [美]戴维·谢弗.社会性与人格发展(第5版)[M].陈会昌,译.北京:人民邮电出版社,2012:426.

拉里。他重复发出了三遍这样的声音，拉里笑了。伯尼又发出了这样的声音，拉里又笑了。这样的事情重复了 12 次之多，然后伯尼走开了。

情境 2：周末，四岁半的牛牛带着他的植物大战僵尸玩具来到了小区广场，开始玩小玩具，过了一会儿，跑过来几个小朋友，一起玩起了植物大战僵尸的玩具。牛牛给他们介绍玩具怎么玩，他们玩得很开心。

思考：1. 同伴关系对儿童有什么样的意义和价值？
　　　　2. 请用本节所学内容解释案例中的同伴交往现象。

随着儿童年龄的增长、认知能力的提高和活动范围的扩大，他们逐渐更愿意走到同伴中去，更愿意和同龄伙伴玩，而且同伴关系在儿童的发展中起着成人无法替代的作用。

一、学前儿童同伴关系的意义和价值

良好的同伴关系有助于儿童获得社交技巧。儿童经常和同伴在一起，可以锻炼他们自己和别人交流的能力，特别是语言技巧。在同伴中，地位较高的儿童通常能够适当地控制自己的攻击行为，性别分化明显，具有较高的道德水平，而且比较友好和喜爱交际。

良好的同伴关系能使儿童具有安全感和归属感，有利于情绪的社会化，有利于培养儿童对环境进行积极探索的精神。归属感是指一个人属于群体和被其接纳的感受。这种感受只有在群体中获得，而无法在一对一的友谊关系中得到。成为同伴群体的一员可以培养归属感。当儿童知道团体中的其他人赞同或肯定自己的某些方面时，他将愿意与他们共享群体的规范，取得群体的认同。这对儿童的自尊感具有积极的影响。社会测量研究也表明，具有良好同伴群体关系的儿童易表现出友好、谦虚的品质和低焦虑，能顺利适应环境。

儿童的同伴经验有利于自我概念和人格的发展。正是在儿童与他人的相互作用中，儿童才能根据自己与父母、姐妹、老师和同学的交往经验确立他们的自我，从而促进人格的健康发展。

总之，同伴关系在儿童适应幼儿园和社会的过程中起着重要的作用。良好的同伴关系有利于儿童社会价值的获得、社会能力的培养、学业的顺利完成以及认知和人格的健康发展；而同伴关系不良有可能导致适应困难，甚至会对成人以后的社会适应产生消极影响。

二、同伴关系的概念与结构

对儿童来说，存在着"两个社交世界"，一个是成人—儿童之间的世界，另一个是儿童同伴的世界,这两个社会系统以不同的方式影响着儿童的发展。① 同伴是指儿童与之相处的具有相同社会身份和社会认知能力的人。同伴关系是指年龄相同或相近的儿童之间的一种共同活动并互相协作的一种关系,或者主要指同龄人间或心理发展水平相当的个体间在交往过程中建立和发展起来的一种人际关系。一般来说,儿童通常喜欢与同龄伙伴交往,而喜欢与年长儿童交往胜于与年幼儿童交往。②

同伴关系是一个多层次、多侧面、多水平的网络结构。有研究者认为同伴关系包含四个水平:个体特征水平、人际交互水平、双向关系水平和群体水平。儿童的社交自我知觉处于个体水平,它是个体对自身社交状况的主观评价;社交退缩处于人际交互水平,反映了一种过分控制的行为模式;友谊关系则是以个体为指向的双向结构,反映的是个体与个体之间的情感联系;同伴接纳是一种群体指向的单向结构,反映的是群体对个体的态度:喜欢或不喜欢,接纳或排斥,表明了儿童在同伴中的社交地位。③

三、学前儿童同伴关系的类型

已有研究者运用同伴提名法、问卷评价法和访谈法从各类幼儿的生理及相关特征、行为特征、能力特征、性格与情绪情感特征、交往积极主动性与水平特征及自我评价和体验特征等方面,研究了幼儿同伴交往的类型,其主要分为四种类型④:

(一)受欢迎型幼儿

长相好,卫生洁净;行为表现最为积极、友好,消极行为很少;能力强,性格外向、情绪愉快、活泼开朗;喜欢交往且善于交往;在交往中积极主动性强;对自己社交地位能正确评价,对没有同伴共同玩而感到难过。

(二)被拒绝型幼儿

体质强、力气大;行为表现最为消极、不友好,积极行为很少;能力较强,聪明、会玩,但性格很外向、脾气急且大,易冲动、过于活泼好动;喜欢交往,在交往中积极主动,但是很不善于交往;对自己社交地位缺乏正确评价,过高估计,对没有朋友共玩不太在乎。

(三)被忽视型幼儿

体质弱、力气小、能力较差;积极行为与消极行为均较少,性格内向、慢性、好静、不太愉快和活泼、胆小、不爱说话、不爱交往,在交往中缺乏积极主动性,且不善于交往;有较重的孤独感,对没有同伴共玩而感到比较难过与不安。

(四)一般型幼儿

在上述各方面均属中等情况,长相、体质、力气一般;能力中等;性格、情绪、行为表现

---

① [美]戴维·谢弗.社会性与人格发展[M].陈会昌,译.北京:人民邮电出版社,2012:470.
② 张文新.儿童社会性发展[M].北京:北京师范大学出版社,1999:133.
③ 周宗奎,孙晓军,赵冬梅,等.同伴关系的发展研究[J].心理发展与教育,2015(1):62.
④ 庞丽娟.幼儿同伴社交类型特征的研究[J].心理发展与教育,1991(3):19-27.

一般；交往积极主动性、交往水平中等；对自己社交地位能作较正确的评价，没有同伴共玩时不难过、不安者稍多。

四、学前儿童同伴关系的发展

(一) 0～3 岁婴儿的同伴关系发展①

表 4-3　0～3 岁婴儿的同伴关系发展

年龄(月)	婴　儿　行　为
0～2	同伴间具有感染力的哭闹，喜欢看自己熟悉的同伴
2～6	相互触摸
6～9	微笑、接近和跟随，冲对方发声，注视对方
9～12	相互交换玩具，玩"追逐"和"躲藏"等简单游戏，挥手
12～15	轮流发出声音，社会性模仿，为争玩具发生冲突，许多孩子在一起时会发生"哄闹"现象
15～24	早期语言，玩"捉迷藏"和"给和拿"等游戏，相互模仿，意识到被模仿
24～36	商量游戏的内容，游戏范围更广泛

出生后的第一个月开始，婴儿就对其他孩子表现出兴趣，但他们直到 6 个月左右才开始真正的互动。这个时候，婴儿会经常对小伙伴笑，咿咿呀呀地跟他们说话，发声，把玩具给小伙伴玩，互相做手势。快到 1 岁时，婴儿会模仿同伴玩玩具的简单动作，这意味着他们想理解、分享同伴的意图。但是，此时婴儿之间的许多善意手势经常因为不被注意而得不到回应。12～18 个月，学步儿开始对彼此的行为给予更多的适当反应，经常进行复杂的交流，他们会轮流做一件事。但是这个时期的孩子似乎常常把同伴当成具有特殊反应性的"玩具"，他们用看、微笑、做手势、来控制这些"玩具"。

到 8 个月的时候，基本上所有的婴儿都开始表现出与同龄儿童间协调的互动，这种互动具有明显的社会性特征。他们兴奋地彼此模仿，当他们把模仿到的行为带进社会游戏的时候，他们经常盯着同伴看，对同伴笑。研究发现，18 个月婴儿对同伴的行为高度关注，他们更可能模仿同伴的简单行为，而不是去模仿成人的同样行为。

22～24 个月的时候，学步儿的游戏中有了很多言语成分：玩伴经常互相描述他们正在进行的活动或者试图去影响同伴应该承担的角色。这种同步的社交语言是使 2～2.5 岁的孩子更容易扮演互补性角色。比如在捉人游戏中，一个扮演被捉的人，一个扮演捉人者；或者互相合作达到一个共同目标，比如一个孩子操作把手，让另一个孩子从容器里拿出一个有趣的玩具。在头两年里，社会性和认知发展都会影响儿童同伴交际性的发展。

---

① ［美］马里乔・J. 克斯特尔尼克. 儿童社会性发展指南理论到实践［M］. 邹晓燕，译. 北京：人民教育出版社，2009：52.

在学前期,儿童表现出越来越明显的同伴取向,他们的交往特点也随之发生变化。在一个经典的研究中,米尔格莱·帕顿(帕顿,1932)观察了幼儿园里 2.5～4 岁的儿童在自由游戏中的行为,考察儿童在同伴交往中的社交复杂性的发展变化。她发现,学前儿童的游戏可以分为四种,按照社交复杂性从低到高依次是:

非社会性活动——儿童看着别人玩,或者自己单独玩,而不管别人在做什么。

平行游戏——儿童各玩各的,很少交流,也不想去影响别人。

联合游戏——儿童分享玩具,交换材料,但是他们只关注自己的目标,不会合作实现共同目标。

合作游戏——儿童从事假装游戏,担任互惠的角色,通过合作来实现共同目标。[1]

(二) 3～4 岁小班幼儿的同伴关系处于混沌期,同伴交往具有随机性和情境性

小班幼儿还不能主动与同伴建立稳定的联系,两两之间固定的互选朋友的人数还不多,大多数幼儿对同伴未产生明确的偏好,因此,在小班处于不同类型同伴地位的幼儿的社会偏好不存在明显的差距,受忽视型幼儿的人数比中、大班多。

虽说在小班具有稳定互选朋友的幼儿还不多,但是小班幼儿已有简单的交往。由于个别幼儿的交往面比较广,因此,小班幼儿社会影响力的差距较大。小班幼儿喜欢具有友好交往态度的同伴,例如,"他喜欢我""他对我笑"。小班幼儿在交往中常常会发生冲突,但是发生冲突的原因比较简单,如"他不跟我玩""他很凶""他的玩具不借给我"等,冲突持续的时间也比较短暂,这主要和幼儿缺乏交往的方法和手段有关。如果没有外界的强化,幼儿不会在交往中对同伴产生深刻的不良印象。因此,在小班,矛盾型的幼儿人数要比中、大班多。这类幼儿有主动交往的意识,交往范围较大多数幼儿广,社会影响力大,但是还不能有效地解决交往中产生的冲突,导致有些同伴喜欢他们,有些同伴不喜欢他们。还有一些幼儿在交往冲突中不幸被教师和家长多次当众批评,导致其在同伴中留下负面形象,进而成为受拒绝型幼儿。

(三) 4～5 岁中班幼儿的同伴关系处于分化期,其同伴交往具有探索性和冲突性

中班幼儿能主动与同伴建立关系,并且能不断尝试与不同的同伴建立关系,对同伴已经有了明显的喜恶,因此,在中班处于不同类型同伴地位的幼儿之间的社会偏好差距突然增大,受忽视型的幼儿人数减少,受欢迎型和受拒绝型幼儿的人数增多。中班幼儿在探索中逐步建立起稳定的朋友关系,两两之间的互选朋友数开始比小班增多,大多数幼儿都能进行交往,不同幼儿间社会影响力的差距明显缩小。幼儿选择同伴的标准越来越明确,喜欢同伴的理由是他(她)能陪伴自己一起活动,即一起玩、一起坐、一起吃饭等,而不喜欢同伴的理由往往是那些消极的交往行为,即"他打我""他骂我""他批评我"等。中班幼儿的交往冲突明显增多,同伴地位的分化也很明显。从不喜欢同伴的理由来看,

---

[1] [美]戴维·谢弗. 社会性与人格发展(第 5 版)[M]. 陈会昌,译. 北京:人民邮电出版社,2012:426.

中班幼儿的冲突性质发生了变化，往往与自尊相关，如幼儿不喜欢同伴批评自己，不喜欢被有意和当众欺负，而不再像小班幼儿那样，拒绝同伴是因为对方不满足自己对物的需要，冲突的特点从"以物为中心"转化为"以人为中心"。

（四）5～6岁大班幼儿的同伴关系处于形成期，同伴交往具有群体性和稳定性

大班幼儿已具有稳定的同伴关系，他们主要在形成的小群体中进行交往，交往对象比较稳定，对同伴的喜恶也趋于稳定，因此，处于不同类型同伴地位的幼儿之间的社会偏好差距较中班幼儿小，互选小群体的幼儿人数最多，占到了班级人数的一半左右，一般型的幼儿人数最多。大班幼儿已经有了稳定的互选朋友关系，同时开始出现了自发的小群体。大班幼儿选择朋友的标准与中班幼儿一致，喜欢同伴的理由也是因为他（她）能陪伴自己一起活动，略微不同的是，大班幼儿更多提到的"我们是一个小组的""我们是一个小队的"。大班幼儿在选择不喜欢的同伴时往往凭借以往形成的固定印象，而不是同伴在当前交往中的表现。大班幼儿的冲突多发生在小群体中，大多是由缺乏合作技巧导致的，但是在来自小群体内同伴的压力下，他们往往会改变自己的一些行为。

五、学前儿童同伴关系的培养

（一）家长支持婴儿最初的同伴交往①

1. 当婴儿处在舒服、觉醒的状态时，为婴儿间的社会性互动创造条件

把婴儿放在床上，让他们能看到其他的婴儿；为会爬的婴儿提供在同一区域探索物体的机会。通常两个儿童近距离待在一起，而且彼此都觉得舒服和安心的情况下，就会出现婴儿之间的社会性互动。在开始的12个月中，婴儿不能长时间保持互动，在人生的第二年，才慢慢获得同伴游戏的技能。

2. 为大一点的婴儿一起游戏提供充足的空间和材料

学步儿在掌握运动技能时，他们不能很快地停下来，而且平衡能力也差，因此，他们常常无意识地歪倒在其他孩子身上。家长需要给他们提供足够大的空间，以免互相影响。两种完全不同的游戏对于减少由玩具带来的游戏冲突以及增加社会性方面的游戏很有用。分享玩具在3岁以前是不切实际的。稍微大一点的婴儿刚刚开始按他们自己的意图行动，但是不能理解其他儿童的意图。家长的及时反应会有助于支持婴儿间积极的人际关系的发展。

3. 简单的一个工作或一句话就可以促进同伴之间的游戏

其中一个手段是"和宝宝说话"，或给儿童讲解非言语交流的游戏。"当婴儿指着这团橡皮泥时，她是想让你知道，除了你之外，她还想与这里的其他人一起玩。"又例如，华华走进"娃娃家"，捡起了一个娃娃，看着强强。老师说："强强，你在准备食物，我想，华华

---

① ［美］马里乔·J.克斯特尔尼克. 儿童社会性发展指南理论到实践［M］.邹晓燕，译. 北京：人民教育出版社，2009：69.

的娃娃也饿了,你可以给娃娃吃一些准备好的食物吗?"强强搬出高椅子,在桌边准备食物,同时,华华也把娃娃放在了高椅子上。老师仔细观察,并用语言表达了学步儿的愿望和意图,这样,儿童社会性的交流得以开始,并持续了一段时间。

(二) 幼儿园创设有助于同伴互动的条件

同伴关系只有在同伴交往中才能建立和发展起来。在幼儿园,教师首先要重视和鼓励同伴交往,给予儿童充分与同伴接触、交往的机会。儿童在与同伴交往的过程中,通过观察获得了有关社会行为规则的知识,通过模仿习得主动、友好的社交态度和正确、有效的社交技能,又通过同伴的强化巩固这些良好的态度与技能。需要注意的是,幼儿园里儿童与同伴交往和接触的机会受到教师的影响和制约。教师只有意识到同伴关系的重要性,重视同伴交往对同伴关系的影响,才能够有意识地为儿童提供、创设有利于交往的条件和宽松的心理氛围,如提供交往的时间和场所,提供有助于发起同伴交往的游戏材料,不过分强调纪律和规则。比如在过渡环节,给予儿童更多的自由和自主,为儿童提供同伴互动、交流的机会、时间和空间。

(三) 确定不同年龄段幼儿同伴交往的目标

1. 小班

在认知方面,能够理解并掌握友好的交往态度,理解并关注朋友的表现,理解什么是积极的交往行为;在情感方面,向往"有朋友真好",感受"与朋友一起游戏"的愉悦,体验解决交往冲突后的满足感;在行为方面,能主动向同伴表示友好的交往态度,关注朋友在做什么,能够与朋友礼貌交往,解决与同伴的交往冲突实现共同目标。

2. 中班

在认知方面,能够在活动中认识到"虽然我在这方面不够好,但我在其他方面有优势","虽然我现在表现还不够好,但是我会进步的",从而形成过程性能力观,进而形成强大的内心自我,学会从他人的表情、语言和行为推断他人的动机,判断他人的情绪和意图;在情感方面,能够体验到自夸和被夸带来的愉悦感,享受自己进步的成就感,体验交往冲突解决后的满足感;在行为方面,能够赞美自己和赞美他人,向同伴展示积极的交往行为、避免消极的交往行为,能有效地调节自身的情绪。

3. 大班

在认知方面,能认识到群体的力量,认识到友好合作对于群体活动顺利进行的重要性;在情感方面,能够体会到群体活动的愉悦感,体验并享受群体活动带来的荣誉感,体验群体合作中、冲突解决后的满足感;在行为方面,能够在群体中采取积极的交往行为,避免消极的交往行为,能够很好地与他人合作。

(四) 选择合适的教育内容

首先,从幼儿交往能力培养的目标出发,预设一定的教育内容,同时,考虑各年龄段幼儿的发展特点以及幼儿在其他领域的平衡发展需要。这样的预设是必需的,关注的是幼儿普遍的发展特点。其次,教师可以根据幼儿的兴趣和关注点生成一定的教育内容。预设的内容可以随生成的内容而调整,甚至被生成的内容取代;预设的内容也可以和生成的内容并存。再次,教师可以根据幼儿的实际情况有针对性地选择不同的教育内容来实现相同的培养目标。①

案例 4-1 >>>

教育活动设计:好朋友(中班)②

活动目标

1. 发现、欣赏朋友的优点。

2. 知道好朋友是一起做好事的人。

3. 体验有朋友的快乐。

活动准备

1. 观察了解幼儿交朋友情况,帮助没朋友的幼儿找到好朋友。

2. 在主题墙开辟"我和好朋友在一起"专栏,活动前贴好标题,其余为空白,供幼儿在活动中使用。

3. 彩色笔、图画纸每人一份。

4. 自制教学挂图。

活动过程

1. 游戏"猜猜我的好朋友"。

教师:每个小朋友都有自己的好朋友。你想让我们知道他是谁吗? 请你用几句话介绍他,可以说他有什么本领、长得怎么样、今天穿什么衣服,让其他小朋友猜猜他是谁。

教师用语言描述一个小朋友的特点示范游戏玩法,如"他画画儿好,爱帮助小朋友,长得白白的,是个男孩子"。如果幼儿猜不出,可以请全班幼儿闭眼,让被猜的小朋友说一句话,其他幼儿根据声音猜出是谁,被猜中的幼儿站起来给大家鞠躬。

请几名幼儿分别介绍自己的好朋友。如果幼儿不知如何介绍,教师可启发幼儿,如"你喜欢他什么?""你为什么和他做好朋友?"等,要引导幼儿关注、介绍朋友的优点。

2. 设置问题情境,引导幼儿理解好朋友在一起应该做好事。

教师:你和好朋友经常在一起做什么? 引导幼儿介绍自己与好朋友经常做的事情,如一起游戏,一起帮助老师收拾活动区,一起讲故事等。

教师:如果两个好朋友正在游戏,别的小朋友也想玩,怎么办?

教师:如果好朋友遇到困难,你会怎么办?

---

① 王芳,刘少英. 幼儿同伴关系发展特点及交往能力培养[J]. 幼儿教育,2011(3):16-17.

② 白爱宝,邹晓燕. 幼儿园领域课程资源[M]. 北京:教育科学出版社,2014:86-88.

教师小结:好朋友是一起做好事的人。两个好朋友不仅要互相帮助,也要一起关心、帮助别的小朋友,这样才是真正的好朋友。

3. 观察挂图,引导幼儿进一步理解什么是好朋友。

指导幼儿观察挂图,请几个小朋友分别讲述每个画面的意思。幼儿讲述后,教师给予确认或指导,并念一念书上的文字。

教师:书中哪些好朋友做得对? 哪些做得不对? 应该怎么做? 鼓励幼儿向好榜样学习,和好朋友一起为集体和他人做好事,与其他小朋友友好相处。

4. 为好朋友画像。

引导幼儿以绘画形式表现自己和好朋友在一起时的快乐心情,或表现自己好朋友的优点、本领等,如吃饭不挑食、会讲故事等。幼儿画好后,教师帮助其写上相应的文字。

将幼儿的作品布置在"我和好朋友在一起"专栏上。

[评析] 基于中班幼儿对于同伴交往的兴趣和探索,有效地支持幼儿之间的同伴交往是中班社会领域活动的重要内容。本案例以《好朋友》为内容开展社会领域集体教育活动,目标清晰,活动准备充分,活动过程层次清晰,并通过游戏、问题情境、观察挂图、绘画呈现的方式组织活动,让幼儿在充分体验中感受和理解什么是好朋友,好朋友在一起应该互相帮助、互相关心。在该教育活动实施的过程中,还需要特别注意让全班幼儿都能够体验到有好朋友的快乐。

本 章 小 结

依恋是个体生命早期对特定个体形成的情感联系,它构成早期儿童最重要的社会关系。与其他心理现象一样,依恋的产生与发展有其自身特殊的规律。分离焦虑和怯生的出现标志着儿童依恋关系的正式建立。依恋由前依恋开始,依次经历依恋关系产生、依恋关系明确、建立互惠依恋关系的阶段,其实质是组织性、目的性与灵活性日益成熟的过程。2 岁以后,儿童逐渐由单向的依恋关系转变为双向合作型的情感关系。亲子依恋关系是早期亲子关系的集中体现。根据研究者对婴儿的陌生情境测验,可以将儿童的依恋划分为四类,即安全型依恋、拒绝型依恋、回避型依恋、混乱/迷惑型依恋。家庭养育质量、儿童的气质与自身因素、家庭与社会环境是影响亲子依恋关系的主要因素。为了建立良好的亲子关系,家长需要及时反思自己对待和回应孩子的方式,在充分了解儿童的基础上,开展有效的亲子沟通。

师幼关系是指幼儿与教师之间形成的以情感、认知和行为交往为主要表现形式的心理关系。师幼关系由于社会角色的规定,更多体现为教育者和被教育者、领导者和被领导者之间的一种关系,且带有明显的教育性质。其与亲子关系的一大区别在于不稳定和多变化。师幼关系这种多样性和不稳定性使得其对儿童发展的影响也带有一定的不稳定性。充分了解和观察儿童、转换教师角色、突出儿童主体地位、掌握有效的师幼沟通策略是培养良好师幼关系的主要途径。

同伴关系则是年龄、心理发展水平和地位等较为相近的伙伴间关系，同伴关系是一个多层次、多侧面、多水平的网络结构。已有研究者运用同伴提名法、问卷评价法和访谈法从各类幼儿的生理及相关特征、行为特征、能力特征、性格与情绪情感特征、交往积极主动性与水平特征及自我评价和体验特征等方面，将幼儿同伴交往的类型划分为四类：受欢迎型幼儿、被拒绝型幼儿、被忽视型幼儿、一般型幼儿。同伴关系是体现幼儿社会交往能力发展的重要内容。支持婴儿最初的交往，为幼儿提供适宜的社会交往目标和支持策略，有助于提升幼儿的同伴关系。

检　　测

1. 如何建立良好的亲子依恋关系？
2. 如何认识与理解师幼关系的结构与特征？
3. 如何理解幼儿同伴关系发展的特点并进行培养？
4. 案例分析题：请设计一个支持幼儿同伴交往的活动案例。

第五章

学前儿童道德与亲社会行为的发展与教育

学习目标

- 了解学前儿童道德与亲社会行为发展的相关理论
- 理解学前儿童道德与亲社会行为发展的规律
- 掌握学前儿童道德与亲社会行为培养与教育的方法
- 能应用所学的理论知识分析生活中的案例，开展道德与亲社会行为培养的教育活动

本章导读

　　"道德与亲社会行为发展"是学前儿童社会性发展的重要内容，是社会性发展到一定程度的产物，是个人社会性发展水平的标志。[①] 本章主要在介绍学前儿童道德与亲社会行为发展规律的基础上，探讨道德与亲社会行为培养的途径、方法与策略。

　　学前儿童品德与亲社会行为的发展是其社会性发展的重要组成部分。在幼儿与他人交往的过程中，逐渐地发展其道德品质与亲社会行为。学前儿童道德品质是学前儿童在道德行为中所表现出来的比较稳定的、一贯的特点和倾向，是一定社会的道德原则和规范在幼儿思想和行为中的体现。它由道德认识、道德情感、道德意志、道德行为等因素构成。[②] 幼儿期是人生的启蒙期，是塑造健康人格和形成良好道德素质的关键时期。学前儿童道德教育在学前儿童社会性发展过程中起着导向与促进的重要作用。学前儿童道德教育影响儿童社会性发展的方向。在我国当前的社会文化背景下，通过正确地向学前儿童实施道德教育，可引导儿童的社会性朝向适应社会的需求与选择、有助于参与社会实践活动、充分发挥个人潜力的发展轨道，成为心理健康发展的、快乐的儿童。亲社会行为指一切有益于他人和社会的行为，如助人、分享、谦让、合作、自我牺牲等。社会心理学家认为，"亲社会"是合乎社会道德标准的意思，是与"反社会"，即违反社会道德标准相对的，因此，亲社会行为的概念便进一步扩大，包括一切积极的、有社会责任感的行为。由此可见，儿童亲社会行为的产生和发展是同他们的道德行为的产生和发展相一致的。

---

① 梁志燊，李辉. 关于幼儿德育与社会性发展教育的几个基本问题[J]. 学前教育研究，1995(3).
② 李幼穗. 儿童社会性发展与德育[J]. 天津师范大学学报(基础教育版)，2000(6).

亲社会行为是一种更为高级更为成熟的道德行为,亲社会行为发展成为儿童的心理品质的过程,就是儿童道德认识水平提高,道德情感日益丰富,在活动中有效地掌握利于别人的知识、技能及锻炼意志的过程。儿童的道德认识越是朝着成熟的水平发展,他们对行为的社会后果就理解得越全面和深刻,他们就越能把握道德的基本准则,也就越能表现出亲社会行为。

第一节　学前儿童道德的发展与教育

引导案例 5-1

告　状

张老师被一位小朋友拉着,急急匆匆赶到阅读区时,发现地上留着半张被撕坏的书页,一位叫作喵喵的小女孩坐在小板凳上,表情有些沮丧。在一旁的小朋友们见张老师来了,纷纷嘟起嘴:"老师,喵喵不遵守阅读区的规则,和小朋友抢书看,还把故事书撕坏了!"

思考:1. 在幼儿园的日常生活中,告状是一种非常常见的现象。幼儿为什么爱告状?

2. 告状与幼儿道德发展的水平特点有怎样的关系?

一、学前儿童道德发展概述

(一) 学前儿童道德发展的含义

道德是一定社会调整人们之间相互关系的行为规范或行为准则的总和。道德依靠舆论的力量,依靠人们的信念、习惯、传统和教育的力量来调整人与人之间以及个人与社会之间的关系。此处所谈及的学前儿童道德是指学前儿童道德品质的简称,也即人们通常所指的品德。品德是个体现象,它是社会道德现象在个人身上的反映,是一定的社会或阶级的道德准则转化成个人的道德信念和道德意向,并在言行中表现出来的稳固的心理特征。品德通常在社会交往的过程中表现出来。品德的形成和发展与社会道德有密切联系。学前儿童道德发展是指作为一种个体现象的学前儿童道德品质即品德的形成和发展,它是个体社会化的重要内容。

(二) 学前儿童道德发展的内容

道德品质由道德认知、道德情感、道德意志和道德行为等因素构成。因此,学前儿童道德发展的内容包含了学前儿童道德认知的发展、道德情感的发展、道德意志的发展和道德行为的发展。

道德认知是儿童根据一定道德规范对社会现象的是非、善恶、美丑的认识、评价和判断，是对道德现象、道德关系、道德原则和规范的认识。道德认知是儿童道德品质形成的重要基础，正确的道德认知是形成自觉的行为、习惯与培养道德情感的必要条件。儿童只有懂得道德行为意义，才有可能产生自觉的道德行为，当然这需要一个长期的培养过程，婴幼儿还难以达到完全自觉的高度。道德知识的掌握、道德评价能力的发展和道德信念的产生是道德认知的三个基本环节。掌握道德知识是形成道德认知的一个前提条件，道德评价是个体道德认识的主要表现形式，也是其道德认知逐步形成的主要标志；道德信念是系统化了的、深化了的道德知识，是道德认知发展的最高形态，也是个体道德生活的指南。幼儿的道德认知，往往联系到自己切身的利益和具体表面的理解来辨别行为的是非。

道德情感是一种情感体验，指个体对一定的社会存在和道德认识的主观态度，是在一定的社会条件下，人们根据道德准则要求进行道德活动时所产生的爱慕、憎恶、信任、同情等比较持久而稳定的内心体验。道德情感与道德信念、道德认识密切相关。儿童在3岁前只有某些道德感的萌芽，3岁后，随着儿童交往的发展，成人不断对儿童的行为提出要求，使他们逐渐掌握了各种行为规范，道德感也逐渐发展起来，如同情、互助、尊敬、羡慕、义务感、羞愧感、自豪感、友谊感等等。儿童的道德情感对其道德认识和道德行为具有强大的激发和推动力量。首先，道德情感对道德认识具有一种动机激发作用，它促使儿童积极地接受某种道德教育，努力地掌握有关的道德知识，有力地推动道德知识转化为道德信念。道德情感的这种激发作用常常是道德教育成败的关键。其次，道德情感对道德认识起引导作用。个体在接受道德概念或准则时，或许乐于接受某人的教育，而不愿接受另一人的教育。个体的这种对道德认识的倾向性是已有道德情感所发挥的引导作用的表现。儿童对道德情感的认识对其道德行为起着调控作用。在道德情感交流中，儿童及时知觉自己和他人的道德情感，同时，通过判断推理去理解所知觉到的道德情感的真正意义。个体对他人的道德情感的认识水平明显地影响着个体的道德行为。那些能精确地辨别别人有什么感情的儿童更能与别人合作。

道德意志是儿童自觉调节行动，克服困难，努力实现一定道德目标的活动。主要表现为自觉性、坚韧性、果断性、自制力和勇敢等特征。它包括道德动机斗争、做出道德判断和选择、按照道德选择去行动三种主要成分。它能促使儿童将自己的道德意识、道德情感、道德信念外化为道德行为，帮助儿童自觉地调节自己的言行和情感，克服内外部的各种困难障碍，坚持自身认定的行为方式，形成行为习惯。当儿童坚持某种道德的正义性并决心践行它的时候，就会在内心产生一种坚强的信念和意志力，从而严格要求自己，果断地做出行为抉择，并努力保持自己行为的稳定性和一贯性。因此在道德教育中，磨炼儿童的道德意志，是培养和造就儿童道德品质的关键之一。

道德行为是在一定的道德意识支配下表现出来的,对他人或社会具有一定道德意义的实际行动。这种实际行动既是儿童道德面貌的反映,又是儿童道德面貌得以形成和发展的重要条件。道德行为在品德心理结构中有着重要的意义。儿童的道德行为是其道德认识和道德情感的一种具体表现,也是人们确证其道德认识和情感之有无、真假及其程度的一个重要依据。评价儿童的道德不能只看有怎样的认识水平和情感表现,还需考察有没有以及有怎样的实际行动。

二、学前儿童道德发展的相关理论

(一) 皮亚杰的道德发展理论

皮亚杰早在 20 世纪 30 年代就对儿童道德判断和道德观念的发展进行了研究。他认为,一个人道德上的成熟主要表现在尊重准则和社会公正感这两个方面。一个有道德的人能按社会规定的准则公平地、公道地对待别人。他采用对偶故事法研究儿童道德判断发展的水平。他认为,儿童道德判断的发展与儿童认知发展的阶段相平行,儿童道德发展的进程可以在他们的认知进程中找到证据。他设计了一些包含道德价值内容的对偶故事让儿童回答,要求儿童辨认是非对错,从他们对特定行为情境的评价中投射并推测出儿童现有的道德认知和道德判断水平。

延伸阅读 5-1 >>>

皮亚杰的对偶故事(其一)

A. 一个叫约翰的小男孩,听到有人叫他吃饭,就去开吃饭间的门。他不知道门外有一张椅子,椅子上放着一只盘子,盘内有 15 只茶杯,结果撞掉了盘子,打碎了 15 只杯子。

B. 有个男孩叫亨利,一天,他妈妈外出,他想拿碗橱里的果酱吃,却让一只杯子掉在地上碎了。

问题:

1. 这两个孩子是否感到同样内疚?

2. 这两个孩子哪一个更不好? 为什么?

研究表明:6 岁以下儿童大多认为第一个男孩的过失较重,因为他打破了较多的杯子;年龄较大的儿童则认为第一个男孩的过失较轻,因为他的过失是在无意间发生的。

(资料来源:http://wenku.baidu.com/view/2be221297375a417866f8fdc.html)

通过大量的研究,皮亚杰发现并总结出了儿童道德认知发展的总规律,即儿童道德的发展经历了一个从他律到自律的转化发展过程。所谓他律,是指早期儿童的道德判断只注意行为的客观效果,不关心主观动机,是受自身以外的价值标准所支配的道德判断,具有客体性。所谓自律,则是指儿童自己的主观价值主观标准所支配的道德判断,具有主体性。他律水平和自律水平是儿童道德判断的两级水平。在此基础上,皮亚杰还提出了儿童道德发展的年龄阶段。他认为,10岁是儿童从他律道德向自律道德转化的分水岭,即10岁前,儿童对道德行为的思维判断主要依据他人设定的外在标准,也就是他律道德;10岁以后,儿童对道德行为的思维判断大多依据自己的内在标准,也就是自律道德。

皮亚杰根据儿童对规则的理解和使用,对过失和说谎的认识和对公正的认识的考察和研究,把儿童道德认知发展划分为四个有序的阶段。

第一阶段:前道德阶段(出生～3岁)

皮亚杰认为,这一年龄时期的儿童正处于前运算思维时期,他们对问题的考虑都还是以自我为中心的。他们不顾规则,按照自己的想象去对待规则。他们的行动易冲动,感情泛化,行为直接受行动的结果所支配,道德认知不守恒。例如,同样的行动规则,若是出自父母就愿意遵守,若是出自同伴就不遵守。他们并不真正理解规则的含义,分不清公正、义务和服从。他们的行为既不是道德的,也不是非道德的。

第二阶段:他律道德阶段或道德实在论阶段(3～7岁)。

这是比较低级的道德思维阶段,具有以下几个特点:

第一,单方面地尊重权威,有一种遵守成人标准和服从成人规则的义务感。也就是说,他律的道德感在一些情感反应和作为道德判断所特有的某些显著的结构中表现出来。其基本特征是:一是绝对遵从父母、权威者或年龄较大的人。儿童认为服从权威就是"好",不听话就是"坏"。二是对规则本身的尊重和顺从,即把人们规定的规则,看作是固定的,不可变更的。皮亚杰将这一结构称为道德的实在论。

第二,从行为的物质后果来判断一种行为的好坏,而不是根据主观动机来判断。例如,认为打碎的杯子数量多的行为比打碎杯子数量少的行为更坏,而不考虑有意还是无意打碎杯子。

第三,看待行为有绝对化的倾向。道德实在论的儿童在评定行为是非时,总是报以极端的态度,或者完全正确,或者完全错误,还以为别人也这样看,不能把自己置于别人的地位看问题。皮亚杰与英海尔德在谈到这个时期的儿童特点时说:"道德实在主义引向客观的责任观,进而对一种行为的评定是看它符合法律的程度,而不管是出于恶意的动机违反这个原则,还是动机好却无意违反了规则。例如,儿童在理解不准撒谎的社会价值之前(因为缺乏充分的社会化),在对有意的欺骗与游戏或纯粹的愿望有失真实区别之前,成人就告诉他们不要撒谎。结果说真话就成了儿童主观人格之外的东西,并引起了道德实在论和客观责任观,从而使儿童认为一切诺言的严重性似乎并不是看有意欺骗的程度,而是看实际上跟真实性相差的程度。"

第四,赞成来历的惩罚,并认为受惩罚的行为本身就说明是坏的,还把道德法则与自然规律相混淆,认为不端的行为会受到自然力量的惩罚。例如,对一个7岁的孩子说,有个小男孩到商店里偷了糖逃走了,过马路时被汽车撞倒,问孩子"汽车为什么会撞倒男孩子",回答是因为他偷了糖。在道德实在论的儿童看来,惩罚就是一种报应,目的是使过失者的遭遇跟他所犯的过失相一致,而不是把惩罚看作是改变儿童行为的一种手段。

第三阶段:自律或合作道德阶段(7～10 岁)

皮亚杰认为儿童大约在 7～10 岁期间进入道德主观论阶段,这个阶段的道德具有以下几个特点:

第一,儿童已认识到规则是由人们根据相互之间的协作而创造的,因而它是可以依照人们的愿望加以改变的。规则不再被当作存在于自身之外的强加的东西。

第二,判断行为时,不只是考虑行为的后果,还考虑行为的动机。研究表明,12 岁的儿童都认为,那些由积极和动机支配但损失较大的儿童,比起怀有不良动机而只造成小损失的儿童要好些。由于考虑到行为的动机,因而在惩罚时能注意照顾弱者或年幼者。

第三,与权威和同伴处于相互尊重的关系,儿童能较高地评价自己的观点和能力,并能较现实地判断他人。

第四,能把自己置于别人的地位,判断不再绝对化,看到可能存在的几种观点。

第五,提出的惩罚较温和,更为直接地针对所犯的错误,带有补偿性,而且把错误看作是对过失者的一种教训。

达到自律性道德阶段的儿童,在游戏时不再受年长者的约束,能与同年龄儿童平等地参加游戏,彼此明白自己的立场与对方的立场,共同制定规则,遵守规则,独立举行游戏比赛。

皮亚杰认为儿童道德发展的这些阶段的顺序是固定不变的,儿童的道德认识是从他律道德向自律道德转化的过程。他律道德阶段的儿童是根据外在的道德法则进行判断的,他们只注意行动的外部结果,不考虑行为的动机,他们的是非标准取决于是否服从别人的命令或规定。这是一种受自身之外的价值标准所支配的道德判断。后期儿童的道德判断已能从客观动机出发,用平等或不平等、公道或不公道等新的标准来判断是非,这是一种由儿童自身已具有的主观的价值所支配的道德判断,属于自律水平的道德。皮亚杰认为只有达到了这个水平,儿童才算有了真正的道德。

第四阶段:公正阶段(10～12 岁以后)

这个阶段,儿童的道德观念开始倾向于公正。皮亚杰认为,当可逆的道德观念从利他主义角度去考虑时,就产生了关于公正的观念。公正观念不是一种判断是或非的单纯的规则关系,而是一种出于关心与同情的真正的道德关系。也就是说,儿童不再刻板地按固定的规则去判断,在依据规则判断时隐含考虑到同伴的一些具体情况,从关心和同情出发去判断。皮亚杰认为公正观念是一种高级的平等关系,这种道德观念已经能够从内部对儿童的道德判断起着决定性的作用。①

延伸阅读 5-2 ▶▶▶

中班幼儿的告状行为

中班幼儿的告状行为不存在性别差异,属于这一时期幼儿的普遍现象。这与幼儿教师的访谈和观察的结果一致。在前期观察和后期研究过程中,我们发现中班幼儿的告状行为多是由道德感激发出来的。3岁后的幼儿道德感已经发展起来了,4～5岁幼儿已经比较明显地掌握了一些概括化的道德标准,所以,当同伴的行为违反了班级规则或是与老师的要求不一致时,幼儿就会向老师告状。皮亚杰认为中班的幼儿处于前运算阶段,在道德发展上处于他律道德阶段或道德实在论阶段。中班所谓他律是指儿童的道德判断受他自身以外的价值标准支配。在对待游戏规则的态度上,这一阶段的儿童尽管自己掌握不全但却把规则看作是神圣不可违背的,儿童对行为作出判断时主要是依据行为的物质后果,即行为符合或违反规则的程度而不考虑行为者的主观动机。由于中班幼儿道德发展的这一特点,当同伴的行为与教师制定的规则不符时,往往会引发幼儿的告状行为,而不会去考虑同伴的主观动机。

[资料来源:郑名,李春丽.4～5岁幼儿告状行为的研究[J].学前教育研究,2005(01).]

(二)科尔伯格的道德发展理论

劳伦斯·科尔伯格(Lawrence Kohlberg,1987)是美国儿童发展心理学家。他继承并发展了皮亚杰的道德发展理论,着重研究儿童道德认知的发展,提出了"道德发展阶段"理论,在国际心理学界、教育界引起了很大反响。

科尔伯格应用道德两难论的方法研究道德的发展问题。这种方法也称两难故事法。故事包含一个在道德价值上具有矛盾冲突的情境,让被试听完故事后对故事中的人物行为进行评论,从而了解被试进行道德判断所依据的原则及其道德发展水平。代表性的道德两难故事是"海因兹偷药"的故事。

延伸阅读 5-3 ▶▶▶

海 因 兹 偷 药

欧洲有个妇人患了癌症,生命垂危。医生认为只有一种药才能救她,就是本城一个药剂师最近新制的镭锭药物。制造这种药要花很多钱,药剂师索价还要高过成本十倍。他花了200美元制造镭,而这点药他竟索价2000美元。病妇的丈夫海因兹到处向熟人借钱,一共才借得1000美元,只够药费的一半。海因兹不得已,只好告诉药剂师,他的妻

---

① [瑞士]皮亚杰.儿童的道德判断(The Moral Judgment of the Child)[M].纽约:自由出版社,1965.

子快要死了,请求药剂师便宜一点卖给他,或者允许他赊欠。但药剂师说:"不成! 我新制此药就是为了赚钱。"海因兹在走投无路的情况下,为了挽救妻子的生命,在夜里闯入药店偷了药,治好了妻子的病。但海因兹因此被警察抓了起来。

(资料来源:http://qsnedu.abang.com/od/sixiangdaode/a/daodeliangnan.htm)

科尔伯格围绕这个故事提出了一系列问题,让被试参加讨论,如:海因兹该不该偷药? 为什么该? 为什么不该? 海因兹犯了法,从道义上看,这种行为好不好? 为什么? 通过大量的研究,科尔伯格提出了"三水平六阶段"理论。三水平是指前习俗水平、习俗水平、后习俗水平。六阶段是指每个水平中又可划分为两个不同的阶段。

科尔伯格提出的儿童道德发展的三个水平、六个阶段(是按照个体道德判断结果的性质分类的)如下:

1. 前习俗水平(出现在幼儿园及小学低中年级)

这一水平的儿童的道德判断着眼于人物行为的具体结果和自身的利害关系,包括两个阶段:

(1)服从于惩罚的道德定向阶段(惩罚和服从的定向阶段)

这一阶段的儿童以惩罚与服从为导向,由于害怕惩罚而盲目服从成人或权威。道德判断的根据是是否受到惩罚,认为凡是免受惩罚的行为都是好的,遭到批评、指责的行为都是坏的,缺乏是非善恶的观念。

(2)相对的功利主义的道德定向阶段(工具性的相对主义定向阶段)

这一阶段的儿童对行为的好坏的评价首先是看能否满足自己的需要,有时也包括是否符合别人的需要,稍稍反映了人与人之间的关系,但把这种关系看成类似买卖的关系,认为有利益的就是好的。

2. 习俗水平(出现在小学中年级以上)

这一水平的儿童的特点是:能了解、认识社会行为规范,意识到人的行为要符合社会舆论的希望和规范的要求,并遵守、执行这些规范。包括以下两个阶段:

(1)人际和谐(或好孩子)的道德定向阶段

此阶段的儿童以人际关系的和谐为导向,对道德行为的评价标准是看是否被人喜欢,是否对别人有帮助,是否会受到赞扬。为了赢得别人的赞同,当个好孩子,就应当遵守规则。

(2)维护权威或秩序的道德定向阶段

此阶段的儿童以服从权威为导向,服从社会规范,遵守公共秩序,尊重法律的权威,以法制观念判断是非,知法守法。

3. 后习俗水平

该水平的特点是:道德判断超出世俗的法律与权威的标准,而以普遍的道德原则和良心为行为的基本依据。包括以下两个阶段：

（1）社会契约的道德定向阶段

这一阶段的儿童认识到法律、社会道德准则仅仅是一种社会契约，是大家商定的，是可以改变的，一般他们不违反法律和道德准则，但不用单一的规则去评价人的行为，表现出一定的灵活性。

（2）普遍原则的道德定向阶段

此阶段的个体判断是非不受外界的法律和规则的限制，而是以不成文的、带有普遍意义的道德原则：如正义、公平、平等、个人的尊严、良心、良知、生命的价值、自由等为依据。

三、学前儿童道德教育

（一）什么是学前儿童道德教育

学前儿童道德教育是幼儿教育的一个重要组成部分。是道德教育的起始阶段，是根据学前儿童身心发展的特点和实际情况，对其实施的品德教育。

（二）学前儿童道德教育的重要性

1. 幼儿期是儿童基本道德行为习惯初步形成的重要时期

行为的稳定性是一个人道德品质初步形成的特征之一，即一个人在不同的时间、地点、场合表现出的行为的一致性。在日常生活中，我们会发现，儿童在 3 岁左右就已经表现出个人行为的独特性，如独生子女普遍存在的任性行为在 3 岁儿童身上就已经表现得很明显，有的孩子想要什么东西时，会采用哭闹甚至踢打成人的方式。而到了幼儿末期，作为个人特征之一的自我控制已经达到了非常稳定的程度。

关于幼儿个性稳定性的实证研究不多，但儿童心理发展理论普遍认为，"学前儿童的性格已经初步形成，出现了相对的稳定性"。相对的稳定性是指到了幼儿末期已经出现较为明显的个别差异，即我们所说的个性特征，同时，儿童此时形成的个性还具有较大的可塑性，存在变化的可能性。如果没有特殊的环境、事件或特殊的教育矫正，儿童的个性会在此基础上顺其自然地发展，因此我们说，幼儿期儿童个性（包括道德）的发展是其日后发展的重要基础。

2. 幼儿期道德品质的初步形成对其终身发展有长期、重要的影响

幼儿期道德品质的初步形成对儿童小学、中学以后的道德发展有长期的、重要的影响。如儿童是非观念的掌握对儿童入小学以后的道德行为、青少年的违法行为都有着直接的不可忽视的影响。如早期比较任性的孩子进入小学后会出现更多的行为问题。有个小学四年级的学生由于不辨是非发生了偷窃行为，其原因是听到同班一个同学告诉他，有个同学铅笔盒里有零用钱，并让他去拿，他就去拿了，然后和几个同学出去买零食。这位儿童正是由于缺乏是非观念，才会表现出问题行为。

进入青少年期，那些早期没有形成是非观念的青少年，一方面表现为自我中心，缺乏是非观念和道德观念，很难形成法制意识；另一方面，由于青少年时期同伴对其心理发展的影响会越来越大，他们与不良同伴接触后因为盲从而发生违法行为的可能性很大。这些孩子的自主性往往很差，对青少年违法行为的研究也证明了自主性对青少年违法行为的影响。20 世纪 90 年代中期以后，关于青少年违法行为与家庭关系的研究出现了一种新的趋势，研究者直接把关注的焦点集中于研究青少年自主性与青少年违法行为的关系，认为自主性的缺乏是青少年犯罪的重要因素。而从目前我国青少年犯罪的现状中可以发现，青少年犯罪的一个主要特征是团伙犯罪。在团伙犯罪中，除了个别主犯，其余多是从犯，而对于这些青少年来说，自主性的缺乏就是一个很重要的导致犯罪的因素。因此，有研究者曾经明确提出，青少年违法行为的预防应从家庭开始，即从儿童自主性的培养着手。

（三）学前儿童道德教育的内容

关于学前儿童道德教育的内容，有学者提出，学前儿童道德教育应包括基本文明习惯和行为规范的教育；初步的核心价值观教育；初步的集体主义和爱国主义教育。关于幼儿德育的总体内容目标，1996 年发布的《幼儿园工作规程》指出"幼儿园的品德教育应以情感教育和培养良好行为习惯为主，注重潜移默化的影响，并贯穿于幼儿生活以及各项活动之中"，其规定的幼儿园德育的主要目标是"萌发幼儿爱家乡、爱祖国、爱集体、爱劳动、爱科学的情感，培养诚实、自信、好问、友爱、勇敢、爱护公物、克服困难、讲礼貌、守纪律等良好的品德行为和习惯，以及活泼开朗的性格"。2001 年印发的《幼儿园教育指导纲要（试行）》（简称新《纲要》）则借鉴和参考新中国成立前我国幼儿教育的有益经验和国际幼儿教育的趋势，把幼儿教育内容相对划分为健康、语言、社会、科学、艺术等五大领域，将道德教育融入社会领域并正式行文确认。新《纲要》社会领域的目标是"能主动地参与各项活动，有自信心；乐意与人交往，学习互助、合作和分享，有同情心；理解并遵守日常生活中基本的社会行为规则；能努力做好力所能及的事，不怕困难，有初步的责任感；爱父母长辈、老师和同伴，爱集体、爱家乡、爱祖国"。可以看出，新《纲要》社会领域的教育目的与以往道德教育的目的的表述基本吻合，并以我与己、我与人、我与社会、我与自然为核心关系，回应新课程改革"知识与技能、过程与方法、情感态度价值观"三方面协调发展，培养"完整儿童"的教育理想。在社会领域目标中，关于儿童爱的教育、责任感的培养、遵守规则等均是属于道德教育的内容。《3～6 岁儿童学习与发展指南》也将道德教育的目标内容融入社会领域之中，强调要引导孩子遵守基本的行为规范，学会关心和尊重他人，爱父母长辈、爱家乡、爱祖国。

（四）学前儿童道德教育的原则

1. 尊重儿童，重视幼儿的主体价值

蒙台梭利曾指出，幼儿的成长究其根本是人类生命力的展示过程，生命中所固有的秩序感是人们形成纪律、养成道德的内在动力,如果我们希望幼儿表现出有纪律、有道德的行为,恰当的方法绝不是简单地限制生命力的展现,而是要让他们通过灵魂的自由来获得纪律、体会道德的价值。德性生长应当基于幼儿的自由生命,由内而外的散发。因为,道德教育从根本上讲是为使人成为人,肯定自己,完善自己,提升个体的生存价值和生命质量,使之成为自主、自由的道德主体,使人类的自由本性得以涌现,从而建立和谐的人际关系和生活秩序。学前儿童道德教育不是对儿童的约束和控制,而是应该尊重儿童,相信儿童,致力于帮助儿童体会德性的美好,形成自我完善、自我成长的动力。

2. 回归生活,在日常活动中潜移默化地对幼儿进行道德教育

人在本质上是一种关系中的存在,道德是人类的一种存在方式。幼儿作为社会共同体里的一员,通过生活拥有道德共识和基本道德规范,由此形成一种道德雏形,有助于恢复个人和社会的张力,削弱个人的社会离心倾向,消除道德分歧,达到社会整合。同时,杜威"教育即生活""学校即社会"的命题告诉我们:儿童为社会生活做准备的方式是积极参与而不是封闭与隔离。教育机构的道德教育应该根植于社会日常生活情境中,与社会生活实现无缝连接。基于此,幼儿德育努力从抽象空洞的说教中走出,向幼儿的生活世界回归,以幼儿的生活事件为主激发主体的内在动机和生命体验,让儿童在生活中孕育情感经验,提高道德能力。德育的过程就是生活的过程,生活是德育的生命之基,幼儿德育的时空向幼儿的整个生活开放,让儿童的道德生命得以"诗意地栖居"。总之,生活德育的理念既体现幼儿德育的当下性,也体现了其前瞻性。把幼儿德育融入幼儿日常生活的意义正在于,使幼儿的道德教育变得真切、亲近和具体起来。

3. 注重身教,重视教师的榜样示范作用

教师是幼儿的镜子,幼儿是教师的影子。幼儿对教师的高度崇拜心理,使他们对教师的各种行为表现都能认真地模仿和学习,可见教师对幼儿心理发展和品德形成的影响是非常大的。因此在幼儿德育工作中,教师一定要注意自己的示范性影响。俗语讲"其身正,不令而行;其身不正,虽令不从"。可见身教重于言教,教师的一言一行,都会潜移默化地影响和感染孩子。教师只有不断地加强自身修养,才能给幼儿以身示范的教育影响。

4. 与家庭教育密切配合

幼儿在家庭中的时间要多于在幼儿园的时间,由于父母与幼儿的亲情关系的影响,他们往往对来自家庭中的教育因素的影响接受得更快一些,更多一些。所以,要培养幼儿的优良品德和行为习惯,必须要有家庭教育的配合才能达到预期的教育目的。因此,幼儿园教师应该与家长保持经常性的联系,教师首先要了解幼儿在家庭中的活动与表现,掌握幼儿在家庭中思想品德变化的情况,以便采取有效的教育措施。同时,教师还应向家长介绍幼儿在园内的学习情况和表现,宣传幼儿园的教育主张和对幼儿品德教育的要求,促使家长能够按照幼儿园的教育要求在家庭中对幼儿进行品德教育,才能使幼儿

园德育工作产生实效。

（五）学前儿童道德教育的方法

1. 游戏法

游戏是幼儿的基本活动，幼儿的全部生活内容只有一项：游戏。他们甚至把洗澡、吃饭、睡觉等都归入游戏王国中。他们通过游戏认识世界，认识生活准则，形成道德规范。尤其是角色扮演的游戏，幼儿通过扮演角色，学习遵循社会的角色要求去分析问题、处理问题、体验情感，并通过及时的反馈，了解别人的需求和感受，从而更好地掌握与角色相适应的行为及道德规范。

运用游戏法进行道德教育时，要注意以下问题：首先，要重视儿童的已有经验。儿童的游戏是对现实生活的模仿和再现，因此，游戏涉及的内容要贴近儿童的生活，是儿童易于理解的，这样孩子才能有更深入的体会和感受。其次，要注重儿童在游戏中的情绪体验。例如在扮演游戏中，让儿童充分体验角色的需求和感受，才能使其萌发关心、帮助别人的情感。第三，要及时引导幼儿就游戏中出现的问题进行分析、讨论。在游戏出现问题的时候，老师不能一味地批评教育孩子，而要引导孩子思考，为什么会这样？应该怎样做才会更好？使其逐渐明白做人、做事的道理。第四，要注意引导孩子将游戏情境中的行为及道德规范迁移到日常生活中来，使其在日常生活中也能表现正确的道德观念和行为。游戏源于生活，最终还要回归生活。当孩子在游戏中明白道理后，老师要及时引导孩子思考在现实生活中该如何做，并在一日生活环节中注意提醒幼儿。

2. 移情训练法

移情又叫感情移入，它是指一个人设身处地地站在别人的位置去理解他人的情感、需要及活动。儿童情绪、情感发展的主要特点之一是其情绪的易感染性，儿童只有设身处地理解了他人的情感和需要，才会真正关心和尊重他人，才能发自内心去爱。因此，移情能力的发展是培养儿童良好的道德品质至关重要的因素。移情训练法是指教师或家长通过儿童的现实生活事件或通过讲故事、情境表演等方式，引导儿童设身处地站在别人的位置考虑问题，使儿童理解和分享他人的情绪、情感体验，从而产生与他人情感共鸣的过程。这是一种培养儿童爱心，养成良好行为的有效方法。移情训练的途径很多，主要有讲故事、编故事、生活情绪体验、情境表演等。例如续编故事，让儿童在编故事的过程中去理解和体验故事主人公的情感和心态。又如情境演示，是把社会生活中某些场景状态展现给儿童，如"看望爷爷奶奶""做客"等内容让儿童尝试表演出来。这些情境表演让儿童从别人的角度去体验他人的情绪、情感，又是发生在儿童身边的事，因此，它具有一定的感染力，易于让儿童理解和接受。

运用移情训练法需要注意几点：第一，创设的情境应来自于儿童熟悉的社会生活，符合孩子年龄特点，是孩子能理解的，这样儿童才能产生移情；第二，移情训练一定要创设情境和氛围引导幼儿进入角色，通过换位去体验、感受、理解他人的情感需要，最终唤起儿童的情感共鸣;第三,移情训练中,要多创造机会,让孩子尝试体验不同的角色身份,训练他们对各种不同人物的移情,扩大移情的范围对象;第四,移情训练应与行为训练相结合,回到儿童的现实生活,将移情训练中产生的经验迁移到现实生活中来,促其在生活中形成良好的行为习惯和待人处世的态度。

3. 价值澄清法

价值澄清是美国心理学家、教育学家路易斯·拉斯教授在对传统的价值观教学法进行研究分析的基础上,提出的一种新的价值观教育法。他认为,在纷繁复杂的社会中,会出现家庭、学校传授的各种道德行为规范与儿童所见所闻相背离的社会现象,尤其是在现代多元价值的社会,不断变化的各种刺激会导致儿童价值观的混乱,只有通过儿童心理内部价值澄清,才能建立自己清晰的价值观和恰当的生活方式。

儿童的道德价值观是指儿童在日常生活中,通过与周围人和事的接触逐渐形成的比较稳定的待人处世的态度。儿童的道德价值观形成是儿童道德发展核心而重要的部分,当道德认知内化为比较稳定的道德价值观,儿童才会自觉地约束自己的行为使之符合社会道德要求。它是儿童通过内部心理活动进行价值选择、价值确定,然后付之于外部行动的过程。在价值澄清时,一般有七个评价步骤:让儿童自由选择价值;让儿童从尽可能多的选择内容中选择价值;让儿童对各种选择过程及其后果三思后再作选择;让儿童珍惜和重视自己的选择;让儿童公开表示自己的选择,并求得大家的认可;让儿童根据自己的选择采取适宜行动;让儿童重复根据自己所采取的行动,使之成为个人的生活方式。这种理论强调,儿童价值观的建立是通过儿童自己的内部心理活动、内心情感体验,进而进行意志行动的过程。这是一个由内到外、思想言行一致的儿童主动建构价值的过程。它重视儿童价值行为表现在公众场合与个人独自时,都能保持一致。

价值澄清法通常在幼儿园有两种常用的具体教育方法:

(1) 澄清应答法

澄清应答法是指教师通过与儿童的交谈引起儿童的思考,在相互的交流中不知不觉地让儿童进行内省,进行价值评价的方法。它是价值澄清中最基本最灵活的方法。例如,一次一位孩子在自由活动时说他喜欢拼插,教师听到后立即抓住机会与他交谈。

教师:你到底喜欢拼插什么呢?

幼儿:嗯——,让我想想,我也想不起来,但是,我就是很喜欢拼插。

教师:那你刚才做的一些作品,是不是用拼插的方法做的呢?

幼儿:不是。

教师:好,谢谢你,你接着玩,我去那边看看。

这种交谈时间很短,教师适时地把握住了教育时机,交谈虽然很快结束了,但是留下儿童一个人去回味刚才谈话的内容,留下了深刻的印象,这种短论,比长篇大论效果要好。教师走后,儿童可能自己会想一想,"我到底喜欢拼插什么呢? 我为什么不做一些拼插的作品呢?"儿童的这些思考对他们的价值观澄清是有帮助的。

（2）价值表决法

价值表决法是指教师事先撰写一系列儿童关心的问题，让全体儿童一起来表示自己意见的一种方法。例如，围绕培养儿童"独立解决问题"的能力，教师可以设计一些价值判断题：当小朋友拿走了你最心爱的玩具，怎么办? 你想玩秋千，可别的小朋友正在玩，你怎么办? 别的小朋友把你搭的积木不小心碰倒了，你怎么办? 等等。价值表决法的目的是通过向儿童提供公开自己价值观的机会，让儿童获得他对自己价值的态度。运用时要注意，每次让儿童表决的问题不要太多，要面向全体儿童，让每一个孩子都有机会表决。①

案例 5-1 >>>

价值澄清理念引导下的活动设计②

设计思路

玩具是孩子们永恒的话题，他们喜欢各式各样的玩具，围绕着"玩具是否能带入幼儿园"，孩子们产生了不同的观点：一些幼儿认为可以把家里的玩具带到幼儿园来，而另外一些幼儿则认为不可以，双方争论不休。教师以此为契机，设计了"小小辩论赛"活动，围绕"玩具是否可以带到幼儿园"，引导幼儿大胆表达自己的想法和意见，并在此基础上培养幼儿倾听、互助、合作、分享等能力，促进社会性的发展。

活动目标

1. 能感受与别人交流沟通的乐趣，积极大胆地表达自己的真实想法。

2. 能围绕自己的观点，用清晰的语言说出自己的理由，并能专心地倾听，学习有针对性地反驳。

3. 能与同伴共同商讨解决问题的方法，懂得接纳别人好的意见。

活动准备

1. 知识经验准备：看过辩论赛，知道什么是辩论。

2. 环境材料准备：座位按红队和绿队分成两组，分别贴上代表各组观点的字条"玩具可以带到幼儿园""玩具不能带到幼儿园"，自制"最佳辩论手"奖牌。

活动过程

一、引出话题

1. 老师就"一些孩子提出想把自己的玩具带到幼儿园"这件事，以商量的口吻征求幼儿意见，提出讨论主题：自己的玩具能否带到幼儿园?

---

① 周梅林.学前儿童社会教育活动指导(第二版)[M].上海:复旦大学出版社,2012.
② 殷洁,杨晓萍,周丽.价值澄清理念引导下的活动设计[J].早期教育,2004(7月·上半月).

2. 幼儿自由讨论发表意见。

二、鼓励幼儿与同伴交流

1. 以辩论的形式,为幼儿提供交流沟通的机会。

2. 幼儿按自己的观点分别组成红队和绿队。

3. 幼儿明确自己观点和参与辩论的规则。

4. 开展辩论:

(1) 鼓励双方幼儿充分发表自己的见解,阐明自己的观点。

(2) 老师引导幼儿能有针对性地说出反驳别人的理由。

三、鼓励幼儿推选出"最佳辩论手"

提问:你觉得谁是最佳辩论手?为什么?引导幼儿明白怎样才是一个好的辩论手,鼓励幼儿善于肯定别人的优点。

四、引导幼儿从对立的双方转变成合作的双方,共同协商解决问题

1. 引导幼儿产生与同伴商量解决问题的愿望,让幼儿学会接纳别人好的意见。

2. 鼓励幼儿共同商讨解决问题的办法。

(1) 建议在班上设立定期的玩具分享日。

(2) 引出新话题:共同制定"玩具分享日"的规则。鼓励幼儿结合辩论时大家提出的各种正确理由,商讨制定活动规则。

(3) 与同伴自由交谈在"玩具分享日"自己的打算。

[评析]　在价值澄清理念下,幼儿园社会课程内容选择的是"小小辩论赛"活动设计,充分体现了从价值澄清视野中选择课程内容的理念。活动内容源于幼儿的生活,把生活中幼儿的实际需要与社会教育相联系,让幼儿利用"理性思考"和情绪体验来审查自己的行为,并同别人进行价值观念的交流,根据自己的价值思考选择行事。教师的作用在于设计各种活动,运用各种方法与技术去诱发幼儿坦诚、思考、体验和实现某种价值观,并根据活动的实际情况不断调整计划。

4. 积极暗示法

积极暗示法就是给予孩子积极的心理暗示,相信孩子能做到,相信孩子能做好。苏霍姆林斯基说:"任何一种教育现象,孩子在其中越少感觉到教育者的意图,他的教育效果越大。"暗示教育法总是从积极的方面肯定孩子,信任孩子,因此,能融洽教育者与被教育者的关系,避免受教育者产生逆反心理,促使幼儿主动、积极发展。归纳起来暗示法有以下几种好处:①易接受性。孩子从小不喜欢"赤裸裸"的教育形式,不愿老处在受教育、受管制的地位。②暗示法使他们感到平等,受到尊重,暗示手段使孩子感到愉快、轻松。如丰富的面部表情、生动的语言、具体感人的情景,易使孩子接受、消化,并使其变为自己的行动。③通过暗示手段,使幼儿在道德认识、情感意志、行为等方面都得到发展。暗示

的方法包括语言的暗示、榜样的暗示等。对幼儿影响最大的暗示就是体态手势和表情。如孩子爱说话，大人噘噘嘴；孩子做小动作，成人招招手；孩子打瞌睡，成人敲敲桌子等，都能帮助孩子克服缺点。

5. 行为练习法

行为练习法是指教师在幼儿道德教育过程中，引导幼儿按正确的道德准则规范自己的行为，通过参加各种活动和交往受到实际锻炼，以形成儿童良好的社会行为习惯的方法。这种方法是形成和巩固幼儿道德行为最有效的方法。

行为练习的方式是多种多样的：可以是教师人为创设的情景进行练习；也可以是教师组织的多种实践活动练习，如各种劳动、社会活动、整理玩具、值日生等；还可以是通过各种生活情景中教师组织的儿童行为练习，如来园和离园的礼貌行为练习、用餐时的餐桌礼仪练习等。

运用行为练习法时，应注意以下问题：

第一，练习前要明确行为练习的目的和要求，要有周密的计划。开展什么活动，受到哪些锻炼，训练哪方面的道德行为，事先都要有详细的计划，做好相关的准备和安排。

第二，不能强迫孩子练习，而是要引导孩子，让孩子认识到为什么要这样做，充分尊重和发挥幼儿的主动性和积极性，使儿童成为行为练习的主人，不是老师让他练习或是被迫练习，而是他自己认为要这样做，这样的孩子才能在练习中体验到快乐，这样的练习才有效果。

第三，行为练习一定要循序渐进，要适合每个幼儿已有的经验和发展水平，不可操之过急，给孩子提过高的要求，练习的内容应是孩子能做到的。

第四，行为练习一定要持之以恒。良好行为习惯的养成不是一次两次练习就可达到的，因此，一旦开始练习某种道德行为，就要坚持，要注意在各种不同的活动中、不同的生活情景中加以练习，使幼儿形成习惯。

第二节　学前儿童亲社会行为的发展与教育

引导案例 5-2

"分我一个苹果"

3 岁的童童手上拿着两个苹果，老师逗她说："童童，把苹果分给我一个好吗？"她很爽快地给了老师，然后一直注意老师接下来怎么做。过一会儿，她见老师仍没把苹果还给她，就说："给我！"老师说："你刚才不是已经答应送给我了吗？为什么现在又不给我吃了？"童童始终是两个字的回答："给我！"

思考:1. 童童的表现说明这个年龄阶段幼儿的分享行为具有什么样的特点?

　　　2. 面对儿童这样的行为,教师应该怎么办?

一、学前儿童亲社会行为的发展

(一) 什么是亲社会行为

亲社会行为是指人们在社会交往中所表现出来的谦让、帮助、合作和共享等有利于别人和社会的行为。它是指包括利他行为和助人行为在内的一切对社会有积极作用的行为。从对他人和社会有益的社会效果看,这两种行为的含义是一样的。但从动机看,分属不同层次和水平,其中利他行为是高层次的亲社会行为。因为利他行为是人们出于自愿的亲社会行为,它并不企图得到任何报酬或奖赏。亲社会行为是人与人之间形成和维持良好关系的重要基础,是一种积极的社会行为。它受到人类社会的肯定和鼓励。儿童亲社会行为的产生和发展是同他们的道德行为的产生和发展相一致的。亲社会行为发展成为儿童的心理品质的过程,就是儿童道德认识水平提高,道德情感日益丰富,在活动中有效地掌握帮助别人的知识、技能及锻炼意志的过程。

(二) 亲社会行为发展的理论

亲社会行为是先天的还是习得的? 在这个问题上,不同理论流派的观点不同。进化心理学家认为,亲社会性是人性的基本成分之一,它具有前适应和基因编程的特性,这些特性有助于种族的延续。相比而言,精神分析和社会学习流派则认为,儿童的亲社会倾向不是来自个体的基因或进化史,而是来自社会经验的积累,也就是说,亲社会性是习得的。认知发展理论家当然同意后一种观点。不过,他们进一步指出,儿童亲社会行为的方式和多少,在一定程度上取决于个体的智力发展水平。

1. 生物学流派的亲社会发展理论

1965 年,唐纳德·坎贝尔(Donald Thomas Campbell, 1965)指出,利他性在一定程度上是本能的。它是人性的一种基本成分。他的观点基于这样一种假设:无论人还是动物,个体如果生活在合作性的社会单元中,就更可能远离天敌的威胁,更好地满足基本的生存需要。如果这一假设正确,那么合作性、利他的个体将更可能存活下来,把"利他的基因"传给下一代。因此,数千年的进化过程更有利于先天的亲社会动机的发展。

那么,人类是怎样进化成具有亲社会倾向的物种的呢? 马丁·L. 霍夫曼(M. L. Hoffman, 1981; 2001)认为,移情的能力即我们被别人的情绪所激发,并能感同身受地体验别人情绪的能力,是利他倾向的生物基础。霍夫曼提出这样一个问题:如果不是因为具有分享他人情感、体验他人痛苦的能力,难道人还有别的理由置自私的动机于不顾,而去帮助他人或不去伤害他人吗? 移情是一种受基因影响的特性,一个人的移情敏感性与其亲社会行为之间的关系非常明显。不过移情易受环境的影响,并随儿童生长的社会环境的变化得到促进或抑制。

2. 社会学习理论与亲社会行为发展

班杜拉的社会学习理论是阐明人怎样在社会环境中学习,从而形成和发展他的个性的理论。班杜拉将社会学习分为直接学习和观察学习两种形式,并指出观察学习在人类学习中占有十分重要的地位,尤其在青少年儿童的学习中,观察学习的地位就更为重要。其核心观点是,人们会重复那些得到强化的行为,而避免重复那些要付出代价或受到惩罚的行为。虽然利他行为不一定伴有明显的报偿,但利他性仍然可能是社会学习和强化的结果。儿童习得亲社会行为有以下三种可能的方式:

第一种是减轻痛苦。人们所具有的移情能力可能有助于解释,在没有明显的报偿来维持助人行为的情境中,我们为什么仍然会帮助别人,安慰别人,与别人分享。例如,一个对遭受痛苦的受害者产生移情、感同身受地体验受害者痛苦的人,会从过去的经验中了解到,如果他帮助或安慰受害者,不仅能减轻受害者的痛苦,也能减轻他自己的痛苦。因此,表面上看来,亲社会反应可能是一种自我牺牲,但实际上,由于亲社会行为能使助人者感觉变好,或减轻移情给助人者带来的痛苦,从而使助人者受到强化。

第二种是受到奖赏。社会学习理论者认为,如果父母和老师经常宣扬亲社会的美德,赞赏那些表现亲社会行为的孩子,以后当孩子以亲社会的方式行动时,就会产生良好的感觉。这样,亲社会行为就成为一种自我强化。

第三种是通过观察学会利他。阿尔波特认为,对儿童的亲社会性倾向产生最普遍而深刻的影响是他人的行为,即他们接触的社会榜样。那些目睹了利他榜样的好行为的儿童,常常具有更强的亲社会倾向,甚至在榜样行为需要个人付出代价而且得不到什么好处时,也是如此。

3. 认知理论与亲社会行为发展

认知发展理论与社会信息加工理论都认为,合作、分享、安慰、主动帮助别人之类的亲社会行为在儿童期表现得越来越明显,这是因为,随着儿童的智力发展,他们也会获得重要的认知技能,这同时影响到他们对亲社会问题的推理和利他行为的动机。

认知理论家指出,亲社会性的发展可分为四个大的阶段。第一阶段,学步儿看到他人的痛苦时,通常自己也因此感到不安(也就是能够移情),有时也会试着安慰正在痛苦中的同伴。第二阶段与皮亚杰的前运算期(3~6岁)大致对应。此时,幼儿仍然是自我中心的,对别人有利的行为也可以给自己带来好处,那么这些行为就被认为值得做。第三阶段发生在儿童中期到青少年期(相当于皮亚杰形式运算阶段)。此时儿童的自我中心倾向越来越弱,具有重要意义的角色承担技能逐渐形成,开始关注别人的合理需要,并将其作为亲社会行为的理由。在这一时期,儿童开始认为,大多数人认可的好行为就是"好的",就应该去做。同样在这一阶段,移情或同情对利他性的发展发挥了重要作用。第四阶段出现在青少年期。这时,达到形式运算水平的青少年已能理解并认同抽象的亲社会规范,社会责任规则或黄金规则之类的普遍原则。这些原则将:鼓励他们把友好行为推到更多需要帮助的人身上;激发他们把亲社会行为当作个人责任,如果他们漠视自己的义务,就会产生自责或内疚感。

倾向认知理论的多数研究者探讨的是特定的认知技能(如角色承担)与儿童亲社会行为之间的关系,很少有人去考察亲社会行为的发展阶段。南希·艾森伯格与她的同事曾研究了儿童对亲社会问题的推理随年龄而发生的变化。她们设计了亲社会两难情境来研究儿童的亲社会推理,从对学前、学龄儿童的亲社会道德推理中,得出了儿童亲社会推理的阶段模式:①享乐主义、自我关注的取向(从帮助中受益或因为喜欢而认同对方);②他人需要的取向(其他人的身心、物质需要,如"他要面包""他很悲伤");③赞许和人际关系、刻板的取向(他人的表扬和接受,有关好人或坏人的刻板印象);④自我投射的、移情的取向(对别人的同情关心,设身处地为他人着想);⑤内化的法律、规范和价值观的取向(内化了的法律、职责,或坚持法律、接受规范价值观)。研究发现,享乐主义推理的使用随着年龄增长到青少年而减少,然后又有点增加(主要为男孩)。需要取向的推理、直接对等的推理和赞许、刻板的推理,随年龄增长到儿童中期或青少年早期,然后减少。Tietjen 把亲社会道德两难情境改编为适合小规模的、传统的、集体主义取向的社会成员,对巴布亚新几内亚社会中的儿童和成人的亲社会推理进行研究,结果发现儿童亲社会推理的发展方向是对别人移情的关心,而不是内化的法律、规范和价值观的取向,亲社会推理的发展和道德推理的发展一样,都是对实际社会生活情境作出的适应性反应。

延伸阅读 5-4 >>>

玛丽应该怎么办

这是南希·艾森伯格和她的合作者向儿童呈现的一个两难故事:一天,一个叫玛丽的女孩要去参加朋友的生日晚会。在路上,她看到一个女孩摔倒在地上,把腿摔伤了。这个女孩要玛丽去她家叫她的父母来带她去医院。但是,如果玛丽这样做,她就不能准时参加朋友的生日晚会,就会错过吃冰淇淋、蛋糕和玩各种游戏的机会。玛丽应该怎么办?

在研究中,学前儿童的反应常常是自私的:他们认为,玛丽应该去参加晚会,以免错过有趣的游戏。但是,随着儿童日渐成熟,他们对别人的需要和愿望的反应性也日渐增强,一些高中生感到,如果他们一味追求私利而无视需要帮助的人,他们都无法再尊重自己。

[资料来源:[美]戴维·谢弗.社会性与人格发展(第5版)[M].陈会昌,译.北京:人民邮电出版社,2012.]

(三)学前儿童亲社会行为的发展

远在接受正规的道德或宗教训练之前,儿童就能表现出与年长者类似的亲社会行为。例如,12~18个月的孩子有时会把玩具送给他们的同伴,甚至能帮父母干一些擦、扫之类的家务。

学步儿即能对同伴表现出同情行为。有研究者(Zahn-Waxler et al.，1992)让 13～25 个月学步儿的妈妈观察并记录孩子对别人痛苦的反应,结果发现,最小的学步儿出现最多的反应是自己也变得烦恼,转身离开伤心的同伴。如果一个 12～18 个月的学步儿确实认为需要给同伴一些安慰,那他更可能求助妈妈或其他成人去安慰同伴,而不是自己去安慰(Hoffman，2000)。但是到了 20～23 个月大时,学步儿更多地直接关心那些难过的同伴,常常是自己想办法安慰,虽然那并不是由他们引起的。

虽然 2～3 岁的儿童会对伤心的同伴表现出某种同情和怜悯,但他们并不急着作出真正的自我牺牲行为,比如与同伴分享一件珍贵玩具。3 岁以后,大部分幼儿已经萌发了分享的意识,但其认知和行为严重脱节,幼儿在行为中还很难做到真正意义上的分享,有时候会出现答应分享又反悔的情况,或者跟别人分享的东西,又要求别人还给自己。如果成人指导儿童考虑别人的需要,那么儿童更可能表现出分享等友善行为。有时,一个孩子主动要求分享或发出某种威胁,也能诱发另一个孩子的分享行为,例如,"如果你不给我,我就不跟你玩了"。有一项在幼儿园进行的观察研究发现,2.5～3.5 岁的儿童总是乐于在假装游戏中表演对别人友善的好行为。而 4～6 岁的儿童则更多表现出真实的助人行为,很少"假扮"利他主义者的角色。但就总体而言,为别人作出自发的自我牺牲行为在婴儿和学前儿童中还比较少见。

(四) 亲社会行为的影响因素

儿童的亲社会行为受诸多因素的影响,它是在生物因素和社会因素的共同作用下产生和发展的,同时,教育对儿童亲社会行为发展有重要的影响。

1. 个体因素

首先是遗传基础。在漫长的生物进化历程中,人类为了维持自身的生存和发展,逐渐形成了一些亲社会性的反应模式和行为倾向,如微笑、乐群性等。这些逐渐成为亲社会行为的遗传基础。

其次是气质差异。气质在个性的三个主要特征中,相对而言是与生物因素——高级神经活动类型相关最密切的。儿童从其出生之日起便开始与周围环境相互作用。父母和其他成人对他们的特别的抚育方式,也决定着他们自己在交往中采用的具体的行为方式。研究发展,"困难型"儿童往往在学前期表现出较高的焦虑和敌对性,容易成为攻击性较强的儿童。

第三是性别。目前一些研究证明,攻击性行为倾向与雄性激素的水平有关。不仅人类如此,在关于动物的研究中也发现,雄性动物在受到威胁或被激怒时,比雌性更容易发生攻击性行为。这可以在一定程度上解释男女儿童在攻击性上的性别差异。

第四是年龄。单纯的年龄增长并不能保证儿童的亲社会行为的增加。然而,一般来说,随着年龄的增长,儿童亲社会行为的能力是逐渐增加的。这与儿童随着年龄增长在社会认知、亲社会道德推理、移情及对责任的深入理解等方面的发展有密切的关系。

认知因素对儿童社会性行为发展有很大影响。它主要包括儿童对社会性行为的认识和对情境信息的识别等。当儿童认识到"打人给别人带来痛苦和伤心,是不应该的行为"之后,其攻击性行为则会受到一定的抑制。如果儿童在头脑里形成了一些稳定的利他观念,那么,当他们在面临分享或帮助的情境时,会毫不犹豫地提供帮助或把自己的东西分给其他儿童。

对情境信号的识别主要是指对交往事件的理解和对他人情绪感受的识别,即必须具有对他人是否需要帮助的知觉和认识的敏感性。在助人行为中,首先需要的是了解别人的困境,但年幼儿童由于认识水平的局限,较难识别一些较隐蔽的信号。皮埃尔(R. A. Pearl, 1979)研究了儿童对潜在困境线索的反应与亲社会行为的关系。他使用了一系列线索显现程度不同的小幅画片,图中人物面临潜在困难。线索明显时,4 岁与 8 岁儿童能同样了解并提供帮助。线索不明显时,4 岁儿童则较少发现问题和较少提供帮助。耶鲁(Yarrow,1981)等人的研究也发现较大儿童能更好地发现抽象的潜在线索,能理解现实情境以外的情感因素。这些结果表明,认知发展水平制约着亲社会行为的表现。还有研究发现,情绪状态对社会性行为也有一定的影响。一般来说,愉快的心境、轻松的气氛有利于合作、分享行为的发生,而挫折感、焦虑与烦躁的气氛则容易诱发攻击性行为。

儿童的亲社会道德推理水平能预测他的行为,而前者会随着年龄的增长而不断成熟。

移情是影响亲社会行为的重要情感因素。儿童随着年龄的增长,在调整消极情绪和抑制因别人的不幸而产生的个人痛苦方面会做得更好,所以他们表现得更有同情心。一个人为帮助他人而作出牺牲的意愿,在很大程度上还取决于他对自己利他性的评价。

2. 环境因素

环境因素主要包括家庭、同伴和社会文化传统及大众传播媒介等。

家庭(父母)和同伴对儿童社会性行为的影响,主要是通过与儿童的交往而发生作用的。儿童的亲社会性行为,如分享、谦让、协商、帮助、友爱、尊敬长辈、关心他人等,就在与父母的交往中,在父母的要求和指导下逐渐形成与发展的。早期亲子交往的经验对儿童与他人包括同伴的交往也有极为明显的影响,甚至会影响到儿童成年以后的人际交往态度和行为。研究指出,婴儿最初的同伴交往行为,几乎都是来自于更早些时候与父母的交往。比如婴儿在对成人第一次微笑和发声等社会行为发生后的 2 个月,在同伴交往中才开始出现相同的行为,父母对儿童的行为、方式影响着儿童随后对同伴的态度和行为、方式。父母自身的榜样作用对儿童亲社会性发展影响甚大。愿意作出亲社会行为的儿童,通常他们的父母总是鼓励儿童利他,并亲身实践利他的主张。对表现出高度仁爱的成人进行的研究表明,这些"利他主义者"与其父母之间往往充满关心和挚爱,他们的父母也往往高度关注别人的幸福。例如,"二战"期间,冒着生命危险从纳粹铁腕下援救犹太人的基督教徒自我报告说,他们与道德高尚的父母(和其他密友)保持着亲密联系,这些父母和朋友也总是恪守着道德原则(London,1970;Oliner & Oliner,1988)。父母的管教行为也影响儿童亲社会性发展。研究表明,父母对孩子伤害别人行为的反应,对儿童利他性的发展具有重要影响。缺乏同情心的学步儿的母亲通常以惩罚或强制方式对儿童的伤害行为作出反应,富有同情心的学步儿的母亲则更多地使用非惩罚性的、表达对受害者同情的情感解释方法,她们劝导孩子为自己的错误承担责任,督促孩子去安慰或帮助受害者(Zahn-Waxler,Radke-Yarrow,1979;Zahn-Waxler,et al.,1992)。对较年长儿童进行的研究也发现了类似的结果:经常使用说理、非惩罚性教育方法的父母常常表现出对别人的同情和关心,通常能培养出富有同情心和自我牺牲精神的孩子;而经常使用强制和惩罚方法的父母则阻碍了孩子利他性的发展,而促进孩子自我中心价值观的发展(Eisengerg & Fabes,1998;Hastings,et al.,2000)。

社会文化传统对于儿童社会行为的影响主要体现在:不同的文化对利他性的认同和鼓励程度不同。如工业化水平较低的国家或地区,更多地鼓励儿童友好、合作、关心他人的社会行为;而工业化程度高或经济比较发达的国家和地区,则更多地鼓励人与人之间的竞争和个人的独立奋斗。这些不同文化传统对社会性行为的不同态度通过多种途径作用于发展中的儿童,并对其社会性行为产生影响。在一项有趣的跨文化研究中,比阿特利斯和怀廷(Beatrice & Whiting,1975)观察了肯尼亚、墨西哥、菲律宾、冲绳、印度和美国这六种文化背景中3~10岁儿童的利他行为。结果显示,非工业化社会中的儿童最具有利他性。在非工业社会中,人们往往居住在大家庭中,按照传统,儿童也要为家庭的吃穿用有所贡献,他们要准备一日三餐、砍柴、提水、照看弟妹。与那些以照顾自己(如清扫自己的房间)为主要责任的同龄儿童相比,被安排去做涉及全家人利益的家务的儿童会表现出较强的亲社会倾向。导致西方工业化国家的儿童利他性得分较低的另一个原因是,这些个人主义的社会非常强调竞争,强调个体而非集体的目标。相反,崇尚集体主义的社会则教育孩子要抑制个人主义,强调合作,为集体利益着想,避免人与人之间的冲突。

文化人类学家 M. 米德(1935),观察了新几内亚三个原始部落社会中人们的行为,发现不同的社会文化因素有不同影响,而在同一个文化圈内生活着的人们都具有共同的行为方式与人格倾向。例如,住在山地上的人,传统上一向和平相处,因此该地居民人与人之间很合作,性格温和,对人亲切;住在河岸的土人,由于传统上好斗、残酷,不论男女,其性格极为相似,因而当地居民也是相互攻击,不合作,占有欲很强。

大众传播媒介是社会传递文化和渗透道德价值观的主要途径。电影、电视、报刊、杂志等对儿童的社会性行为的性质和具体形式都具有重要的影响。莱弗科维兹(Lefkowitz M M,1972)等人曾对电视和儿童攻击性行为的关系作了细致的研究。他们对近900名研究对象作了跟踪探索,第一个研究发现,男被试在三年级观看暴力电视片的数量与当时由同伴评定的他们在教室中出现的攻击性行为有显著相关。这个相关结果以后又在另一城市的八年级男女学生作样本时得到重复。十年跟踪研究表明,男孩在三年级时所看攻击性行为的电视数量和19岁时由同伴评定的攻击性行为的等级有显著的相关。当然,电视节目对亲社会行为也有一定的促进作用,那些反映人与人之间互相关心、帮助和善良、关怀的故事及动画片,能为儿童学习和巩固亲社会行为提供直观、生动的示范,有助于儿童通过观察、模仿,习得亲社会行为。

3. 教育因素

良好的教育对于促进儿童亲社会行为发展起着十分重要的作用。对亲社会行为的强化是重要的教育途径。很多研究发现,由儿童尊敬的成人给予的言语强化能促进儿童的亲社会行为。小小的表扬也能起很大的作用,因为儿童希望按照他们喜欢和尊重的人制定的规则行事,伴随好行为而来的表扬意味着儿童实现了这个愿望。然而,那些因为表现出亲社会行为而受到实物奖励的儿童并不特别地利他。为什么呢?这是因为他们倾向于把自己的亲社会行为归因于为了获得奖励而不是因为关心别人的幸福。一旦没有了奖励,与那些没有获得过奖励的儿童相比,他们更不可能为了别人的利益而自我牺牲。利他的榜样作用对儿童亲社会行为影响很大。社会学习理论认为,鼓励利他并身体力行的成人对儿童的影响方式有两种:其一,通过利他行为,成人的榜样可以引导儿童表现出相似的友好行为;其二,成人不仅作出榜样行为,并且经常向儿童做有关利他的宣讲,帮助儿童内化责任规则等原则,从而促进儿童利他性的发展。

二、学前儿童亲社会行为的培养

(一) 创设有助于学前儿童亲社会行为发展的环境

创设良好的亲社会环境氛围,让幼儿在温暖、友好的环境中发展和成长,可以促进亲社会行为的培养。为幼儿创设良好的环境,可从以下几方面着手:

1. 成人应身体力行,为幼儿树立亲社会行为榜样

成人尤其是跟幼儿接触最多、对幼儿影响最大的父母和老师的观念与行为示范是影响幼儿亲社会行为发展的重要因素。因此,成人应反省自己的观念,反省自我行为的动机,并身体力行,为幼儿作出亲社会的行为榜样,经常向幼儿做有关亲社会价值观的分析,帮助儿童内化亲社会价值观,从而促进幼儿亲社会行为的发展。《3～6岁儿童学习与发展指南》中指出:"成人以身作则,以尊重、关心的态度对待自己的父母、长辈和其他人。"首先要为幼儿示范亲社会行为的态度。比如,教师可以跟幼儿一起讨论在某地发生的地震,表达对灾区人民的同情与关心,与幼儿一起商量可以为灾区人民做些什么。教师在言谈中表现出来的对他人的关切与同情,将有助于幼儿形成亲社会的态度。其次,

要为幼儿示范亲社会行为的多种形式。教师不仅可以运用分享、帮助、合作、安慰、救助别人的事例来说明这些行为的重要性,也要说明怎样实施这些行为。教师安慰一个伤心的小朋友,就是关于如何实施安慰行为的榜样示范。教师还可以与同事、幼儿协商合作完成一个任务,示范如何与他人合作。第三,要示范对他人的亲社会行为进行积极的回应的方法。不管你是否在与儿童或成人互动,也不管你是否想助人,积极的反应都能营造亲社会的环境。当别人包括幼儿为你提供帮助时,你要在脸上有愉快的表情,真诚地说"谢谢"。即使有时候幼儿为你提供的帮助并不是你愿意的,或者实质上并没有给你多大的帮助,但仍然不能把帮助你的儿童撇在一边。相反地,对他们的善意行为致谢并告诉他们你想自己来做,或者告诉他们怎样做才能更好地帮助你。这是为幼儿树立以恰当的方式接受帮助和回绝帮助的榜样,是让幼儿观察的重要的行为。

2. 构建和谐的人际关系氛围

幼儿的各种人际关系构成了其生活学习的人际环境,这种人际环境持久和深入地影响着他们的情绪、态度和行为。

培育良好的人际关系氛围,首先要营造温馨、有爱的精神环境,以温暖、支持、信任的方式对待幼儿。有研究者发现,对孩子温和、精心呵护的父母,表达积极情绪多于消极情绪的父母,其孩子的移情和亲社会倾向更明显。接受这种教养方式的儿童体验到的是积极、支持的家庭气氛,在这样的家庭中,儿童的情绪需要能得到满足。同样,良好的师幼互动关系会使幼儿更有安全感。这种情绪安全感有助于儿童克服从别人的不幸中体验到的任何焦虑,使他们倾向于把自己的移情唤醒解释为同情而不是个人的痛苦,因而有助于其亲社会行为的发展。其次,培育良好的人际关系氛围,还要注意加强与幼儿的沟通,采用尊重、民主的方式教育引导孩子。当孩子没有如成人所愿做出分享、合作、安慰、助人等亲社会行为时,不要粗暴地批评孩子,更不能强迫孩子按照大人的意愿作出亲社会的行为,可以跟孩子多沟通,了解孩子的感受、想法和需要,尊重孩子的人格,做到理解、接纳、宽容,相信幼儿,给予幼儿成长的空间,切忌急躁。引导幼儿理解、体会他人的感受,分析幼儿的行为对别人的影响,不仅让孩子知道什么该做,什么不该做,而且明白为什么要这么做。最重要的是要引导幼儿体会、感受亲社会行为给他人、自己带来的快乐,不仅使孩子明白该怎么做,而且乐意去做,愉快地去做。进而使孩子相信,他也能成为"富有同情心"或"乐于助人"的人,从而形成亲社会的自我概念。

(二) 开展亲社会教育活动

在幼儿园开展亲社会教育活动包括专门的亲社会教育主题活动和在其他活动中渗透的亲社会教育活动。专门的亲社会教育主题活动可以是综合性的亲社会教育主题活动,也可以是以某个方面亲社会品质的培养为主的主题性活动;在其他活动中渗透的亲社会教育活动包括:在其他领域活动中渗透亲社会教育、通过游戏活动开展亲社会教育、在区域活动中渗透亲社会教育等途径和方式。

（1）专门的亲社会教育活动

专门的亲社会主题教育活动是有计划、有准备、有针对性地，以培养幼儿亲社会品质为主要目标的主题活动，包括综合性亲社会教育主题活动和有针对性地培养某方面亲社会品质的主题活动。前者选取与幼儿生活贴近的、幼儿感兴趣的主题，在主题活动中综合地培养幼儿亲社会品质。例如，小班主题活动"开心农场"，将培养幼儿同情、关心、分享、助人等品质作为主题活动的目标，属于综合性亲社会主题教育活动。专门的亲社会主题教育活动的另一种常见的形式是针对幼儿的年龄发展特点及普遍性的问题，以培养某方面亲社会品质作为主题的教育活动。例如，针对孩子不愿意与人分享的问题，专门开展"分享真快乐"的主题活动；针对孩子普遍不能体会他人感受、不懂得关心他人的情况，开展"我会关心你"的亲社会主题活动。

专门的亲社会教育主题活动的组织指导应注意以下问题：

第一，要明确亲社会教育主题活动的目标，即教师在设计和组织主题活动时应明确在本次主题活动中希望孩子理解的亲社会价值观是什么，希望孩子掌握的亲社会技能是什么。

第二，要思考呈现给幼儿的亲社会行为的多种不同方式。呈现给幼儿亲社会行为的方式很多，可以通过读或讲有关亲社会主题的故事，可以通过运用布偶、布娃娃或喜剧人物戏剧性地展现亲社会情境，还可以分角色扮演亲社会情节，主题可能包括怎样寻求帮助或合作，如何决定提供帮助或合作是必要的，确定何种形式的帮助或合作最有效，以及怎样拒绝不想要的帮助，等等。

第三，要注重幼儿的体验与感受，尽可能鼓励幼儿积极参与到活动中来。积极参与的教学方式是最有效的，因为儿童只有积极参与到活动中来，才能有深切的体验与感受，才能有效地提高其亲社会情感与技能。

案例 5-2 >>>

分 享 陶 土

目标

帮助儿童学习分享

材料

一块 2 磅（1 磅＝0.454 千克）的陶土，一张桌子，五把椅子（一把给成人，四把给儿童），一把塑料小刀，一段 12 英寸（1 英寸＝2.54 厘米）的线。

程序

1. 将整块陶土放在桌子的中央。

2. 用一只手压着陶土，说："我有一大块陶土，四个小朋友都想用。告诉我怎样才能使每个小朋友都有机会得到它。"

3. 听听儿童的主意,引出每个儿童的意见。

4. 向小组澄清每个儿童的观点。接着问:"你认为这个建议怎么样?"

5. 在整个过程中要保持公正。不要对任何小朋友的想法表示不赞成,不要在乎内容。

6. 需要的时候提醒儿童,玩陶土的第一步是决定如何做才能使每个人都有机会分得陶土。

7. 如果儿童陷入困境,重申一遍与帮助有关的事实和原则。

8. 对成功解决问题的方法进行采纳。

9. 表扬儿童。

10. 实施那些达成一致的方法。

[评析] 对儿童亲社会行为的培养可以在专门的社会教育活动中进行,也可以在幼儿的一日生活或其他领域教育活动中渗透进行。分享陶土这一活动是直接地以培养儿童的分享行为为目标的专题活动,指向明确,有助于达到教师的预期目标。

(2) 在其他活动中渗透亲社会教育活动

除开展专门的亲社会教育活动之外,还可以在其他领域活动、游戏活动及区域活动等其他活动中渗透亲社会教育活动。

可以在语言领域活动中以亲社会主题绘本的形式开展亲社会教育活动,也可以在科学活动、体育活动、艺术活动等领域活动中有意识地培养孩子合作、助人等亲社会技能,如在体育活动中设计"两人三足"、艺术活动中组织集体壁画创作等内容。

游戏活动是实施亲社会教育的重要途径,尤其是角色游戏、表演游戏,对于培养孩子的移情能力、提高其角色承担技能等十分重要。还可以将传统的竞争游戏改编成团体合作游戏,以培养儿童合作的能力。

区域活动对于促进幼儿亲社会行为的发展也可以发挥重要的作用。在区域大小、空间分隔、区域操作台的大小及位置摆放、区域材料投放等均考虑到孩子的分享、合作、互助的需要;区域活动规则设置也可让幼儿参与,对于区域活动中出现的冲突、争抢等问题可引导幼儿自己解决,培养幼儿的移情能力,提高其观点采择技能,学会安慰、合作、互助等。

(三) 在一日生活中训练相关的亲社会行为

在一日生活的各个环节中,可以利用自然的情境在现场进行相关亲社会行为的训练,并在日常生活中为幼儿提供练习的机会。

在一日生活中的现场指导要注意以下问题:

1. 要注意把握好介入的时机

现场指导注重的是在儿童难以为继的情况下提供帮助。如果儿童能够自己解决问题,教师的介入可能会阻碍儿童的发展。因此,在没有危险发生的情况下,教师要学会等待,只有在确实需要介入的时候才介入。即使有时候孩子在解决问题的时候遇到困难,也要先引导孩子思考解决的办法,鼓励孩子自己解决。

2. 要善于发现幼儿的闪光点,以积极正面引导为主

在一日生活中,教师要仔细观察孩子。当他们表现出为别人考虑、试图帮助别人或者帮忙使劲的时候,哪怕只有一点点,都要及时给予肯定。如果一个孩子刚刚跟同伴打完架,却又帮助另一个孩子修理好他的玩具,还会安慰一个哭泣的小妹妹,后两种行为说明他开始学着替别人着想了,老师应该及时关注和肯定他的积极行为,而忽略他的消极行为。

3. 要以亲社会行为技能为指导重点

在为孩子进行现场亲社会行为指导时,重点不应该是跟孩子讲很多道理,而是提高其亲社会行为技能。孩子很多时候不是不想做,而是不知道在特定情境下该如何行动。亲社会行为技能指导包括以下内容:

(1) 使儿童认识到有人需要他们的帮助或合作。有些时候,儿童不能识别处于困境中的人需要帮助或合作的信号。这时,可以通过提供相关的信息来帮他们了解目前的情境。如果小安看到琪琪正吃力地提一块大木板,老师可以说:"看琪琪,她多吃力呀,看起来她需要别人的帮助。"同样,如果有儿童在外面喊同伴的名字,而几个小朋友正在讲笑话,笑声很大,很难听清楚喊的是谁的名字。结果是,那些想听清楚的小朋友就会朝那些讲笑话的小朋友喊"小点声"或"闭嘴"。喊这样的话很容易被直接相关的人所误解,或被看作是一种挑衅。这时,老师可以跟他们说:"你们笑声太大了,别人很难听清楚什么。他们只是想让你们配合一下小点声。"

(2) 教儿童在可能需要别人帮助或合作时发出适当的信号。在上面的案例中,想让同伴安静下来的小朋友使用了适得其反的敌对策略。如果他们能懂得如何发出适当的信号会更好。这时,老师可以跟他们说:"当你们朝他们大声喊的时候,只能让他们变得更大声。如果能走到跟前告诉他们,你们为什么想请他们保持安静会更好一些。"对于幼儿园的小朋友,直接的建议会更有效,要让孩子知道应该如何说、如何做才会让其他人明白自己的意图。

(3) 与儿童讨论在什么情况下决定助人或合作,在什么情境下最好不合作。有时,儿童认识到别人需要他们的帮助或合作,但不知道下一步该做什么。这时老师可以这样跟孩子说,"小米看起来需要你的帮助,我们去帮她一起抬这个大筐吧"或"小贝想让我们一起做这个项目,我们得决定是否跟他一起做"。与幼儿一起讨论,哪些是不适当的行为,是不能合作的,其中包括伤害人或物品的情况或一些破坏道德准则的情况,如在墙上乱涂乱画、在滑梯上拦住别人等。

(4) 帮助儿童决定在特定的情境中选择哪种帮助或合作形式。当儿童决定要去帮助

人或与人合作时,他们还需要知道如何以合适的方式去做。在这种情况下,老师需要给孩子提示信息。如孩子想去安慰人却又不知道该如何做时,老师可以说:"有时,当人们不高兴时,如果有人拥抱他们一下,或跟他们说些开心的事情,会让他们感觉好多了。"或当孩子看到他的伙伴怎么也没法帮娃娃穿好衣服想去帮忙的时候,老师可以说:"大卫想帮娃娃穿上衣服,但他套不上去,如果你能帮他抱住娃娃,可能就能成功。"或者当孩子想要玩同伴的玩具,却未能得到对方同意时,老师可以与他一起讨论使用何种分享的策略,如轮流、平分、寻找替代物或妥协等。

本 章 小 结

学前儿童品德与亲社会行为的发展是其社会性发展的重要组成部分。学前儿童道德发展是指作为一种个体现象的学前儿童道德品质即品德的形成和发展过程,它是个体社会化的重要内容。当前,关于儿童道德发展研究比较有影响的理论流派有皮亚杰的道德认知发展阶段论、科尔伯格的儿童道德发展三水平六阶段论等。学前儿童道德发展的内容包含了学前儿童道德认知的发展、道德情感的发展、道德意志的发展和道德行为的发展。学前儿童道德教育是根据学前儿童身心发展的特点和实际情况,对其实施的品德教育。尊重儿童、回归生活、榜样示范、家园配合是实施道德教育的基本原则。可综合运用游戏法、移情训练法、价值澄清法、积极暗示法、行为练习法等多种方法开展幼儿品德教育活动。

亲社会行为是指一切有利于他人和社会的行为。一般亲社会行为可以分为利他行为和助人行为。不同理论流派对儿童亲社会行为发展有不同的看法:进化心理学家认为,亲社会性是人性的基本成分之一;精神分析和社会学习流派则认为,儿童的亲社会倾向来自社会经验的积累;认知发展理论家进一步指出,儿童亲社会行为的方式和多少,在一定程度上取决于个体的智力发展水平。亲社会行为发展受个体因素、环境因素和教育因素的影响,环境因素主要包括家庭、同伴和社会文化传统及大众传播媒介等。通过创设有利于亲社会行为发展的环境和开展专门的教育活动等途径来促进学前儿童亲社会行为的发展。

检 测

1. 运用所学的理论知识谈谈学前儿童道德发展的特点。

2. 小组讨论:说说学前儿童道德教育的重要意义。

3. 小组讨论:说出亲社会行为的好处及不利之处。如果合适的话,用亲身经历的例子说明你实施或没有实施亲社会行为的例子以及这些行为的结果。

4. 应用题:举出有哪些实施学前儿童道德教育的途径和方法,并具体谈谈你将如何运用其中一种方法来开展学前儿童道德教育。

5. 应用题:描述一种有利于儿童亲社会行为发展的集体环境。

6. 应用题:描述成人在班级中或在家中能树立合作榜样的五种方式,想想儿童如何能将这些技能转化成自己的行为。

7. 应用题:确定一项通常由你自己来实施的工作。至少想出三种能让儿童来帮你的方式,实施其中的一种策略。然后描述实际上所发生的事,以及如果重复这一策略的话,你会对该策略做哪些调整,为什么。

第三篇

学前儿童社会教育拓展

第六章

学前儿童的社会适应与促进

学习目标

- 理解学前儿童社会适应的主要模块与内容
- 了解学前儿童入园/入学适应的主要问题,理解其影响因素,掌握其促进策略
- 掌握学前儿童多元文化适应的内容、目标、途径与方法
- 了解学前儿童社会变化适应的主要内容,掌握引导儿童合理运用信息产品的方法、初步的财商教育的途径与方法

本章导读

"社会适应"是《3~6岁儿童学习与发展指南》中社会领域的子领域之一,但在很多儿童心理学、社会性发展心理学论著中"社会适应"并不是儿童社会性发展的组成部分,或者没有专章专节来阐述,因而,将之放入本书的拓展篇,主要从教育促进的角度而非发展的角度来阐述。本章以生态系统理论①为视角,主要围绕学前儿童的微系统变化:从家庭进入幼儿园、小学;宏系统变化,包括文化环境、科技环境、经济环境的变化,来阐述学前儿童的社会适应,即入园适应、入学适应、多元文化适应、社会变化适应(包括信息时代适应和市场经济制度适应等)。

心理学家朱智贤先生(1989)认为,个体社会适应(social adaptation)指"个体接受现存的社会生活方式、道德规范和行为准则的过程"。也有心理学家认为(张春兴,1991),社会适应指"个体接受不断地学习或修正各种的社会行为组型和生活方式,以求符合社会的标准与规范,而与社会环境维持一种和谐的关系"。学者陈建文(2001)对社会适应进行了具体的划分:从内容上分,社会适应包括身体适应、心理适应、文化环境适应,其中,心理适应包括认知、情感、性格、行为等方面的适应;从性质上分,包括适应良好和适应不良;从策略上分,包括主动适应和被动防御;从水平上分,包括掌握、应对、防御。总

---

① 生态系统理论(ecological systems theory)是由布朗芬布伦纳(U Bronfenbrenner)提出的个体发展模型,它是从微系统(microsystem)、中系统(mesosystem)、外系统(exosystem)、宏观系统(macrosystem)多层次环境系统分析儿童发展的理论。其中,微系统是儿童和即时环境之间的关系;中系统是儿童周围即时环境之间的联系;外系统是不包括儿童本身,而对其产生影响的社会环境;宏观系统指的是儿童身处文化的价值观、法律和习俗等。

之,社会适应指个体在与社会环境的交互作用过程中,不断调整自己的身体、心理状态及行为方式,学习和掌握社会规范和社会生活技能、应对社会环境变化,以达到与社会环境的协调和平衡的过程。这是个体社会化与个性化的过程,也是个体的人格形成与发展的过程。

社会适应对个体的发展意义重大:其一,是使儿童成"人"的重要标志。社会性是人的本质属性。婴儿呱呱坠地时,基本只具有自然属性。从自然人向社会人过渡,是婴幼儿的重要任务。学前儿童在与他人交往、独立生活的过程中,不断遵循社会规范、应对社会环境变化与挑战,不断发展着社会适应能力,不断形成人的社会属性。其二,是学前教育目标、儿童健康发展的有机组成部分。促进儿童身心和谐、健康发展是学前教育的目标。2001年颁布的《幼儿园教育指导纲要(试行)》中提出:幼儿园必须把保护幼儿的生命和促进幼儿的健康放在工作的首位。而对于健康的阐述,1990年世界卫生组织(WHO)作出了新的解释:在躯体健康、心理健康、社会适应良好和道德健康四个方面皆健全。可见,社会适应良好是儿童健康发展的重要组成部分,是学前教育的重要任务。其三,是儿童社会领域学习与发展的重要内容。2012年教育部颁布的《3~6岁儿童学习与发展指南》中将儿童学习划分为五大领域,其中"社会"领域包含两个子领域:人际交往和社会适应。社会适应是儿童社会领域学习与发展的核心内容之一,喜欢并适应群体生活、遵守基本的行为规范、具有初步的归属感是社会适应的基本内涵。

本章以生态系理论为视角,重点探讨学前儿童的微观环境适应:幼儿园和小学适应,以及宏观环境适应:多元文化和社会变化适应。

第一节　学前儿童的入园适应与促进

引导案例6-1

哭泣的毛毛[①]

入园第一天,毛毛就是不肯与妈妈分开,于是老师请妈妈和毛毛一起来到活动区玩一会儿玩具。可是当老师示意妈妈悄悄离开时,毛毛拉住了妈妈。后来在老师的"掩护"下,妈妈顺利从活动区"逃走"。毛毛在发现妈妈走了以后,变得更加焦虑,开始急切地找妈妈,当看到妈妈在门外偷偷看他时,又开始更加大声地哭起来,妈妈看到毛毛哭,也忍不住在门外抹眼泪,久久不愿离去,最后在老师的强烈要求下,毛毛的妈妈才不放心地离

---

① 杨洁.3~4岁幼儿入园生活适应的研究——基于人类发展生态学理论[D].武汉:华中师范大学,2014:34-35.

开。妈妈走了以后，毛毛把依恋转移到了刚才一起玩玩具的赵老师身上，抓着赵老师的衣服不放，赵老师走到哪里就跟到哪里，对其他老师则表现出强烈的抵触。之后的游戏、区域活动和户外游戏，毛毛都拒绝参与，无论赵老师如何引导询问，毛毛都说"我不玩！"，只跟随赵老师到处走动，甚至在洗手、喝水、如厕的时候也要赵老师陪在身边，一刻也不能离开。到了午饭的时候，毛毛停止了哭泣，开始自己吃起饭来，但是吃完饭以后又开始哭泣，独自坐在椅子上不愿意拿图书来看。午睡时，毛毛又开始找妈妈，在赵老师的要求下才愿意进入睡眠室脱衣服睡觉，在入睡前只要赵老师离开就哭。午睡起床后，毛毛也和上午一样一边哭一边抓着赵老师的衣服跟着赵老师到处走，拒绝参加任何活动，只是在旁边安静地站着观看。离园时，妈妈很早就来接毛毛了，毛毛看到妈妈以后默默地走了出去，眼里还是含着泪水。

　　思考：1. 毛毛为什么会出现入园焦虑情况？

　　　　　　2. 如何帮助毛毛尽快适应幼儿园生活？

　　从亲密的家庭生活到幼儿园集体生活的转变是幼儿成长道路上第一个重要的转折点，这是幼儿从家庭走向社会的第一步。《3～6岁儿童学习与发展指南》关于"健康领域"的目标中明确指出，"3～4岁幼儿在帮助下能较快适应集体生活"。对于小班幼儿来说，在入园初期尽快适应幼儿园的集体生活是非常重要的。不仅如此，幼儿早期是适应能力逐渐形成的关键时期，是各种适应能力建立和巩固的重要阶段。国内外众多心理学家研究认为，幼儿早期适应能力的强弱，直接影响到他将来能否对任何社会新环境的顺利适应。因而，要重视儿童早期入园适应能力的培养，不断促进、提高儿童的社会适应能力。

一、入园适应的内涵与意义

（一）入园适应的内涵

　　幼儿入园适应是指新入园幼儿从家庭小环境进入幼儿园大环境，在逐渐熟悉幼儿园环境、遵循幼儿园的相关要求的基础上，从生理、心理和行为上作出调整，以达到接纳幼儿园生活的过程。幼儿入园适应包括：生活常规适应、社会性适应和学习适应。生活常规适应主要包括进餐、午睡等一日生活环节及其规则的适应；社会性适应主要指情绪适应、规则适应及人际交往适应等方面；学习适应则包括参与幼儿园班级活动等方面的适应。

（二）入园适应的意义

　　幼儿能够顺利地适应幼儿园生活是具有重要意义的。它不仅能使幼儿更多地参与幼儿园的游戏和活动，在活动和游戏中提高基本的生活自理能力、语言表达能力、人际交往能力等，最重要的是能培养对同伴、对老师、对幼儿园的喜爱之情，激发幼儿上幼儿园的愿望，在适应新环境的过程中获得归属感和安全感。因此，快速、良好地适应幼儿园的生活对于幼儿知、能、情等心理方面和身体生长发育等生理方面都有很大的促进作用。不仅如此,人生第一转折期的顺利过渡有助于儿童形成对新环境的信任态度和积极的心理预期,也奠定了一定的社会适应能力;顺利适应人生面临的第一次环境巨变相当于成功地迈出了社会适应的第一步。

入园适应不仅对于幼儿具有积极意义,对于家长来说,既有助于其安心工作,又能激发其对幼儿园的积极情感,有助于家园一心,合力共促儿童发展;对于教师来说,幼儿顺利适应幼儿园生活,有助于幼儿一日生活、教育教学、游戏活动的顺利开展,同时,幼儿适应幼儿园生活的过程也是建立良好师友关系、检验教师教育教学、沟通能力的契机。

二、入园适应的问题及其影响因素

从熟悉的家庭环境到陌生的幼儿园环境,从与最亲密的父母等亲人的陪伴到与陌生的老师、小朋友长期相处,从相对随意的生活活动安排到有组织、有纪律的生活和学习方式的转变,在这个转折点上,幼儿难免会遇到一些问题,出现适应不良现象。据此,这里进一步探讨了其影响因素。

(一)幼儿的入园适应问题

1. 情绪不适应

幼儿来到幼儿园,接触到陌生的环境和陌生的人,这种不适感让幼儿感到不安、焦虑,这种情绪不适应突出表现在入园时的哭闹行为。特别是从小没有离开过父母,依恋性比较强的幼儿,离开父母来到一个新环境中,会产生很强的分离焦虑、情绪不稳等情绪适应不良现象。

2. 生活、身体不适应

在家庭里,往往是几个大人照看一个孩子,从个体养护转换到集体教养方式后,几位老师要照顾二十几个甚至更多幼儿,对每个幼儿的关注自然会减少很多。再加上不少幼儿在家里没有经过基本的生活训练,甚至不会自己吃饭,上厕所不会自己脱裤子等。同时,幼儿园作息时间是统一的,对幼儿的规则意识也有一定的要求,导致幼儿容易出现一些身体、生活不适应现象,比如进餐困难、难以午休、排泄异常等,甚至频繁生病。

3. 人际交往不适应

3岁左右,孩子在与照料者建立亲密依恋关系的基础上,人际交往活动更多向同伴扩展。但也有不少幼儿还不太会和小朋友交流,人际交往技能欠缺,还不能用语言较好地表达自己的愿望与需求,往往会出现一些人际适应不良情况,比如孤僻、退缩、争抢玩具、不遵守规则、不会和小朋友友好相处、过度黏人等问题。

(二)幼儿入园适应不良的影响因素

幼儿的入园适应问题受多种因素影响,尤其是幼儿生活于其中的微环境:家庭和幼儿园,同时,还受幼儿自身因素的影响。

1. 幼儿自身

其一,幼儿的性格影响入园适应。性格较为开朗的幼儿通常能够更快地适应幼儿园的集体生活,虽然在入园的前几天他们也会出现强烈的情绪反应,但当他们开始熟悉幼儿园的人和环境后,往往会主动与教师和同伴交流;而性格偏内向的幼儿则会出现更多的人际交往困难,适应时间也会持续得更长。其二,幼儿的生活自理能力、生活习惯影响入园适应。具备一定生活自理能力的幼儿,尤其是可以独立进餐、能自己如厕的幼儿,能较快适应幼儿园生活;具有午睡生活习惯的幼儿,能更顺利地适应幼儿园的生活常规,适应幼儿园生活。其三,幼儿的心理准备状态影响入园适应。不少父母告诉幼儿去幼儿园会有很多好玩的,跟很多小朋友一起玩,但不知道上幼儿园意味着与父母的暂时分离,导致不少幼儿与父母分离时产生剧烈的分离焦虑。

2. 家庭

其一,家庭对待幼儿入园的态度会影响幼儿的适应行为。一些家长未能认识到入园适应对于儿童社会适应的价值,对幼儿入园态度不坚定、不积极,一旦幼儿出现适应困难现象,就不让幼儿入园了;甚至自己情绪紧张,送完幼儿仍恋恋不舍,晚上接孩子时反复询问孩子是否适应,这都会影响幼儿的适应过程。而另一些家长则对幼儿的入园不适持严厉的态度,认为孩子哭闹是适应慢、笨的表现,甚至威胁幼儿在幼儿园不能哭闹,不然就不接他回家,增添幼儿入园的紧张情绪。其二,家长对教师的态度和行为也会影响幼儿的入园适应。如果家长对教师表现出不尊重、不理解、质疑的态度和行为,那么就会影响幼儿对教师和幼儿园的认同和接纳。反之,如果家长对教师持尊重、信任、理解的态度,常常与教师沟通,与教师建立良好的关系,则会增加幼儿对教师和幼儿园的信任感和接纳度,有助于幼儿尽快地适应幼儿园生活。

3. 幼儿园

其一,教师的教育方式与行为影响幼儿入园适应。教师对待初入园的幼儿,尤其是当其哭闹时,如果以严厉的方式训斥幼儿,让他们"适应"幼儿园生活,只会导致幼儿内心对幼儿园和教师的排斥之情;如果教师能以爱、宽容对待幼儿,幼儿就会慢慢接纳幼儿园、适应幼儿园生活。其二,幼儿园环境影响幼儿入园适应。物质环境方面,玩教具丰富、布置温馨的幼儿园环境有助于幼儿获得家一般的感觉,有助于其入园适应;精神环境方面,当教师以亲和、宽容的态度对待幼儿与家长时,幼儿会更愿意亲近老师,并有助于家园共育,最后实现良好的入园适应。

三、入园适应的策略

幼儿离开家庭接受幼儿园教育,面临人生中第一次比较重大的环境变化、人际交往变化、生活规则变化,难免产生生理、生活、情绪等方面的不适应,家庭、幼儿园要充分认识到入园适应对于幼儿成长和发展的价值,遵循分阶段、渐进式、合力共促的工作思路和原则,做好幼儿的入园适应工作。

(一) 入园前

1. 幼儿园

幼儿园要尽早做好招生规划,通过多种形式帮助家庭和幼儿提前开展入园准备工作。幼儿园要尽早做好招生工作,尽早确定带班教师,在招生结束后可以开展相关的工作。

(1) 开展专题讲座。开展"2～3岁婴幼儿的身心发展特点""2～3岁婴幼儿的家庭教育和幼儿园教育"等讲座,让家长了解2～3岁儿童的身心发展特点、家庭教育中要注意的问题以及幼儿园教育的方式方法,使幼儿入园后家长有目的地配合幼儿园工作成为可能;开展"入园适应的注意事项""入园初期不适应的原因分析及对策"等讲座,让家长更有针对性地做好幼儿入园准备工作,同时,对于幼儿入园将出现的问题有心理上以及对策上的准备,以有效地缓减家长、幼儿的入园焦虑现象。

(2) 发放新生入园手册。包括幼儿园的教育目标、内容、一日作息安排表、家长必备素质、家园合作策略、入园适应策略等,帮助家长进一步了解幼儿入园及幼儿园教育的相关事项;对幼儿的行为习惯、语言发展、社会性发展等进行调查,以缩短教师了解孩子的周期,尽快地对孩子实施针对性的教育。

(3) 开展亲子活动。幼儿园可组织家长带领幼儿参观幼儿园,提前了解幼儿园的活动室环境,熟悉幼儿园中的人和物;教师可以邀请家长带着孩子一起参加一些轻松的亲子活动,让幼儿在家长的陪伴下对班级中的老师、同伴和环境有进一步的了解;在此基础上,尝试让幼儿脱离家长单独与老师进行游戏,感受集体游戏的快乐,激发幼儿上幼儿园的欲望。

(4) 创设温馨的班级氛围。教师在幼儿入园前可以将活动室、休息室的环境布置得像家一般温馨。例如,在班级的墙壁上挂上幼儿与家长的合照;开设"娃娃家"活动区,里面摆上小沙发、小婴儿床等家中常见物品,在图书区摆放可爱的沙发、椅子,在休息室安装含有卡通图案的窗帘,通过精心的环境创设让幼儿产生家一样的感觉。

2. 家庭

(1) 做好入园的心理准备。家长在幼儿入园前多和幼儿聊关于幼儿园的情况,让幼儿感觉上幼儿园是一件开心的事情,幼儿园里有很多好朋友和好玩的玩具,也要告诉幼儿进入幼儿园以后的作息时间,知道上幼儿园是没有爸妈陪伴的,并且要自己吃饭、自己睡觉等;家长在去幼儿园交费、办理相关手续时,可以带着幼儿一起前往,让幼儿提前了解幼儿园的环境。同时,家长本人也要做好心理准备。幼儿离开家庭走向幼儿园、逐步走向社会,是儿童成长的必经之路,即使有不适应现象也属正常,家长要克服紧张、心疼等情绪,要信任幼儿园,信任自己的宝贝能够顺利适应幼儿园生活。

(2) 做好入园的能力准备。让幼儿在入园前做好能力准备也是帮助幼儿顺利适应幼儿园生活的重要前提。在入园前让幼儿进行一定的能力准备,学习独立吃饭、如厕、穿脱衣物,掌握基本的生活自理能力;提供与他人接触的机会,减少对陌生人的恐惧感,锻炼交往能力;培养初步的学习能力,为进入幼儿园后的集体教学活动奠定基础。

(3) 做好入园的物质准备。家长也可以和幼儿一起去商场挑选幼儿喜爱的书包、衣物等必需品,共同为上幼儿园做准备,让幼儿对上幼儿园产生向往之情。如果幼儿园允许,家长可以鼓励幼儿将自己喜爱的玩具带到幼儿园,有利于缓解幼儿在面对新环境时产生的紧张和焦虑。

(二) 入园后

1. 幼儿园教师

(1) 根据幼儿入园适应阶段,灵活安排一日生活,逐渐推进入园适应。第一阶段,适应困难期(第1～6天)。幼儿刚入园时,适应不良行为强烈而频繁,消除幼儿的紧张情绪、减弱适应障碍应成为最主要的教育目标。顺应幼儿需求、安抚幼儿情绪十分必要,例如,可以让幼儿根据自己的意愿选择是否午睡,可以适当延迟用餐时间、暂时不参加幼儿园的集体活动,允许迟入园、早离园,允许有固定依恋物的幼儿带依恋物入园;多引领幼儿熟悉班级的环境、区域、玩教具和同伴。这一般需要1周时间。第二阶段,波动调整期(第7～16天)。稳定已适应的幼儿、避免反复成为工作的重点,同时,教师要及时调整活动计划、安排恰当的活动内容,吸引幼儿的注意力。第三阶段,基本适应期(第17天～国庆节前)。教师关注的重点应该转移到正常的活动安排,此外,还要指导家长安排好国庆节期间幼儿在家的生活,避免长假之后幼儿出现严重的入园不适反复状况。第四阶段,二次适应期(国庆节后一周)。国庆长假过后,多数幼儿能较快地完成适应,但也有个别幼儿反复情况严重,教师要特别关照。①

(2) 组织生动活泼、丰富多彩的一日生活,建立民主、温馨的班级氛围。小班幼儿的活动仍具有鲜明的感知运动性,教师宜组织简短有趣的教育教学活动,多开展好玩的游戏活动、音乐活动,多给幼儿讲生动的故事,多让幼儿去涂涂画画、操作探索。通过创设温馨的班级环境、建立民主、友爱的师幼关系,关注幼儿的个体差异,促进幼儿的入园适应。

(3) 鼓励幼儿以大带小,以强带弱。良好的同伴关系能使幼儿感受到幼儿园生活的乐趣,增强集体归属感,加快适应过程。教师可在了解每个幼儿特点的基础上,将幼儿搭配分组,促进幼儿同伴关系的建立和发展。例如,安排内向的幼儿与外向的幼儿坐在一起,年龄较大的与年龄较小的坐在一起,能力较强的与能力较弱的坐在一起。

(4) 争取家长和幼儿园的支持。教师要与家长充分沟通,了解幼儿的个性特征,以开展有针对性的教育;拍摄、录制幼儿在园情况给家长观看,提高家长对幼儿园工作的了解

---

① 邹卓伶.婴幼儿入园适应的过程研究[D].上海:华东师范大学,2007:68-69.

程度和配合程度;处理好家长工作,排解家长的忧虑以避免他们给孩子带来负面影响。教师还要与同事积极配合,建立一个合作的团队;争取幼儿园的支持,要尽量避免安排不稳定的教师带新入园班。

2. 家庭

(1) 做好心理准备,正视幼儿的入园不适应现象。家长要了解孩子入园适应的过程,对入园可能出现的不适应行为做到心中有数;同时,也要调整自身的心理状态和行为,充分认同幼儿园教育,坚定送孩子上幼儿园的决心,并正确认识和处理自己可能出现的分离焦虑。

(2) 保持家园沟通,积极配合幼儿园工作。家长要积极了解幼儿园的教育理念和相关要求,及时了解孩子在园情况,积极配合幼儿园工作。在不同的适应阶段,幼儿的需求是不同的,教师所希望得到的配合也是不同的:在适应的最初阶段,孩子不适应反应剧烈,拒绝在幼儿园饮水和进食,家长要尽力补充营养,保证孩子的身体健康;教师希望孩子入园适应的过程尽量别间断,家长要坚持送孩子上幼儿园;国庆长假期间,根据教师要求安排好孩子的生活作息和饮食起居,尽量保持与幼儿园的要求步调一致;配合幼儿园的教育教学活动。

延伸阅读 6-1 >>

入园适应的误区

1. 让家长与孩子强迫分离

许多人认为,家长送孩子到幼儿园以后,一旦孩子哭闹着不肯让家长离去,家长千万不能心软,必须马上离开,这就是强迫分离法。强迫分离法不仅不能从根本上解决问题,而且只会加剧幼儿的分离焦虑,使那些焦虑程度较重的幼儿对入园产生恐惧。幼儿的情绪,尤其是不愉快的情绪必须通过有效的途径加以排解。比如,家长可以与孩子相处一段时间,并与孩子一起游戏;教师应热情迎接幼儿和家长,并与家长主动交谈,让孩子感觉到家长与教师之间的亲密关系,减轻孩子的焦虑感。

2. 对哭泣的孩子只采用安慰的方法

大多数教师对于入园不适的孩子,扮演妈妈的角色,安慰哭泣的孩子,以期与他们尽快建立新的依恋关系,这可能是个有效的办法,但亲切、友善的关注,适时、适当地在集体中赞扬孩子,同时对他提出一定的要求,效果可能会更好。比如夸奖孩子声音响亮,会自己穿衣服,会整理玩具等;请他分勺子,安排他(她)做更小孩子的哥哥姐姐;等等。

3. 冷处理哭闹不止的孩子

针对入园哭闹不止的孩子,如安抚无效,教师有时会"冷处理",即不搭理他,让他独处,以期达到终止哭泣的目的。其实,这并不是良策。而加倍关注孩子的需要,发现孩子的兴趣点,引导他们沉浸在新环境中,才是消除孤独感、转变幼儿不良情绪的好方法。

4. 给孩子空头许诺

刚入园的孩子常会一次又一次地询问教师:妈妈什么时候来接我?教师常常因不耐烦或为了督促幼儿完成某事而承诺:你吃完饭就来了,你睡醒就来了。一旦孩子发现教师的诺言落空,就会更加失望,这不利于孩子与教师建立信任和依赖关系。其实,幼儿之所以时常念叨,是因为担心妈妈再也不来接他们。这时,教师应耐心向孩子解释:妈妈不是不要你了,妈妈因为爱你才送你到幼儿园,相信你在这里会很快乐,妈妈一定会来接你的。如果孩子仍然不能平静下来,教师可以设法分散幼儿的注意力。比如,送给孩子一件玩具,给孩子一本好看的书,给孩子讲一个好听的故事等。

5. 对家长不安的情绪不加引导

不光幼儿离不开家长,家长也不放心孩子,他们时常在门口张望,一个劲儿地嘱咐教师,嘱咐孩子,这样怎能让孩子轻松愉快地进入幼儿园生活呢?遇到这种情况,教师要与家长沟通,让家长用鼓励与充满期待的语气与孩子道别,有意识地传递给孩子这样的信息:上幼儿园是很自然、愉快的事,每个孩子都要上幼儿园。换个角度来说,教师也要帮助家长顺利度过"入园适应期"。

6. 忽视调节自己的情绪

新生入园分离焦虑考验着教师的耐心、毅力。长时间、高压力的工作,有时难免让教师产生厌烦、挫败感等消极情绪,甚至影响工作态度和工作方法。所以,教师间一定要协调配合,及时调节自己的情绪,尽量做到张弛有度,避免上火、焦躁。如果难以控制自己的情绪,就应尽快找到适宜的宣泄途径,以便更好地工作。

[资料来源:徐立平.幼儿入园适应工作中的误区[J].幼儿教育,2004(7,8):55.节选时对原文内容进行了微调、删减。]

第二节　学前儿童的入学适应与促进

引导案例 6-2

总被"欺负"的孩子①

一天下午,一位一年级的班主任接到家长的电话:"老师您也不管管,我们家孩子总被同学欺负!"家长的语气非常气愤,班主任赶忙询问情况。原来,孩子回家后告诉妈妈,他被同学打了。跟学生和其他老师了解情况后,班主任回拨了家长的电话,首先说清了

---

① 李杜芳,吴建民.从"小朋友"到"小学生"——北师大实验小学新生入学适应教学革新记[J].人民教育,2014(16):66-67.

事情的详细经过：体育课排队时，孩子后面的同学把胳膊贴在他的后背上，孩子感觉不舒服，便用胳膊肘撞了后面的同学，同学进行了回击。体育老师及时制止，两个孩子都没有受伤。"两个孩子早就和好了。"班主任告诉家长。可家长接着说："不只这一件事，其他同学也欺负我们，孩子总说别人不跟他玩。"

思考：1. 案例中的孩子为什么"受欺负"？
      2. 家庭、幼儿园、小学应该怎么样做以促进儿童的入学适应？

学前末期，儿童将要离开幼儿园开始小学生活，迎接人生中的又一个转折期和一系列的变化：主导活动从以游戏为主到以学习为主，这是根本性的变化；师生关系从亲密到相对疏远；学习生活环境从丰富、温馨到单调、拥挤；生活制度从动静交替、比较自由到以静为主、限制增多等。如何做好入学准备、促进儿童适应小学生活，不仅是幼儿连续性发展的需要，也是幼儿园的必要任务、重要任务。当然，帮助学前儿童做好入学准备并不仅仅是幼儿园的任务，家庭、小学也要共同努力，使儿童的入学准备在完整的微生态圈内系统地进行。

一、入学准备与入学适应

在分析入学准备和入学适应之前，有必要阐述一下与之相关的"幼小衔接"这一概念。幼小衔接就是幼儿园和小学两个相邻教育阶段之间在教育上的互相连接，其实质指的就是儿童连续的不断发展的社会性、心理、身体发展上的衔接。[①] 儿童在幼儿园与小学之间存在一个过渡时期，也称为衔接时期，此时幼儿园和小学两个阶段的特点同时并存，互相交叉。多数人认为，大班下半学期和小学一年级上半学期是幼小衔接的关键时期。

对入学准备概念最有影响力的界定来自吉尔伯特·R.格瑞尔德：儿童从正规教育中受益需要具备的各种关键特征或基础条件。[②] 美国国家教育目标委员会对入学准备的内涵作了更详细的描述，认为入学准备应该包含儿童的准备、学校的准备以及家庭和社区的支持三个方面，并将"身体和运动发展、情绪与社会性发展、学习态度、言语发展、认知发展与一般知识基础"等五个方面作为判断儿童能否成功入学的重要标准。[③]

适应，在心理学上一般指个体调整自己的机体和心理状态，使之与环境条件的要求相符合，这是个体与各种环境因素连续不断相互作用的过程。入学适应指儿童在进入小学后，不断调整自己的身心状态，以期与小学的学习、生活、人际环境相适应的过程。在众多学校适应模型中，Sangeeta 提出的学校适应模型最为完整。他将学校适应分为两方

---

① 蔡军. 从幼小衔接到入学准备：一种新的研究视角[J]. 教育导刊(下半月)，2010(6)：14-17.

② Gredler G R. Early Childhood Education-assessment and Intervention：What the Future Holds [J]. Psychology in the Schools，2000，37(1)：73-79.

③ National Education Goals Panel. Reconsidering Children's Early Development and Learning：Toward Common Views and Vocabulary[EB/OL]. http://govinfo. library. unt. edu/negp/Reports/child-ea. htm，1995.

面的内容：一是学业适应，二是社会性适应。学业适应的评定包括两项：学业成绩和对学习的喜爱程度；社会性适应的评定包括四项：同伴关系、与教师的关系、社会技能和对学校的喜爱程度。①

可见，幼小衔接倾向于从时间的连续性角度，界定幼儿园和小学为保证儿童自然、平缓地过渡到小学生活而在教育方面所做的衔接和努力；入学准备则主要从儿童身心角度界定其为顺利入学所应具备的条件和特征；入学适应则是指儿童入小学后身心不断调适以适应新环境的过程。可以这样说，不管是幼小衔接还是入学准备工作，都是为了让儿童在面临人生的转折期——入小学时能良好过渡、顺利适应，而入学准备则明确界定了为了促使儿童的入学适应所应具备的条件和关键特征，并指明了应从哪些途径促使儿童获得这些条件，因而，以下将重点介绍入学准备的相关研究。

延伸阅读 6-2 >>>

幼小衔接在国外

英国初等教育分为 2～5 岁儿童的保育学校，5～7 岁儿童的幼儿学校和 7～11 岁儿童的初级学校，儿童从 5 岁开始对其实行义务教育，全部入幼儿学校，经过两年预备教育后再入初级学校。从幼儿学校的课程来看，尽管幼儿学校属于小学阶段，但课程的内容、要求以及活动的组织形式仍然从学前教育阶段开始，逐步向小学过渡。在学校及教室环境的设计上也体现出显著的连续性，幼儿活动室内的科学角、美工角等也在小学教室里出现，当然，活动角的材料在内容、性质上已有所变化，进入小学后，材料逐渐向实物符号、词语方面转变，部分活动角的内容转变为墙壁上张贴的形式。

瑞士有 26 个州，各州都有自己的教育制度，日内瓦所实行的就是将学前两个年级与小学一、二年级设在一个机构中，将之合并为一个教育阶段来考虑，从环境布置、课程设计到教师培养培训都遵循一体的、连续的、协调性原则。

（资料来源：莫沫.盘点外国如何做幼升小衔接教育［EB/OL］.http://edu.sina.com.cn/zxx/2015-01-09/1826453836.shtml.）

二、入学准备的内容

近年来，受布朗芬布伦纳（Unie Bronfenbrenner）的发展生态学理论影响，生态学取向的广义入学准备概念得到越来越多的认可。这一观点认为，儿童的入学准备是多维度的，不仅依赖于儿童个体学习经历的质量，同样依赖于家庭、学校和社区环境；不仅应包括儿童为开始正式学校生活所具备的技能，还包括家庭环境、学前经历以及小学低年级

① 吕正欣.儿童入学准备发展水平对其学校适应状况的预测［D］.长春：东北师范大学，2008：1.

班级和学校环境与儿童的交互作用，也即它应该是儿童的内部特征与过去、现在的环境以及文化背景的交互作用，这些因素共同影响儿童未来在学校生活中的成功或是失败。目前，最为研究者广泛接受的入学准备模型是由美国国家教育目标委员会（NEGP）提出的生态化模型，包括：儿童个体对学校的准备（具备参与课堂和学习的能力）；学校为接受儿童进入学校所做的准备（学校对儿童入学的反应）；儿童入学准备的社区服务和家庭支持（促进支持儿童学习的家庭和社区环境）。下面将从儿童自身、家庭与社区、学校几方面介绍入学准备的内容，并提出促进儿童成功适应小学生活的有效途径。

（一）儿童层面的准备

从儿童角度看，Kagan 提出的入学准备五个成分模型被广为关注：认知和一般知识、学习方式、情绪与社会性、言语能力、身体健康及运动技能的发展。① ①身体和运动发展。具体包括：大运动技能、精细运动技能、感觉运动技能、口部运动技能。②情绪和社会性发展。主要包括：积极的同伴师生关系、自我概念、自我效能感、表达情感的能力、对他人情绪的敏感性；了解他人的权利、公正对待他人的能力、辨别偶然和有意行为的能力、付出和接受支持的意识、平衡自己和他人需要的能力等社会性因素。③学习方式。主要包括：对新任务和挑战所保持的开放性和好奇心；主动性、完成任务的坚持性和专注性；反省和解释；想象力和创造性；认知风格。④语言发展。口头言语能力，包括词汇、言语理解和言语产生能力；最初的读写能力，如对书和故事的兴趣、拼写意识、理解故事等。⑤认知和一般知识。儿童至少要掌握：自然知识、逻辑—运算知识和社会—规则性知识。

（二）家庭和社区层面的准备

儿童发展的起点始于家庭，家庭也是儿童早期社会化最主要的场所；社区是儿童生活的微环境，尤其是学前教育机构对儿童的入学准备意义重大。家庭和社区支持包括父母为儿童发展提供资源和支持、社区为父母提供培训和帮助以及普及高质量的学前教育等。NEGP 为家庭和社区确立了三个子目标：①为儿童提供高质量的学前教育。②认识到家长作为儿童第一任教师的重要性，并且履行好这一角色。③儿童要获得照料、营养以及身体锻炼以达到入学所需的健康水平。② 美国不同的州根据具体情况也制定了相应的标准，比如威斯康星州制定的促进儿童入学准备的家庭和社区支持主要包括③：①提供儿童健康成长所需的营养和照料（包括产前服务和母亲健康看护）。②家庭能够提供儿童成长和发展所需的资源（包括足够的收入、教育支持等）。③所有儿童都能接受到高质量的学前看护和教育。④儿童在安全、稳定的环境中成长。

① Hair E，Halle T，Elizabeth T-H，et al. Children's School Readiness in the ECLS-K：Predictions to Academic，Health，and Social Outcomes in First grade[J]. Early Childhood Research Quarterly，2006，21(4)：431-454.

② 常娟. 儿童入学准备生态化环境的建构[J]. 幼儿教育（教育科学版），2006(7)：9-11.

③ Dockett S，Perry B. Readiness for School：A Relational Construct[J]. Australasian Journal of Early Childhood，2009，34(1)：20-26.

（三）学校层面的准备

Ackerman 认为一个有准备的学校应当包括以下特征：①为儿童提供必要的支持。包括过渡性的项目，以及教师和员工致力于发展适合于所有儿童的项目和课程。②为教师的专业发展提供支持，针对儿童的反应调整教学方式，促进家长参与。③不断做出适应性调整，以满足学生的需要，促使学生获得适当的资源。建立学校和家庭、学校和社区之间的合作关系。NEGP 专门成立了"学校准备资源小组"（Read School Resource Group），通过大量研究对"学校准备"的领域和内容进行了界定：①教师的准备。掌握儿童发展基本规律，发现儿童的兴趣和潜能，并提供能够促使儿童积极参与学习活动的学习环境。此外，教师、家庭和其他成人能够以合作者的关系相联结。②环境的准备。通过各种学习资源和具有预测性的课程，为儿童提供学习机会，使儿童将受到的教育和已有经验联结起来。③课程和教育策略的准备。以儿童个人能力和兴趣为基础，为之提供与其发展相适应的教育。④管理者的准备。掌握儿童发展与儿童发展相适应的教育实践知识，将儿童的需要放在首位的同时支持教师的工作，指导家长参与。①

三、入学准备的途径与策略

入学准备的生态化模型既包含着时间的延续，从入学前的干预到入学后的进一步调适，也包括家庭、社区、学前教育机构、小学多空间的联系和统一。因而，家庭、社区、幼儿园、小学要通力合作，促进儿童的入学适应。因课程性质，在此将重点介绍家庭和幼儿园在入学准备上的举措。

（一）家庭

家庭是儿童成长的主要环境，在促进入学准备上居于重要地位。影响儿童入学准备的家庭因素主要有以下几方面：其一，家庭经济社会地位（SES）。主要包括家庭收入、家长教育程度和家长职业等因素，尤其是家庭收入对儿童发展有着极其重要的影响。有人认为，它通过家长的养育风格、家庭的社会危险因素、家庭学习环境等其他方面间接发挥作用。② 其二，父母特征。主要指家长的身体健康水平、年龄、智力、自我效能感以及他们经历的工作压力、财政压力、婚姻质量、生活应激事件、社会支持等因素。其三，家庭学习资源。家庭为儿童提供的学习资源包括书籍、电脑、有教育价值的玩具以及家长带儿童去图书馆、博物馆和组织有教育意义的活动。威廉姆斯（Williams）研究发现③，家庭中的学习资源与儿童入学准备能力呈显著的正相关，儿童在家庭中越多地使用学习工具，其

① National Association for the Education of Young Children：Promoting Excellence in the Early Childhood Education [R]. NAEYC Position Statement on School Readiness，1995.

② McLoyd V C. Socioeconomic Disadvantage and Child Development [J]. American Psychologist，1998，53(2)：185-204.

③ Nancye C，Williams B. The Relationship of Home Environment and Kindergarten Readiness[J]. Educational Leadership，2002：8-15.

入学准备发展得越好。其四,亲子共读。在家长参与的各种家庭学习活动中,亲子共读是家长参与家庭学习活动的重要内容,它对儿童入学准备的影响不容忽视。在这些影响因素中,家庭经济社会地位、父母特征往往会通过影响家庭环境与教育资源、教养方式进而作用于儿童发展,同时,家庭经济社会地位与父母特征比较稳定,因此,家庭应着力于营造良好的家庭环境、优化教养方式、开展丰富的实践活动,以帮助儿童更好地成长并适应小学生活。

1. 营造良好的家庭环境

其一,建立和谐的家庭氛围。家庭氛围指家庭成员之间互动的风格和方式,包括夫妻之间、亲子之间以及父母与老人之间的情感关系和行为互动方式。和谐、愉快的家庭环境尤其有助于儿童正性情绪与良好的人际交往能力等社会性的发展。其二,建构充裕的家庭文化教育资源。要为儿童购置与年龄相适宜的图书、光盘、益智玩具等有学习和发展价值的材料。研究发现[1],入学准备水平得分高的幼儿,尤其是在语言领域或认知和一般知识基础领域表现优秀的幼儿,其家庭文化教育资源有明显的优势。

2. 优化教养方式

其一,建立民主型的教养方式。家长要重视营造民主、轻松、和谐的亲子关系,把儿童看作是和成人相同地位的家庭成员。在家庭中尽量用平等的语言和孩子进行交流,让孩子参与一些家庭事件的决策,尊重孩子的意见,同时,对孩子也要有适当的要求和管理,比如孩子看电视,如果家长要求 30 分钟,就一定要坚持 30 分钟。这样既能树立家长的权威地位,又有助于培养幼儿的独立性、坚持性和自我照料能力。其二,建立寓教于乐的教育方式。研究发现[1],具有高入学准备水平幼儿的家长在家庭教育中,并非采取给孩子施加压力或加大任务的教育方式,而往往采用了一些具有趣味性和创造性的家庭活动,对促进儿童的入学准备起到了事半功倍的效果。寓教于乐教育方式符合幼儿以游戏为基本活动的特点,有助于调动幼儿学习的好奇心和积极性,形成热爱学习的心向和动力。

3. 开展丰富的实践活动

一是人际交往活动。入学儿童要面临人际关系的断层,能尽快与同学、教师进行良好沟通、交往的儿童,就能较快地融入集体生活。在当代儿童普遍存在与同伴交往经验不足的情况下,有意识地为儿童创造与同伴交往的机会是必要的,还要注意创造孩子与成人互动的经验。比如,当家里来客人时,家长有意识地鼓励孩子与客人沟通,教孩子如何招待客人以及与客人进行交流。二是促进语言发展的亲子共读活动。亲子共读是指家长和孩子共同阅读图书(主要是图画书)的活动形式。大量研究发现,亲子共读的质量和频率对幼儿言语发展水平有重要的和长远的影响。不仅仅是家长读、孩子听的共读方

---

①孙蕾,邵宇,于涛. 优质家庭环境的特点:对高入学准备水平幼儿家长的访谈研究[J]. 东北师大学报(哲学社会科学版),2009(5):196-201.

式,更要创造机会让孩子多说、多讲,比如家长讲一段孩子讲一段,鼓励孩子续编、改编故事等。三是促进运动技能和身体健康的活动。健康的体质是孩子适应小学生活的基础,同时,运动能力尤其是精细运动能力对儿童的书写意义重大。四是拓展视野的活动。可以利用当地的各种文化资源(例如博物馆、展览会、大型演出活动等)、电视节目等扩展孩子的知识和体验;通过户外活动丰富孩子的常识,增进健康。有条件的家庭,可以通过旅游等活动扩展孩子的视野和阅历,在旅游途中锻炼孩子的人际交往能力和适应新环境的能力。

延伸阅读 6-3 ≫

"芝 麻 街"

在美国众多儿童知识性电视节目(如芝麻街、电子公司、罗杰斯和他的邻居)中,芝麻街是其中的代表,芝麻街于 1969 年在美国的国家教育电视台(现为美国公共广播协会)首次播出,该节目集娱乐和教育目的,综合运用木偶、动画和真人表演等各种表现手法向儿童传授基础阅读、算数、颜色名称、字母、数字等基础知识。有时还教一些基本生活常识,例如:学会过马路,讲卫生的重要性等。一项研究回顾了 30 年的数据,探讨"芝麻街"对儿童学业技能和社会行为的影响,结果表明有显著的积极作用,3 岁时收看"芝麻街"节目的儿童,5 岁时在数学、皮博迪图片词汇测试和整个入学准备上都表现得更好,一些积极效应甚至可持续 10~12 年,并且这种效应是跨文化、跨国度的。

(资料来源:邰宇.儿童入学准备研究进展[D].长春:东北师范大学,2010:27.)

(二) 幼儿园

《幼儿园教育指导纲要(试行)》中提出:"幼儿园应与家庭、社区密切合作,与小学相互衔接,综合利用各种教育资源,共同为幼儿的发展创造良好的条件。"幼儿园是儿童入学准备的基地,要创设良好环境,开展、实施相应的教育活动,促进幼儿在身体和运动发展、情绪与社会性发展、学习态度、言语发展、认知发展与一般知识基础方面获得入学所需达到的条件与水平。

1. 树立全面的入学准备观念,促进儿童身心和谐发展

教师首先要树立全面的入学准备观念,促进儿童全面发展。教师的教育观念和教育行为直接影响到儿童入学准备教育工作的结果,关系到儿童发展水平的高低,因而教师要树立科学的入学准备观念。此处全面性包括两个方面:一是儿童准备的全面性。儿童的准备不仅是知识的准备、语言的准备,更要重视学习态度与品质、情绪与社会性、身体与运动能力方面的准备。二是入学准备主体的全面性。入学准备不仅是幼儿园的准备,还包括家庭的准备和小学的准备。因而,教师要充分调动家庭在儿童入学准备方面的积极性,引导家长科学助力儿童入学准备,要与小学有效沟通等。

同时,建立良好的师幼互动和班级氛围。研究表明,幼儿园中儿童的课堂参与、师幼互动和同伴互动都能有效促进学前儿童入学准备;而课堂过于安静或活跃则不利于儿童做好入学准备。[①] 亲密的师生关系可以增强儿童入学准备,依赖的或是冲突性的师生关系则预示着较低水平的入学准备,并且增加了儿童的学校适应问题。因此,教师要营造民主、温馨的班级氛围,给予幼儿充分的参与集体活动、自由活动的机会和同伴交往的机会,积极启发幼儿思维,对于幼儿的言行给予及时、有效的回应,同时,也要明确幼儿应遵守的行为规范,张弛有度;既让幼儿主动、生动活泼发展,行为也要有理有节。在此过程中,锻炼幼儿的师生交往、同伴交往能力,积极的学习兴趣和主动发展的欲望以及自我控制能力等。

2. 开展专门的入学准备活动

在全面培养儿童入学准备能力的基础上,幼儿园可以开设专门的"我要上小学了"主题活动,有侧重地开展一系列入学准备活动:激发入学心向的活动,提高自我管理能力活动,提高注意力和自控力等活动,提高儿童的入学准备水平。

激发入学心向的活动。比如,创设模拟小课堂,模拟小学生的角色的活动;参观小学活动,比如参观校园环境、操场、功能室,观察小学生"下课十分钟"活动;请小学生来园讲述小学生活,开展"哥哥姐姐带我阅读和写字"活动等。

提高自我管理能力活动。比如,整理小书包活动、我是时间小主人活动、8 点我入园(按时入园)等。

提高注意力和自控力活动。比如,拼图游戏、搭积木、拆装玩具、串珠子、看图摆图形、"找相同,找不同"等活动。

案例 6-1 >>>

模拟"小课堂"[②]

我们在模拟小学的课堂时,创设了小黑板、课桌椅、争星园地。整个环境与小学的课堂非常近似。每个班级在每天的 10 点以后安排了进入小课堂的环节,教师在小课堂里开展模拟小学课堂的活动,孩子们进入小课堂也自然而然坐得端端正正,感受了小学的学习氛围。在争星园地里,孩子们可以和同伴比赛争得五角星,教师们也制定了规则,如果得到了十个五角星就可以换取小奖品,教师们也不断激励孩子的积极性和竞争意识。在小课堂里,让幼儿模仿小学生上课,上课喊"起立",老师说"小朋友们好",孩子们说"老师好",感受小学生上课的氛围,体验做小学生的快乐。

---

① 李晓巍,刘艳. 国外学前儿童入学准备:危险因素与保护因素[J]. 中国特殊教育,2013(10):65-71.

② 王辉英. 大班幼儿入学前心理准备的策略研究[EB/OL]. http://www.age06.com/Age06.Web/Detail.aspx? CategoryID=4aff2365-d6e7-4ac4-801c-5853da64b16b&InfoGuid=893f99a6-fb14-4b5e-90f8-6e10358a0836.

[评析]　模拟小课堂可以让学前儿童直观地了解小学的环境变化、规则变化等,有助于儿童提前熟悉小学的课堂生活和学习方式,为入学适应奠定一定基础。

案例 6—2 >>>

整理小书包[①]

活动目标

1. 学会独自分类和整齐摆放主要学习用品,为入小学做好自理准备。

2. 学会看课程表,尝试按课程表整理书包,养成自我服务的意识。

3. 通过整理书包萌发做小学生的愿望。

活动准备

1. 幼儿带来自己的小书包,课前互相欣赏书包,了解书包的功用。

2. 小学生课本若干,课程表PPT课件。

3. 各类文具:文具盒、卷笔刀、铅笔、橡皮擦、尺子。

4. 其他用品:水壶、蜡笔、绳子、毽子、毛巾等。

5. 拍摄小学生整理书包过程的录像。

活动过程

提问导入课题

1. 师:上次我们小朋友去参观了实验小学,你看到了什么? 你觉得小学和幼儿园有哪些不一样的地方?

教师小结:学校有教学楼,里面有教室、图书室、微机室、阶梯教室,学校里有老师和许多小学生,老师每天给小学生上课。

2. 师:小朋友们马上要上小学了,小学生每天上学必须带什么?(在问答中帮助幼儿归类,如学习用品、生活用品等。)

教师小结:书包里要放的东西很多,但最重要的是放书本和文具。

学看课程表

师:小学生每天要带什么书? 怎么才能知道?

1. 播放课程表PPT课件。

2. 引导幼儿讨论:(1)这是小学一年级的课程表,你能看懂吗? 课程表上有什么?(2)小学生一天有几节课? 上午几节? 下午几节? 都有什么课?(指导幼儿学看课程表)(3)你关于课程表还有什么问题?

教师小结:课程表可以告诉我们每天有几节课,上什么课。有了课程表,我们就能按

---

① 袁桂峰.大班幼小衔接活动:整理小书包[J].早期教育(教师版),2012(3):39.

课程表来整理书包里的书。

学习按课程表整理书包

1. 认识书包,了解书包的结构。

(1)师:书包是小学生的好朋友,我们小朋友也即将成为小学生了,你们的爸爸妈妈已经为你们准备了一个书包,那你们的书包是怎样的呢?请你拿出来向你的好朋友介绍一下。

(2)请1~2名幼儿介绍自己的书包。认识书包的各个部分、颜色、图案。

2. 操作探索,幼儿第一次学习整理书包。

(1)师:书包有什么用?那你们会自己整理书包吗?我们来试一试。(幼儿自由整理书包,老师巡回观察,注意幼儿整理书包的不同方法)

(2)请两位用不同方法整理书包的幼儿示范给大家看,要求边整理边讲述并解释这样整理的理由。

(3)讨论:你觉得谁整理书包的方法好?为什么?

教师小结:整理书包时,大书放下面,作业本放大书上面;各种文具有序整齐地放入文具盒中,文具盒放本子上面;晚上整理书包要按第二天的课程表来进行。

3. 幼儿第二次整理书包。

(1)播放小学生整理书包过程的录像。

(2)师:假如现在是星期日的晚上,请你们按课程表整理书包。想想该按星期几的课程表来整理呢?请你们按照正确方法再次整理书包。教师关注幼儿整理的过程!

教师小结:要学会看课程表,找出对应的课本和作业本,再将它们归类好,按大小整理摆放整齐。

学习整理其他用品

1. (出示水壶、蜡笔、绳子、毽子、毛巾等)师:你觉得这些物品该如何整理?为什么?

2. 师:现在我们再来整理一次,看看谁会用刚才的好方法又轻又快地整理。

教师小结:水壶和毽子这些用品可以放在书包两侧的小袋子里,方便取放。

听《课间十分钟》音乐结束活动

[评析] 整理书包是小学生应该掌握的一项基本的生活技能。有序地整理书包不仅是儿童应该养成的良好的生活习惯,它对于儿童有条理地思考问题有一定帮助,同时也有助于儿童有效学习活动的开展。因而,整理书包是很多幼儿园都会开展的一项入学准备活动。

3. 家-园-校合作,助力儿童做好准备

首先,向家长宣传、介绍儿童身心发展特点与教育活动特点,明了幼儿园小学化的危害。研究发现,父母的入学准备观念与儿童的入学准备状况呈极其显著的正相关,因而,幼儿园要帮助家长树立科学的入学准备观念。幼儿园要大力宣传学前教育政策法规,向家长发放《3～6岁儿童学习与发展指南》等宣传单,促进其全面了解幼儿身心发展与学习的基本规律、特点,认识5～6岁幼儿在健康、语言、社会、科学、艺术五大领域的发展目标和幼儿园小学化的危害,提倡家长重视幼儿学习品质和社会性的培养,对知识技能学习不盲目、不跟风、不刻意拔高,引导家长走出认识误区。同时,也可请已经入小学的儿童的父母与大班儿童的父母进行交流,交流他们是如何帮助幼儿做好入学准备的,他们的孩子在进入小学之后有没有表现出不适应等,帮助大班儿童父母了解如何促进儿童建立入学准备能力。

第二,家、园、校沟通,明确入学准备中的注意事项、问题与策略。幼儿园可以组织由小学校长、小学低年级教师、幼儿园大班教师以及大班幼儿家委会成员构成的入学准备小组。让小学校长和优秀教师针对儿童入学准备的要求和注意事项进行宣讲,阐明"提前学习"对孩子的危害,让家长和幼儿园教师对入学准备工作做到心中有数;同时,幼儿园教师尤其是大班教师也要向小学低年级教师介绍幼儿园的教育特点及6岁孩子的心理年龄特征,引导小学调整相应的教育措施以适应儿童身心发展水平,尤其是在拼音、数学的学习上要降低速度,教学方法要更生动活泼,作息制定要更适度调整等。以幼儿园为基地,有效开展家-园-校合作,帮助儿童做好入学准备。

(三) 小学

小学的环境布置、作息安排、教学活动等直接影响到儿童的入学适应状态。目前,不少小学为此进行了积极的探索,比如开展为期一周的入学适应活动,减少每节课时间,由40分钟降至30～35分钟,开展更多的游戏活动,教学方法更直观等,降低儿童从幼儿园到小学的"陡坡",促进儿童尽快适应小学生活。

延伸阅读 6-4 >>>

从"小朋友"到"小学生"

北京师范大学实验小学为帮助儿童更好地适应小学生活,作出了如下探索:

1. 家长和孩子共同"入学"

学校非常注重一年级学生家长的培训与沟通,强调将学校教育带回家庭,邀请家长与孩子共同"入学"成长。《新生入学手册》和家长会是"家长学校"的传统项目。此外,学校还定期发放家长调查问卷,了解家长在教育过程中遇到的实际困难和问题,然后邀请相关教育专家,定期开展家长讲座和家长沙龙,就"孩子上学磨蹭怎么办""如何和老师进行有效沟通"等主题进行交流。

2. 教学进度以适应学校生活为先

我们为新生提供了一段"过渡时期",将熟悉老师和同学、熟悉校园、熟悉"学校一日生活常规"定为第一周的教育教学主题。班主任带着全班学生"逛校园",了解班级教室、洗手间、饮水间的位置和课间活动地点,清楚图书馆、教务处和各年级教室位置,熟悉科任课教师的办公室,明确紧急情况下的疏散路线。学校会举行班级"定向越野比赛",以游戏的方式考查学生熟悉校园的情况。同时,在让每位同学"自我介绍"的基础上,老师会帮助孩子们制订"交友计划表",引导学生每天有计划地结交新朋友,在2周内认识本班的所有同学。教学方面,从学生的生活经验入手,用他们熟悉的物品和场景引入新知识教学,同时以儿歌、游戏等形式激发学习兴趣,将书写任务和复杂学具操作任务延后。

3. 能力培养重于知识学习

循序渐进提高儿童的观察力、专注力和交往能力等。比如在数学课上,培养孩子的观察力。老师会多次让学生观察图片,前两次看图片,着重训练学生的"专注"能力;后续则强调"观察有序性",即按照从左至右、从上至下一定的顺序观察,以避免遗漏;然后,引导学生使用一些小技巧,如点数、做记号等,防止重复数或遗漏。比如通过"问—答"课堂教学形式,循序渐进提高儿童的学习能力。起始老师在问答中关注学生倾听的专注性,关注思维的活跃性;然后强调回答问题语言表达的完整性、条理性、逻辑性;再往后注重培养问题意识,引导学生自己发现问题、讨论解决问题。

[资料来源:李杜芳,吴建民.从"小朋友"到"小学生"——北师大实验小学新生入学适应教学革新记[J].人民教育,2014(16):66-67.]

延伸阅读 6-5 >>>

"零起点"入学

教育部发布的《小学生减负十条规定》中提出,一年级新生入学后,要严格按照课程标准从"零起点"开展教学,不得拔高教学要求,不得加快教学进度。教育部、国家发展改革委、财政部发布《关于实施第二期学前教育三年行动计划的意见》,要求坚持小学一年级"零起点"教学,严禁幼儿园提前教授小学教育内容。

"零起点"教学的科学表述应该是基于课程标准的教学,指学龄前儿童不应该提前进入以掌握教材知识点为目标的学习状态中。例如,上海市于2013年9月新学期开始,小学一年级全面实施"新生零起点"教学;杭州市于2014年9月,小学一年级新生入学实行零起点教学,以应对"抢跑"太厉害现象。

(资料来源:上海市教委要求一年级"零起点"教学 不准抢跑[EB/OL]. http://www.edu.cn/ji_jiao_news_279/20130220/t20130220_904198.shtml;今年9月入学杭州小学一年级新生将实行零起点教学[EB/OL]. http://zjnews.zjol.com.cn/system/2014/08/13/020194967.shtml)

四、入学适应的问题

近二十年来,虽然儿童入学准备问题得到了国内外研究者的高度重视,也进行了较丰富的理论探讨和实践探索,但在中国的教育实践场域仍然存在如下问题:主体相对单一,更多是幼儿园的准备和家庭的准备,小学对儿童入学适应问题重视不够;内容相对片面,更重视知识技能的准备,尤其是读写算等的准备;时间上的突击性,不少幼儿园到大班下学期甚至只提前3个月进行走马观花、形式化的准备。虽然多数儿童能较好适应小学生活,但因上述问题的存在,导致部分儿童入学适应过程中存在如下突出问题:

1. 学习适应性方面,学习方式与品质存在突出问题

学习方式、身体健康与动作技能得分与儿童学校适应的各项指标关系更为紧密[1],对儿童的入学适应有很好的预测作用。但我国学者张向葵的研究发现,一年级教师普遍认为儿童在学习品质与技能方面存在较明显缺陷。[2] 张玮的研究发现,儿童学习适应情况不容乐观,尤其是在听课方法、独立性和毅力、主动学习方面存在着明显的问题。[3] 不少小学教师认为儿童的注意力、自控力较差,抗挫折能力以及解决问题的能力需要提高,幼儿园教师认为儿童在独立解决问题、抗挫折能力、自控力等方面还有待加强。总的来说,研究者通过实地观察和访谈调研等方法,发现儿童在注意力、自控力、自主独立解决问题等学习品质方面的问题较为突出。

不少校长和教师认为,儿童之所以出现注意力分散现象,主要与不少儿童在入学前进行了"过度准备"有关,儿童掌握了大量的拼音、汉字和运算等方面的知识技能,入学后就是"热剩饭",因而听课的兴趣不足、容易走神儿。还需特别指出的是,儿童提前学习知识让其在一、二年级的学习中有一定优势,但很快优势就不再有了,儿童以牺牲游戏时间来换取些许"优势",甚至影响好的学习心向和习惯的养成,实在是得不偿失!

2. 社会适应方面,自我管理方面问题突出,同伴交往能力还有待提高

张向葵的研究表明,幼儿园教育在培养儿童的交往能力和自理能力方面仍比较薄弱,影响儿童的入学适应。张玮指出,儿童社会适应情况较好,但在独立生活能力和自我管理能力等方面还有待提高。

值得提出的是,从人群上来看,农村儿童尤其是留守儿童、经济社会地位较低的家庭儿童的入学适应水平总体较弱。这既与家庭普遍不够重视入学准备中的健康与运动领域、社会性发展领域、学习方式领域以及言语与表达领域有关,也与家庭教育文化资源比较匮乏有关,与农村幼儿园或弱小民办园的教育观念与行为有关。而不同文化背景的儿童在入学准备上的差异不仅直接影响他们入学后的学习和发展,也会影响政府通过实施义务教育来促进教育公平的美好愿望的实现,因而,不少国家对入学准备的观念和行动已超出了教育的疆域。比如美国指出,入学准备问题不仅仅是学前教育领域中的问题,实际上是一个涉及教育公平和种族和谐的社会政治问题。缩小在入学前就已经存在的

---

① 吕正欣. 儿童入学准备发展水平对其学校适应状况的预测[D]. 长春:东北师范大学,2008:32.
② 张向葵,孙蕾,李大维,等. 教师关于儿童入学准备的观念[J]. 心理发展与教育,2005(4):73-78.
③ 张玮. 小学一年级学生入学适应现状及影响因素研究[D]. 西安:陕西师范大学,2011:1.

学习和发展上的贫富、种族和族群差距,涉及后续的义务教育效益、阻断贫困在代际间的恶性循环、种族平等及社会和谐发展等重要的社会政治经济问题。[①] 因而,美国提出"到2000年所有的美国儿童都要为进入学校学习做好准备",并采取行动推动该计划,如1965年问世的集托幼服务、早期教育、健康检查和治疗、营养、父母教育为一体的"开端教育"(Head Start)项目。

第三节 学前儿童的多元文化适应与促进

引导案例 6-3

多姿多彩的节日活动

当前,很多幼儿园都开展了节日教育,包括中国的传统节日,如春节、元宵节、端午节、中秋节、重阳节等;西方的节日,如圣诞节、感恩节、万圣节、父亲节、母亲节等。通过节日教育活动让幼儿理解和尊重来自不同种族或民族的文化已成为幼儿园比较普遍的做法。

思考:1. 节日教育活动是引导儿童理解多元文化的唯一途径吗?

2. 多元文化的内涵是什么? 应如何帮助儿童适应多元文化?

"多元文化"这一术语,在西方20世纪20年代就已经出现,但它作为一种社会思潮引起人们的关注,还是在20世纪50~60年代以后的事情。多元文化指人类群体之间价值规范、思想观念乃至行为方式上的差异。可以说,几乎任何一个国家都存在着多元文化,并且,价值体系、思想观念上的差异也不只是在民族间才存在,在各社会阶层、地域之间、年龄之间、性别之间、群体之间和宗教之间等同样也存在着。尤其是在日益全球化的今天,经济、文化、科技等交流活动日益频繁,世界各国都不同程度地面临着多元文化的交互作用,而当今中国社会正经历着一次前所未有的全面、强烈而深刻的社会转型,阶层分化与差异更为明显,如何实现每个人的发展,实现社会正义显得尤为重要。中国多元文化是在经济全球化和改革持续深化的背景下,在以马克思主义为指导的主流文化引导下,主流文化与非主流文化、精英文化与大众文化、传统文化与外来文化等不同文化相互交融、共同发展的一种社会文化存在状态。[②]

在多元文化背景下,如何让个体在认同自身文化的基础上,正视、尊重多元文化差异,达至不同文化间的共荣共生,这是多元文化教育的使命。对于学前儿童来说,文化作为社

---

① 刘焱. 入学准备在美国:不仅仅是入学准备[J]. 比较教育研究,2006(11):28-32.

② 陆岩. 社会主义核心价值体系引领多元文化的几个关键点[J]. 北京师范大学学报(社会科学版),2012(1):125-131.

会的有机组成部分,如何适应多元文化这一亘古不变却又不断演变的社会背景,是学前儿童社会教育的重要内容,培养儿童的多元文化意识是幼儿园教育适应时代要求的必然选择。

一、学前儿童多元文化适应的目标和内容

法国文化专家路易·多洛(Louis Dollot)指出,"多样性是人类文明的共同遗产,而且全人类都把文化的多样性看作是一种财富"。但理解、接纳多样性的"他文化",这需要一个过程。美国曾有学者将多元文化的发展区分为下列七个阶段:①一元化阶段。这一时期,每一群体总是用自己的价值观来判断事物,用"文化绝对论"的眼光看问题,以为自己的文化是最优越的。②文化接触阶段。在与其他文化的相互接触当中知道对方的存在。③文化冲突阶段。由于文化间的价值体系等方面存在诸多差异,在文化接触中,会因某一群体对其他文化的误解等造成文化间的对抗。④通过教育进行调停的阶段。利用课程使学生了解自己的文化,同时对其他文化也有所认识,使文化间相互沟通、联系。⑤不平衡阶段。在这一阶段,文化中的各部分发展是不平衡的,需要通过适应来达到同化。⑥觉悟阶段。在不平衡中建立新的文化体系而达到平衡。⑦多元文化阶段。人们能接受文化间的差异性,在理智和情感上确认、接受不同文化。①

对于学前儿童来说,他们的认知思维方式以具体形象性为主,对事物的认识具有强烈的体验性、经验性和操作性,因而,让他们真正从理智和情感上理解、接受多元文化是有困难的,但我们不能因而漠视社会的多元文化特性,不能因此忽略对儿童的多元文化教育。对学前儿童的多元文化教育目标和内容可以大致遵循多元文化本身的发展阶段,从一元化到多元文化接触与沟通、不平衡阶段,逐步实现不同程度的适应。另外,不同区域儿童(如城乡儿童、发达程度不同的城市的儿童、不同民族分布状况地域的儿童等)、不同经济社会地位儿童面临的文化背景不同,因而,他们能感知到的文化的多样性,甚至经历的文化冲突不同,所经历的文化适应过程也不尽相同。但基于学前儿童共同的心理特征,提出如下的多元文化适应的目标和内容。

(一)多元文化适应的目标

1. 初步建立文化自尊

当今世界多元文化并存,指在世界不同民族、不同国家之间的文化交流中,各自在保持其文化个性前提下的共存状态。文化个性是文化多样性存在的前提,因而,学前儿童要适应多元文化,必须首先了解、认识自文化,并逐步建立文化自尊,这是多元文化适应教育的首要目标。也即要让学前儿童认识和了解本国本民族的文化,感知中华民族内各民族的生活方式、民族特色、民族礼仪、民族语言等,在此基础上领会中华民族的伟大与美好,从而树立初步的民族自豪感和自尊心。这个目标可以顺次分解为:①了解、热爱自

---

① 郑金洲.多元文化激荡中的教育变革[J].学术月刊,2005(10):36-41.

己的家乡(从村镇或小区到县/地市到省);②认识自己的民族,了解中国其他民族;③认识自己的国家,初步形成中华民族自豪感。《3~6岁儿童学习与发展指南》中社会领域"社会适应"子领域的目标之一,"具有初步的归属感"有类似的表述,具体如下:

目标3 具有初步的归属感

3~4岁	4~5岁	5~6岁
1. 知道和自己一起生活的家庭成员及与自己的关系,体会到自己是家庭的一员。 2. 能感受到家庭生活的温暖,爱父母,亲近与信赖长辈。 3. 能说出自己家所在街道、小区(乡镇、村)的名称。 4. 认识国旗,知道国歌。	1. 喜欢自己所在的幼儿园和班级,积极参加集体活动。 2. 能说出自己家所在地的省、市、县(区)名称,知道当地的有代表性的物产或景观。 3. 知道自己是中国人。 4. 奏国歌、升国旗时能自动站好。	1. 愿意为集体做事,为集体的成绩感到高兴。 2. 能感受到家乡的发展变化并为此感到高兴。 3. 知道自己的民族,知道中国是一个多民族的大家庭,各民族之间要互相尊重,团结友爱。 4. 知道一些国家的重大成就,爱祖国,为自己是中国人感到自豪。

2. 初步了解、尊重"他文化"

"他文化"有广义和狭义之分。狭义的"他文化"指中华民族之外的其他人类文化;广义的"他文化"指与自己的民族、宗教、阶层地位、年龄、性别等不同的他人或群体的文化,既包含了中华民族之外的其他人类文化,也包含中国民族内部不同民族、不同区域、不同群体、不同个体与己相异的文化。本文所指"他文化"是广义的概念。儿童在初步了解"他文化"多样性和差异性的基础上,逐渐建立对"他文化"的尊重和接纳。

需要说明的是,这两个目标有一定的交叉。比如,学前儿童认识我国的少数民族,既是建立大中华民族自尊的应有目标,也属于了解、尊重"他文化"的目标。本文对"自文化"和"他文化"都是从广义的角度来界定的,"自文化"是指中华民族大文化,"他文化"则相对于儿童个体而言,他之外的文化。之所以这样界定学前儿童多元文化适应的目标,主要是考虑到儿童认知的具体形象性特点,从儿童身边入手,见微知著,了解、理解、尊重、接纳多元文化,同时,在此基础上,从整体上形成中华民族文化自尊。

(二)多元文化适应的内容

1. 不同个体间的文化

包括性别、年龄、家庭经济社会地位、民族等方面的文化差异。

2. 家乡所在地的地域文化

主要包括当地的物质文化(包含物产、景观文化等)和精神文化(包括民族文化传统、艺术形态、语言符号等)。

3. 中华民族文化

包括不同民族的语言文字、艺术形式、风俗习惯等文化差异;国家的国旗、国徽、经典艺术、重大成就等文化要素。

4. 外域文化

指中国民族之外的他族文化。主要包括民族、种族以及其生活习俗、文化传统等。

二、学前儿童多元文化适应的途径与方法

(一) 创设多元文化环境

著名儿童心理学家皮亚杰认为,儿童是在与环境的交互作用中发展的。风靡全球的意大利瑞吉欧教育模式中非常重视环境的教育作用,认为环境是"第三位老师"。教育家苏霍姆林斯基也非常重视环境的作用,"我们要努力做到,使学校的墙壁也能说话"。为了让儿童加深对"自文化"的认识,感知"他文化"的独特性与多样性,可创设多元文化环境,让幼儿潜移默化、生动形象地认识文化的多样性。例如,一些幼儿园打造民族大舞台,定期在幼儿园开展不同民族的服饰秀、歌舞表演等,或者创设"民族长廊",展示大中华 56 个民族的魅力与特色;创设国际走廊,张贴中国和世界地图,把各个国家的国旗、国徽、民族特色作一个陈列展示。当然,也有很多幼儿园在环境布置中体现家乡的文化特色,比如家乡美食街、地方戏曲、当地名人与名胜古迹等。通过环境创设,让幼儿既深化对家乡文化的感知,又能丰富对他文化的认识和了解。

(二) 在日常生活中渗透多元文化

生活是幼儿获得经验与发展的最重要的途径,应在日常生活中逐渐了解多元文化,直观地感受其魅力。可以充分利用幼儿园周边的公共资源,比如参观民族博物馆、体验民族特色餐饮、玩转民族特色街区;可以丰富幼儿的餐点,让儿童品尝不同国家有代表性的食品,如日本料理、韩国烧烤、意大利面条、西餐等,感受不同国家的饮食文化;品尝其他民族的食品;请班级中的少数民族儿童介绍自己的家庭生活习俗,请来自其他地区或地域的儿童介绍自己的家乡等等。

(三) 设计多元文化主题/专题活动

从幼儿的兴趣特点出发,以幼儿已有的生活经验、认知水平为基础,结合学前儿童社会适应内容,以家乡、本国及民族、其他国家的基本情况、建筑风格、风土人情、饮食习惯、艺术形式等为内容编制成"多元文化"主题教育活动,让儿童进一步感知、理解不同民族、种族的文化,领略多元文化的魅力。例如,一些幼儿园开展"大创游"体验活动,譬如开设"美国饮食吧""美国购物街""回族餐厅/伊斯兰餐厅"等;开创"地方文化一条街",包括饮食文化、节日文化、民间传统文化、手工技艺,甚至旅游文化等。

案例 6-3 >>>

认 识 国 旗(小班)

活动目标

1. 知道五星红旗是中华人民共和国国旗,国旗是祖国的标志,代表国家的尊严。

2. 了解国旗旗面的构成。

3. 激发幼儿尊敬国旗、热爱祖国的情感。

活动准备

1. 多媒体课件:《义勇军进行曲》《五星红旗》等。

2. 实物:一面五星红旗。

活动过程

1. 播放影音课件:幼儿园或小学升旗的场景、中国运动员奥运夺冠场景、国庆升旗场景。

师:小朋友,在这几个图画中,你们都看到了什么?有没有一面鲜艳的旗帜冉冉升起?

2. 出示实物五星红旗请幼儿仔细观察。

师:这面旗什么颜色?什么形状?上面有什么?

师:为什么是红色的?(过去我们的国家很穷很苦,有许多国家来到这里侵略我们,烧杀抢掠,有许多的英雄站起来反抗,不怕流血牺牲把敌人赶出中国,才有了我们今天的幸福生活,为了永久地纪念那些烈士,所以国旗颜色是鲜红的,象征是革命先烈的鲜血染成的)

师:为什么有一颗大星四颗小星?(四颗小星各有一个角正对着大星的中心点,大星代表中国共产党,四颗小星代表全国各族人民。象征全国各族人民紧紧地团结在党中央周围,紧跟党中央建设祖国)

师:这面旗是中华人民共和国的国旗。你们知道它的名字吗?为什么叫"五星红旗"?(因为我们的国旗是红色的,上面有五颗星,所以叫"五星红旗")

3. 回忆在哪些地方看到过五星红旗及升旗场景。(启发幼儿回答:幼儿园、学校、政府、广场,国庆节和体育比赛时等)

师:升旗时要唱什么歌?应该怎么做?

观看视频课件:1949 年 10 月 1 日在天安门广场上升起了第一面五星红旗,毛主席庄严宣告:"中华人民共和国成立了!中国人民从此站起来了!"从此,天安门广场上天天都要举行升国旗仪式,我们的国旗每天和太阳同升起。升国旗时解放军叔叔行什么礼?(行队礼)

观看小学生升旗图片。少先队员行什么礼?(行队礼)

师:我们小朋友升国旗时应该怎么做?(行注目礼)

教师小结:不管任何时候,任何地方只要听到奏国歌,看到升国旗就要原地不动,进入庄严神圣的升国旗仪式中去,不能跑动、说笑、打闹,态度要严肃认真,立正站好眼睛看着国旗冉冉上升。

4. 那现在让我们再重温一下这庄严的时刻吧!全体起立,听国歌,升国旗。

教师小结:我们要从小热爱祖国爱护国旗。不能使用印有国旗的纸包东西,或者折飞机。爱国旗就是爱祖国的表现,希望小朋友能成为祖国的骄傲!

活动延伸

我们都很尊敬国旗,请小朋友回家后和爸爸妈妈一起做一面国旗,然后带到幼儿园放在我们的教室里。每天看到它,激励自己好好学习,长大了为祖国做贡献!

[评析]　知道自己祖国的国旗、国歌是培养幼儿园民族自尊心、自豪感的必要活动,也是每一个小公民应该掌握的基本常识。爱国旗、爱祖国的情感需要逐步培养。对于小班儿童来说,虽然该活动的可操作性不强,内容比较抽象,但通过已有知识经验回顾和视频播放,可以帮助幼儿直观、形象地认识国旗和国徽。活动延伸"制作国旗"活动则更有助于幼儿直观地认识国旗,逐步形成爱国旗的情感。幼儿园要不断通过活动加深幼儿对祖国的了解和认识,逐步培养其爱国的情感。

📚 案例 6-4 >>>

挤　奶　舞(中班)

活动目标

1. 初步了解蒙古族的生活习惯和舞蹈风格。

2. 学习蒙古族舞蹈的简单动作。

活动准备

1. 蒙古族舞蹈音乐《挤奶舞》。

2. 蒙古族挤奶图片。

3. 蒙古族服饰。

活动过程

1. 教师出示实物、图片,介绍蒙古族的服饰和生活习惯。

出示实物。小朋友你们知道这是哪个少数民族的服饰吗?(蒙古族)

多媒体展示蒙古族的生活。蒙古族是怎样生活的?(蒙古族是生活在马背上的民族,他们住在美丽的大草原上,他们喜欢跳舞,喜欢挤奶、骑马、摔跤)

2. 幼儿观察录像,了解蒙古族舞蹈的特点。

师:蒙古族是怎样跳舞的?小朋友看看老师的舞蹈像不像蒙古族跳的舞?(教师具体示范抖肩、压腕、跑马步等蒙古族舞的典型动作)

3. 教师示范律动《挤奶舞》,幼儿学习。

师:老师今天给小朋友带来了一段优美的蒙古族舞蹈《挤奶舞》,想看老师表演吗?

教师讲述动作的要领,强调注意节奏的快慢变化。幼儿跟教师学习舞蹈,教师强调动作的要领。教师邀请个别幼儿进行表演,再次强调动作要领。

4. 全体幼儿跟教师在《挤奶舞》的欢快音乐中一起舞蹈,愉快地结束活动。

活动延伸

小朋友到户外去"骑马"。

[评析]　了解中华民族大家庭的风俗习惯及文学艺术形式是培养中国小公民民族自尊心、自豪感的有效形式。本次活动有助于幼儿了解蒙古族的生活习惯及舞蹈风格。活动内容有趣,符合幼儿活泼好动的年龄特点。活动过程衔接自然,综合运用演示法、练习法、观察法、问答法等多种方法,可以有效调动幼儿参与活动的积极性。

案例 6-5 >>>

欢度圣诞节(大班)

活动目标

1. 让小朋友们了解圣诞老人、圣诞树的由来、圣诞节的吉祥物。

2. 知道圣诞节是外国人的节日,与中国的节日"春节"进行对比,感受中西节日文化的不同。

3. 通过尝试制作装饰圣诞树、圣诞老人,画心中的圣诞节等活动体验节日的喜悦。

活动准备

1. 收集有关"圣诞"主题的图书和故事。

2. 收集有关圣诞布置的装饰品、食品、卡片、图片等进行圣诞节及春节的主题环境创设。

3. 《铃儿响叮当》VCD 碟片、多媒体课件。

4. 剪刀、胶水、抹布、操作作业纸、彩色皱纹纸、图片、拉花等废旧材料。

活动过程

1. 复习歌曲《铃儿响叮当》。

(1) 在欢快的圣诞歌曲中,引出圣诞节的由来。

(2) 请幼儿交流自己对圣诞节的感受。

2. 出示圣诞吉祥物(圣诞老公公、圣诞树),丰富幼儿有关圣诞节的知识。

(1) 播放媒体课件,了解圣诞老人的传说。他是谁? 怎么给小朋友送礼物的?

(2) 播放媒体课件,了解圣诞树的传说。老爷爷为什么会有一棵挂满礼物的树?

3. 圣诞节与春节的对比。

(1) 回忆中国过春节的欢乐情境。

(2) 对比春节与圣诞节庆祝方式的不同(吉祥物、吃、穿、人们的活动等),感受中西文化的差距。

4. 欣赏歌曲《圣诞快乐》。

感受歌曲欢快的节奏,小朋友即兴唱歌、跳舞、做游戏。

请"圣诞老人"给小朋友发放礼物,在愉快的情绪中结束活动。

活动延伸

请小朋友在间操后分组制作圣诞树、圣诞老人、圣诞装饰物,让美好欢乐的气氛延续。

[评析]　随着信息技术的影响和国际交往的增加,不同民族相互交流和不同文化相互碰撞的机会增多,尊重、理解他人的文化与生活方式是更好地交流、沟通的前提。近年来西方节日越来越受到国人的重视,特别是圣诞节已成为大家非常熟悉的节日。因此,幼儿园开展有关圣诞节的活动,让儿童通过该活动对西方的文化及中西方文化的差异有一定的了解。活动从认知、情感维度提出了几个目标,其目标明确、操作性强;活动准备充分;活动过程流畅、自然、欢快,为幼儿营造了自由、和谐的精神环境,有助于激发幼儿参与的积极性。

第四节　学前儿童社会变化适应与促进

引导案例 6-4

日本约 40% 儿童使用智能手机[①]

据日本 Benesse 教育信息网(www. benesse. co. jp/)报道,智能手机的普及和迅猛发展将信息化进程延伸到儿童领域。日本总务省的调查结果显示:约 10% 的 0~1 岁儿童使用手机等信息终端,4~6 岁儿童的使用率约为 40%。婴幼儿使用智能手机端"浏览照片"和"游戏"的比重较高。对于智能手机的使用理由,58.7% 的婴幼儿父母因在家照看儿童的同时需要做家务,在脱不开手时会给儿童使用手机。

调查显示,有六成父母对未上学儿童使用智能终端表示"担心会影响儿童身心健康而感到不安";有半数以上的父母列举出智能终端的优势,如"能让父母腾出照看小孩的时间做点其他的事""小孩的心情也会变好,不再哭闹"等。此外,也有父母认为智能终端有利于提升儿童学习兴趣,在利用信息检索功能深入学习等方面有帮助。具体来说,34.8% 的 0~3 岁婴儿父母和 45.8% 的 4~6 岁幼儿父母持此观点。

思考:1. 如何看待学前儿童使用智能终端? 其利弊有哪些?

2. 如何引导儿童合理使用信息产品?

21 世纪是信息时代、知识经济时代,这是个变革的时代,"唯一不变的是变化"。随着

---

① http://www.age06.com/Age06. Web/Detail. aspx? InfoGuid=b239b638-1e8e-4896-aee7-ba9d53e928fc& Category ID=5f38fd7b-14a6-48e8-a69f-5e70cda62db0

通信技术与计算机技术的快速发展，儿童面对的现代信息传播媒介从电视、电脑到移动网络设备(如智能手机、笔记本、Pad 等)快速转变，同时，儿童所获得的信息量也呈几何倍增长。今天，不论城乡，不论成人或儿童，人们均被移动网络所包围，被庞大的影音文字信息资源包围，这一突出的时代特征未来仍会延续。如何适应多变的信息社会？这是每一个现代人所面临的挑战，也是学前儿童社会教育应该关注的话题。

从经济发展来看，中国于 1992 年中共十四大提出发展社会主义市场经济，时至今日，已初步建立有中国特色的社会主义市场经济体制，市场经济的价格机制、竞争机制、供求机制也深广地影响着人们的生活和观念。中国传统文化中"君子严义，小人严利"的观念逐步被改变，金钱、财富成了人们可以光明正大谈论的话题，也成为衡量人生价值的标尺之一；理财能力成为商业社会、市场经济时代人们重要的生存能力。学前儿童社会教育也要捕捉时代的经济特点对人素质的要求，并反映到教育活动中去。

本节将主要介绍面对科技、经济的变化与挑战学前儿童社会教育应何为，与上节的多元文化挑战和儿童的多元文化适应一起，从儿童生活的宏观环境视角探讨学前儿童的社会适应与教育促进。

一、信息时代与学前儿童的信息技术教育

(一) 信息技术与产品对学前儿童的影响

今天，电脑和移动网络设备如智能手机、Pad 是儿童在日常生活中非常熟悉的设备，也是不少儿童娱乐和学习的工具，尤其是娱乐的工具。同时，电脑和多媒体影音资料和课件在幼儿园的使用也越来越频繁。这些设备和信息技术对儿童的发展有何影响？对此观点不一。下面以电脑为例来说明。

研究认为，电脑对儿童的发展有积极影响：①有利于拓展幼儿视野，是幼儿学习方式的有益补充。电脑具有便捷、形象、信息量丰富等特点，能同时呈现文字、图像、声音、色彩等信息，也具有动画、播映、绘画等功能，能给儿童提供大量的信息①，激发幼儿学习的兴趣，可以实现个性化的娱乐与学习。②可以促进幼儿社会性的发展。好的软件能够增进幼儿的社会交往和相互教学，能够帮助幼儿建立积极的自我概念等。比如我国学者陈会昌的研究表明，幼儿为了使用电脑，通常会向掌握计算机技术的成人求助，改进与成人打交道的技能，电脑也可以为幼儿和同伴交往提供更多的话题和形式，增强幼儿的合作精神。

也有人持相反观点，认为电脑有以下不利影响：①有损年幼儿童的身体健康。儿童使用电脑时往往处于比较长时间的"静止"状态，眼睛一眨不眨地看，全神贯注地玩电脑游戏，侵占其他游戏和运动的时间，可导致幼儿视力受损、神经疲劳、脊柱强直、手指变形等，对其整个身体发育有较坏影响。②不利于幼儿的认知发展，尤其不利于其想象力和创造力的发

---

① 幼儿学电脑　到底好不好[EB/OL]. http://www.babytree.com/ask/detail/6932333.

展。学前儿童使用电脑主要是看动画片、玩游戏等娱乐活动,这些活动过于频繁的图像切换,让儿童失去思考和想象的时间和机会,不利于儿童的认知发展。美国儿童联盟(2000)的报告指出,长期沉浸在电视、网络、游戏等多媒体环境当中的儿童通常面对的是成人创造的既定形象,儿童在这一过程中自己发挥想象进行创造的余地非常少。Haugland(1992)的研究表明,不适当的软件给幼儿的创造力带来了危害。[①] ③妨碍幼儿的社会性与情感的发展。研究表明,不论什么年龄,使用互联网的时间越多,儿童与家庭成员的交流时间以及参与社会活动的时间就越少,同时,有更强烈的孤独感和压抑感。另外,大量研究表明,儿童所玩的暴力游戏会增加其暴力行为,并使他们对暴力变得麻木,其负面影响是暴力电视节目的两倍。[②]

哲学家马尔库塞曾说:"科学技术同意识形态一样具有明显的工具性、奴役性,起到统治人和奴役人的社会功能。"美国著名媒体与文化学者尼尔·波兹曼(Neil Postman)在《童年的消逝》中认为电视使儿童原本拥有的文字、学校、羞耻心三种要素渐渐消逝;在《娱乐至死》中,他表示新媒体的出现让社会愈发娱乐化,电视带给社会的是浅薄和愚蠢。在当今的信息时代,智能手机、Pad等移动网络设备的普及让人随时随地都可以徜徉在网络世界里,沉浸在各种游戏和无穷的虚拟信息中,人类成了"低头族",时间被切割成碎片,身体日益弯曲,情感日趋淡漠,错过了太阳也错过了月亮,错失了人间许多的美好。人们在享受新科技带来的诸多便利的同时,一定要警惕其危害,尤其是对年幼儿童的危害。

延伸阅读 6-6 >>

蓝光(HEV)对眼睛伤害究竟有多大?

目前,市场上数码屏幕中含有大量的蓝光(HEV),长期处在有害蓝光下,可导致近视/电脑视力综合征、白内障,甚至失明。它对视力的伤害,如同紫外线对皮肤的伤害一样,平时可能不易观察,但经过长时间的沉淀,等到重视时已经无法挽回。2010 年美国眼科大会报道:蓝光光化学伤害是导致视力恶化的重要因素之一。由于孩子的眼部晶体稚嫩清澈,蓝光无法被有效过滤而直抵孩子的视网膜,蓝光伤害比起成年人增强了数倍。请看下图:

眼科专家警告

儿童使用手机或者平板等数码设备时间超过:

20分钟	30分钟	长时间
孩子平均视力接近轻度假性近视	泪膜破裂时间与干眼患者相当	易引发边缘视力,弱视,黄斑病变甚至失明!

---

① 王雁,焦艳. 优化幼儿电脑活动的环境——电脑使用不当的弊病及预防[J]. 学前教育研究,2003(5):30-32.
② [美]劳拉·E. 贝克. 儿童发展(第五版)[M]. 吴颖,译. 南京:江苏教育出版社,2002:874.

尤其值得提出的是,熄灯后看手机或平板,蓝光更强烈,更容易引发黄斑病变,初期会引发干眼症,严重则让白内障提早报到,甚至让视力丧失。

(资料来源:http://www. dr-lite. com/huyantiemo. html)

延伸阅读 6-7 >>>

人类的明天

Human's Evolution?

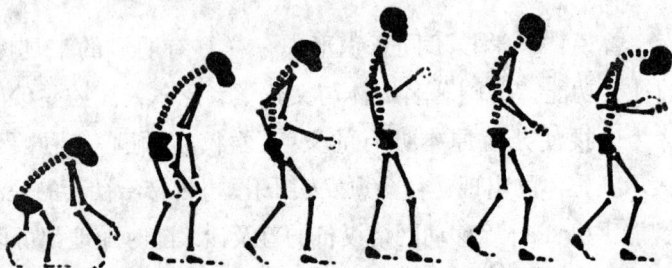

(资料来源:http://jingyan. baidu. com/article/db55b6099765134ba30a2f25. html.)

(二) 学前儿童的信息技术教育

不管我们是看到了信息技术及电子产品对儿童发展的积极作用还是消极影响,我们都不可能阻止信息浪潮对整个时代的影响,不可能完全限制儿童使用电脑和其他移动网络设备,我们需要思考的是如何做到扬长避短。因为幼儿主要在家庭使用电子产品,所以下面将从家庭角度介绍如何进行信息技术教育或行动。

1. 切忌把电子产品当"保姆""早教机"

家长要给孩子提供丰富多彩的生活,带孩子到真实的世界中,在游戏中、活动中、同伴交往中进行学习。要创设环境和条件,让孩子多与同龄人接触,多到大自然中参加户外活动,让幼儿回归真实的生活,回归其在生活中学习、在游戏中学习、在操作中学习的学习方式。

2. 切忌把电子产品当作奖惩儿童的措施

不要把电子产品作为对孩子的奖赏或者惩罚措施,这样只会增加孩子对其的兴趣。

3. 家长要做好榜样示范

家长在家里尽量不要长时间上网、"追剧",更不要沉迷于网络游戏,要多分配一些时间和孩子一起做游戏。

4. 限制幼儿使用电子产品的时间

《3～6岁儿童学习与发展指南》指出:3～4岁的孩子,连续看电视等不超过15分钟;4～5岁的孩子,连续看电视等不超过20分钟;5～6岁的孩子,连续看电视的时间不宜超过 30 分钟。那么,3~4 岁、4~5 岁、5~6 岁的幼儿连续使用电脑的时间也可以依次参考这个标准,分别为:不宜超过 15 分钟、20 分钟、30 分钟。家长可在电脑中装入时间控制装置,帮助幼儿控制时间。

5. 为幼儿提供适宜的软件及内容

家长要尽量避免选择充满电子游戏色彩的软件,以免孩子玩游戏上瘾,应选一些让孩子成为主导者、促进孩子发展的教学软件,例如学绘画,念诵儿歌诗词,阅读图文并茂的童话故事,开展各种益智类的游戏以及培养各种特长等的软件。另外,家长应在电脑上安装必要的屏蔽软件,以免孩子接触到不良的信息,影响他们的身心健康。

6. 尽量陪伴幼儿使用电子产品

家长的陪伴可以监督幼儿远离网络垃圾,帮助幼儿选择一些符合他们年龄特征、内容积极健康的资源。同时,如果家长对电子产品中的行为表示不赞同,可鼓励孩子就此进行讨论,这样能引导幼儿批判性地接受信息,而不是随便地接受。

7. 教会幼儿合理用眼,养成良好坐姿

要让幼儿与电脑屏幕保持适当距离,不应过久集中用眼,自觉增加眨眼次数;在幼儿使用电脑一段时间后,必须要求其离开,做一些肢体运动或到户外去呼吸新鲜空气等。同时,家长也要给幼儿创设良好的电脑使用环境,例如,室内光线要柔和,电脑桌椅的高度应符合幼儿的身高等;要多给孩子吃一些能够抵制辐射和护眼的食物,例如,富含维生素 A 的胡萝卜、富含微量元素的海带、富含钙质的奶制品、富含维生素 C 的水果等。

随着现代信息技术的进步和电子产品的日益普及,不少幼儿园购置了电子设备,从音乐播放、优秀影视/音乐/美术作品赏析、故事阅读到多媒体辅助教学等,教师在幼儿园一日生活中开始较广泛地使用电脑等设备,这对幼儿园教育教学虽然有积极的帮助,但电子产品对儿童的辐射,对眼睛、脊柱等器官的不良影响,以及因此产生的教师过度依赖电子产品并导致师幼互动减少、幼儿自主操作活动、交往活动减少,教师怠于跟儿童、同事一起制作玩教具等问题,值得引起高度重视。幼儿园在使用现代电子产品时,一定要适可而止,一定要在充分保障幼儿操作、游戏、交往等活动的基础上,充分发挥幼儿真实体验的一日生活的价值。

二、市场经济时代与学前儿童的财商教育

自古以来,我国就有"重义轻利""君子喻于义,小人喻于利"的传统思想,这种思想在一定程度上禁锢了中国理财教育的发展与进步。在当前的市场经济时代,理财能力就是生存能力。财商已成为继智商、情商之后又一被广泛认同的现代社会人的基本素质之一。因此,每一个人包括学前儿童,都要顺应时代的经济制度特点,形成良好的理财能力,家庭、学校和社会为此也要进行财商教育。

所谓"财商",是指一个人认识和驾驭金钱运动规律的能力,是关于理财的智慧,包括

财富观念、财富知识、财富行为三个层次。这一概念是由美国作家兼企业家罗伯特·T.清崎在《富爸爸，穷爸爸》一书中首次提出的。财商教育最终的目的，不该仅仅是为了增加个人财富，更重要的是使儿童有足够的智慧去善用资源，为自己、为身边的人，以至为整个社会谋求最大的利益与幸福。

巴菲特说："当你不能正确对待财富的时候，就不可能获得财富的垂青。所以关于财商的教育很重要，而且开始得越早越好。"在美国，把财商教育称为"从3岁开始实现的人生幸福计划"。西方教育专家认为，儿童应从3岁开始接受经济意识教育，因为他们已经萌发了花钱的念头，并指出培养儿童理财能力的关键期为三到十四岁。① 对于学前儿童来说，财商教育最主要的是财富观念的教育。

(一) 学前儿童财商教育的内容

首先，引导儿童形成健康的金钱观，例如，"金钱可以用来做什么，不该用来做什么？""钱是怎样获得的，不该怎样获得？"让儿童明白金钱不是炫耀的资本、攀比的手段，更不能无目的地随心挥霍、宣泄情绪。知道"我需要的（必需的）"和"我想要的（很可能是一时的需求）"以及"我希望（长远规划）"之间的区别，树立合理的消费观，更要引导儿童形成正确的财富观。例如，"人生的财富有哪些""什么东西最有价值"等，让儿童懂得虽然金钱很重要，但亲情、友情、健康的身心才是人生最重要的财富。

其次，帮助儿童获得初步的金钱知识，例如，"金钱是什么""金钱从哪里来""怎样合理花钱""怎么存钱（或让钱生钱）"等，遵循认识钱—获得钱/赚到钱—花钱—投资理财的顺序来进行，即要让儿童逐渐认识钱的面值、金钱与实物之间的关系，知道钱财要靠人们努力工作去赚取，也可以是被赠予获得；知道"需要"和"想要"的区别，知道货比三家、利用促销机会合理花钱等；认识银行卡并知道其功能，了解当前的一些投资手段，例如保险、股票、基金、债券、房产、黄金、存款等。

最后，引导儿童养成节约、储蓄等理财习惯。要让儿童知道钱来之不易，不能随意消费，尤其不能超过家庭的经济承受能力去消费，让儿童养成节约的习惯。要让儿童学会把暂时不用的钱存起来，以后再用。比如，可以给孩子准备一个储蓄罐，把多余的零钱放在里面，定期清点，让他们享受储蓄的乐趣；也可以带孩子去办银行卡，引导孩子把零花钱、压岁钱等存在银行里，并知道钱放银行里还可以生利息。

(二) 学前儿童财商教育的途径与方法

1. 在家庭生活中进行财商教育

父母是孩子的第一任老师，家庭是儿童接受财商教育的第一场所，也是最主要的场所。其一，父母要有意识地在日常生活中对儿童进行财商教育。可以在购物活动中让孩子对价格、价值有初步的感知。比如，父母带着孩子一起去购物时引导孩子思考，为什么

---

① 吴文前.儿童财商教育方法应用探析[J].教育与教学研究，2011(5)：50-53.

西瓜冬天的价格比夏天高？为什么买十支铅笔每支的单价就会比买一支铅笔的单价要便宜？为什么同样是水，这瓶水卖一块钱，那瓶水卖十块钱？甚至可以让孩子一起参与制订家庭购买计划，学会检查单价、使用赠券、购买前的质量调查等；可以引导孩子记账，了解自己和家庭的收支情况，培养使用金钱的精细性、条理性；要引导孩子积蓄零钱，当有一天孩子发现积蓄的钱多到可以帮他实现一个大心愿的时候，他更容易建立储蓄抗风险的理财观念；可以鼓励孩子在空余时间通过卖报、卖自己或家庭的手工制品、收售废品等方式赚钱，再用自己赚的钱消费，体会通过劳动获得金钱的快乐与艰辛，萌发创富的欲望。其二，可以通过亲子阅读或动画片等引导孩子关注理财问题。比如可以跟孩子一起阅读儿童财商启蒙教育读本《穷宝贝，富宝贝》《小狗钱钱》《神探贝妮、威力哥哥与金融行动》等。可以观看《巴菲特神秘俱乐部》，该片是巴菲特授权指导、以其形象制作的培养儿童财商的动画片。故事中，以投资专家身份出现的巴菲特与厉娜、周安仔、阮小磊三个性格迥异的孩子组成了神秘俱乐部，四个人一起商量解决生活中遇到的投资、理财和商业问题。其三，家长要给孩子树立良好的理财榜样。家长首先要意识到理财能力对家庭发展与儿童成长的重要性，学会通过多种方式创造财富，除了工资收入之外，还要善用储蓄、基金、股票、房产、黄金等多种方式理财，不断扩大家庭财富。同时，还要养成节约、合理消费的良好习惯。除此之外，家长还要通过言传身教让儿童懂得，虽然金钱对于人生来说很重要，但亲情、友情、健康的身体、平和的心态等更是人生最宝贵的财富。

2. 在幼儿园通过参观、游戏等活动开展财商教育

其一，幼儿园可通过参观不同工作场域进行财商教育。让儿童通过参观商店、银行、工厂、农场、医院、消防队、警察局、科技园等不同的工作场域，了解不同的工作环境和不同的工作方式、挣钱方式，初步体验不同工作的辛苦与幸福，这样既有助于激发孩子节约的意识，也有助于激励孩子树立职业理想。其二，幼儿园可以通过游戏活动进行财商教育。可开展模拟商店、模拟银行等角色游戏，深化儿童对金钱的理解。通过商店游戏让儿童了解纸币、硬币及其面额；价格与物品的关系；付款、找钱的交换活动；通过模拟银行开展存钱、取钱、理财等活动。另外，还可以推荐孩子玩一些类似于大富翁的益智游戏，让孩子能够在游戏当中初步建立起对于投资的印象。其三，可以在阅读活动或观看专门的财商教育节目中进行财商教育。

（三）财商教育在国外

1. 美国：财商教育开展早，强调儿童早自立

2002 年 2 月，美联邦储备委员会主席艾伦·格林斯潘在国会发表演讲时提出，"为了我们国家的发展进步，财商教育是世界第一的国家保持自己实力的关键"。让孩子及早学会赚钱、与人分享钱财以及如何依法纳税，培养孩子善于理财的品质和能力，这是美国素质教育的一项重要内容。国际教育基金会会长夏保罗先生指出，美国人有一个共识，在诸多成功中，赚钱是最能培养人的成就感的，所以必须从小教孩子认识钱和理财。在

美国,不管家庭多么富有,男孩子 6 岁以后就会给邻居或父母剪草、送报赚些零用钱,女孩子做小保姆赚钱,儿童还会将自己用不着的玩具摆在家门口出售,以此来体验通过劳动获得报酬的快乐,引导孩子树立自立意识。

美国社会对孩子财商的基本要求是:3 岁时能够辨认硬币和纸币;4 岁时认识到我们无法把商品买光,必须在购买时作出选择;5 岁时知道钱币的等价物,例如:25 美分可以打一次投币电话等,知道钱是怎么来的;6 岁时能够找零;7 岁时能够看明白价格标签;8 岁时知道自己可以通过做额外工作赚钱,学会把钱存到储蓄账户里;9 岁时能够简单制订一周的开销计划,购物时知道比较价格;10 岁时懂得每周节省一点钱,以备有大笔开销时使用;11 岁时知道从电视广告中发现有关花钱的事实;12 岁时能够制订并执行两周的开支计划,懂得正确使用银行业务中的术语。

2. 日本:自力更生、勤俭持家

日本人教育孩子的名言是:"除了阳光和空气是大自然赐予的,其他一切都要靠劳动获得。"日本家长不以钱作为奖赏,许多日本学生在课余时间,都要到校外参加劳动赚钱。与美国有所不同的是日本学校的金钱教育中强调一种责任感,要求学生正视金钱的价值,明智地合理地使用金钱。日本的家长认为,干家务活是孩子应尽的义务,如果孩子干活要付钱的话,这就是对家庭关系的扭曲,其结果往往会使孩子弄虚作假去逢迎家长的心理而骗钱。

3. 新加坡:倡导"节俭和储蓄是美德"

"节俭和储蓄是美德"这种传统的价值观在新加坡大人、孩子中始终牢固不变。从银行存款额看,新加坡全国中小学生 1992 年参加储蓄的百分比超过 53%。新加坡的学生如此会存钱,在于社会与家庭、学校的合力引导。教育部、邮政储蓄和银行每年都开展全国性的校际储蓄运动。

4. 英国:"能省的钱不省很愚蠢"

英国政府规定儿童从 5 岁起,就必须在学校接受"善用金钱"为主的理财教育。英国教育部门教学大纲和学历管理委员会对中小学生的主要课程进行了改革,新课程中增设了一门针对所有 11 岁至 16 岁学生的"经济与财政能力"课程,让学生从小学开始就会处理财务问题。

5. 犹太人:延后享受、智慧是永恒的财富

全球经济圈中的很多精英,如前美联邦储备委员会主席艾伦·格林斯潘、投资家索罗斯、彭博通讯社创办人迈克尔·布隆伯格等,都是在小时候接受了"犹太式"的财商教育。据统计,美国目前总财力的 20% 掌握在犹太人手里,美国百万富翁中犹太人也占 20%,而犹太人口在美国总人口中的比例不到 4%。犹太人财商教育最重要的一点是培养孩子延后享受的理念,即延期满足自己的欲望,以追求自己未来更大的回报,这几乎是犹太人教育的核心,也是犹太人成功的最大秘密。犹太人教育孩子:"如果你喜欢玩,就

需要去赚取你的自由时间,这需要良好的教育和学业成绩,然后你可以找到很好的工作,赚到很多钱,等赚到钱以后,你可以玩更长的时间,玩更昂贵的玩具。如果你搞错了顺序,整个系统就不会正常工作,你就只能玩很短的时间,最后的结果是你拥有一些最终会坏掉的便宜玩具,然后你一辈子就得更努力地工作,没有玩具,没有快乐。"这是延后享受的最基本的例子。

智慧是永恒的财富。犹太儿童都会被问到一个问题:"假如有一天你的房子被烧毁了,你的财产被抢光了,你将带着什么东西逃跑呢?"如果孩子回答是金钱和珠宝,母亲就会耐心地引导孩子,告诉他:"你要带走的既不是钱,也不是宝石,而是智慧。因为智慧是谁也抢不走的,只要你活着,智慧就与你同在,智慧才是你最大的财富。"在犹太人家里,小孩子稍微懂事,母亲就会翻开圣经,滴一点蜂蜜在上面,然后让孩子去吻圣经上的蜂蜜,通过这个仪式让孩子知道:书本是甜的,智慧是甜的。

延伸阅读 6-8 >>>

专家支招儿童财商培养计划

3 岁:辨认纸币和硬币。

4 岁:学会用钱买简单的用品,如画笔、泡泡糖、小食品。

5 岁:弄明白钱是劳动得到的报酬,并正确进行钱货交换活动。

6 岁:能数较大数目的钱,开始学习攒钱,培养"自己的钱"意识。

7 岁:能观看商品价格标签,和自己的钱比较,确认自己的购买能力。

8 岁:懂得在银行开户存钱,并想办法自己挣零花钱,如卖旧报纸获得报酬。

9 岁:能够制订简单的一周开销计划,购物时知道比较价格。

10 岁:懂得每周节约一点钱,留着大笔开销时使用。比如买溜冰鞋、滑板车等。

11 岁:学习评价商业广告,从中发现价廉物美的商品,并有打折、优惠的概念。

12 岁:进行股票、债券等投资活动的尝试,以及商务、打工等赚钱实践。

13~15 岁:可尝试一些安全的投资工具和服务,知道如何进行预算、储蓄和初步投资。

16~17 岁:要学习一些宏观经济基础知识,学会关注全球市场信息,了解简单的金融工具之间的相互联系。

(资料来源:http://business.sohu.com/s2014/045/)

本 章 小 结

"社会适应"是《指南》中指出的社会领域的子领域之一,是学前儿童社会教育的重要组成部分。但由于相关论著中比较缺乏从发展角度来阐述学前儿童社会适应的发展过程与特点，因而本书把它放到"拓展应用篇"，主要从教育促进角度来阐述。本章以生态系统理论为视角，从儿童生活的微观社会环境、中观社会环境、宏观社会环境等来分析儿童的社会适应过程、问题及其策略。

具体来说，本章介绍了学前儿童入园适应的意义，分析了其现实问题与影响因素，提出了帮助儿童做好入园适应的策略；阐述了学前儿童入学适应的内容与途径，据此提出了帮助儿童做好入学适应的策略；指出了学前儿童多元文化适应的内容以及途径、方法；提出了帮助学前儿童适应信息时代的要点；阐述了财商教育的内容、途径与方法，以帮助学前儿童适应市场经济时代的挑战。

检　　测

1. 学前儿童的社会适应主要包括适应什么？
2. 请你谈谈帮助幼儿尽快适应幼儿园生活的途径与策略有哪些。
3. 请结合入学准备的内容谈谈你对幼儿园教育小学化的认识。
4. 如何理解多元文化？学前儿童多元文化适应的内容与途径、方法有哪些？
5. 案例分析题：设计一份调查问卷和访谈提纲，以了解学前儿童使用智能信息产品（主要是智能手机、Pad）的情况，并根据研究结果提出相应的学前儿童信息教育策略。
6. 案例分析题：请设计一份关于幼儿财商教育的活动案例。

第七章
学前儿童社会问题行为及其干预

学习目标

- 了解学前儿童社会问题行为的含义和类型
- 掌握常见的学前儿童社会问题行为的表现
- 理解学前儿童社会问题行为的成因
- 应用学前儿童社会问题行为干预的基本方法与程序

本章导读

本章在介绍学前儿童社会问题行为含义与类型的基础上,结合案例介绍了常见的学前儿童社会问题行为的表现,并针对这些问题行为有针对性地介绍了常见的干预方法和一般程序。以期学习者了解并掌握学前儿童社会问题行为的相关理论知识,并能应用到具体的案例分析和教育实践上。

第一节　学前儿童社会问题行为的类型和成因

引导案例 7-1

淘气的孩子①

小瑞在幼儿园两个月的时间内做出了很多让老师气愤的事,如把玩具放到水里、把毛娃娃塞进抽水马桶里、在墙上乱画……幼儿园老师对小瑞进行了无数次说教,也采用了阻止等方式,但收效甚微,小瑞的破坏行为一如既往。

在日常生活中,我们经常发现,学前儿童经常有意无意地去破坏手中的玩具,布娃娃被咬烂了鼻子、小帆船的帆与船身分了家、塑料小鹿的角剩了一只……特别是那些大人

---

① 王萍.学前儿童问题行为及矫正[M].北京:清华大学出版社,2013:19.

按照他们的方式专门为孩子的成长而准备的玩具,被孩子破坏得更严重。对于孩子的破坏性行为,很多家长很无奈地问:"不管怎么打怎么骂,还是又拆又扔的,我就不明白他这么破坏是为什么。"

　　思考:1. 案例中小瑞的行为属于问题行为吗?
　　　　　2. 对于学前儿童的社会问题行为如何界定?

　　学前儿童在成长的过程中,可能会出现一些社会问题行为,案例中小瑞的行为属于问题行为,对于学前儿童的社会问题行为如何界定? 上述行为属于哪一种问题行为呢? 导致这种行为的原因是什么? 本节内容我们将阐述学前儿童社会问题行为的含义、类型和影响因素,相信我们对这一系列问题很快会有一个清晰的认识。

一、学前儿童社会问题行为的含义与类型

(一) 问题行为的含义

　　行为指受思想支配而表现出来的外表活动,问题行为和正常行为是对应的概念,两者处在一个连续体的两端,问题行为的判定需要在与正常行为的比较中获得,具备什么样的特征才能称为正常行为呢?

　　1. 正常行为的一般标准

　　(1) 学前儿童的行为与年龄相符合。即个体的行为与所处的同龄群体的行为表现较为一致或相似,符合相应的年龄阶段特征,并无明显的特殊之处。如 0～1 岁是婴幼儿的"口欲期",在这一时期孩子喜欢吃手是正常的,如果随着年龄的增长仍然存在这种状况,就是问题行为。

　　(2) 幼儿逐步学会表达与控制自己的情绪。学会正确地表达情绪是幼儿社会性发展的重要任务之一,表现为幼儿可以准确地识别自己与他人的表情和情绪,逐步学会在不同的情境中表现出适当的情绪,并开始逐步调整并控制自己的情绪,情绪表现与环境较为一致。

　　(3) 能正确地处理同伴之间的关系,解决冲突。同伴交往是学前儿童社会学习的重要途径,学会与同伴正确的相处、良好互动也是他们学习的重要内容。健康的幼儿乐于并善于与他人交往,在交往中表现愉快的情绪,对同伴表现出更多的亲社会行为;能够恰当地处理与同伴之间的矛盾,即使有矛盾也能够在他人的劝说引导下恢复良好的同伴关系。反之,不健康的学前儿童在群体活动中常常独自一个人活动,对同伴表现得较为冷漠,一旦发生争执容易冲动,表现出攻击性行为。

　　(4) 幼儿的行为与当地的社会文化相适应。不同的地区有着不同的文化习俗,学前儿童都生活于一定的文化共同体之中,同时,也需要将当地的文化习俗进行内化以适应所生活的环境。

学前儿童的问题行为与正常行为是一个连续体,两个不是对立的,绝大多数儿童处于两者之间,一般儿童都不同程度地存在行为问题。与此同时,学前儿童的社会性行为的内容是多方面的,有些问题儿童许多方面的行为都是正常的,只是在某些方面存在问题行为,我们对此要正确看待。

2. 学前儿童问题行为

问题行为又叫作行为异常、行为障碍、偏差行为等,对儿童问题行为的研究可追溯到1928年。什么是问题行为? 西方学者威克曼(E. K. Wakeman)认为:"行为,从社会意义来看,是社会评价和社会规范的结果;而问题行为则表示在个体行为与社会对行为的规范和要求之间发生的冲突。"①我国研究者也从不同的角度对其进行了界定。林格伦认为问题行为是"指任何一种引起麻烦的行为,或者说这种行为所产生的麻烦"②。台湾学者张春兴在《张氏心理学辞典》中把问题行为界定为:"凡带有反社会性或破坏性者称为问题行为;因此等行为不利于别人。此外,行为中带有不良适应性质者,亦属问题行为;因此等行为不利于自己。③"由林崇德所编制的《心理学大辞典》中将其界定为"个体的妨碍其社会适应的异常行为"。具体到儿童的问题行为,研究者们提出了以下观点:我国学者孙煜明认为:"儿童的问题行为是指那些妨碍儿童身心健康,影响儿童智能发展,或是给家庭、学校、社会带来麻烦的行为。"张梅从问题行为的类别角度进行了界定,指出"儿童的问题行为是儿童身心健康发展的重要障碍,它包括儿童在行为和情绪两方面出现的异常,表现为各种违纪行为和神经症行为"。

综上所述,学前儿童问题行为指妨碍学前儿童身心健康发展和良好品德形成,给家庭、幼儿园乃至社会带来麻烦的行为。

3. 社会问题行为的一般表现④

学前儿童的问题行为主要有良好行为不足、行为过度和行为不适当三种表现,具体来说:

(1) 良好行为不足。良好行为不足是指人们所期望的行为很少发生或从不发生。如幼儿很少讲话或不愿和同伴接触、交往,智力发展迟滞,不会自己穿衣服和吃饭等。

(2) 行为过度。行为过度是指某一类行为出现得太多。如儿童上课时经常注意力不集中,不遵守纪律,做小动作,扰乱别人,经常咬指甲等,引导案例中小瑞的行为就属于破坏行为过度。

(3) 行为不适当。行为不适当是指期望的行为在不适宜的情境中产生,但在适宜的条件下却又不发生。如儿童叫送奶员为"爸爸",儿童将喜爱的玩具放在垃圾堆里,或在

---

① 林格伦.课堂教育心理学[M].章志光,张世富,杨继东,等,译.昆明:云南人民出版社,1983:187.
② 林格伦.课堂教育心理学[M].章志光,张世富,杨继东,等,译.昆明:云南人民出版社,1983.
③ 张春兴.张氏心理学辞典[M].上海:上海辞书出版社,1992.
④ 甘剑梅.学前儿童社会教育[M].北京:中央广播电视大学出版社,2007.

悲伤时大笑,在欢乐时反而大哭等。

4. 社会问题行为的一般特征

学前儿童问题行为虽然有各种不同的表现,但它们又有一些共同的特征。概括起来,可以归纳为以下三个方面:

(1)学前儿童的行为持久性困难。学前儿童在某一段时间内可能会表现出某些特殊的行为,如喜欢打人,爱发脾气等,如果这些行为经过一段时间之后自然地消退,那这类行为表现就不属于问题行为。但如果问题行为持续存在,且并无消退的迹象,一般能延续半年以上,这类行为就有可能是问题行为。

(2)学前儿童的行为不受控制。行为不受控制是指学前儿童不理会教育者的引导,或行为过度而不合时宜,不符合要求,或被动、退缩,行为自控性差。但这些问题行为不会因为教师或加重的干预策略产生改变,不受教育者的控制。

(3)学前儿童对周围环境和现实不理会。不理会现实是指经常忽视四周的环境,例如,学前儿童如果在正常的情况下有过度的情绪表现,莫名其妙的紧张,无法和周围的人建立关系,对现实情境不去理会,都可能是问题行为的表现。

(二)学前儿童社会问题行为的类型

学前儿童社会问题行为表现形式多样,成因也非常复杂,人们对它的认识也不尽相同,为了帮助我们更好地认识学前儿童的社会问题行为,在具体的操作过程中学者将其进行了分类。

威克曼将儿童问题行为区分为两类:一类是外扰性的问题行为,例如不守纪律、不道德;另一类是危害儿童自身的问题行为,诸如社交退缩、抑郁、孤僻和依赖等。阿肯拜茨将儿童的问题行为划分为外显和内隐两类,外显的问题行为主要为攻击性、反社会性和过度活动等,而后者主要指焦虑、抑郁、退缩等情绪问题。国内学者也主要将问题行为区分为外在化行为和内在化行为,其中前者主要包括品行问题、攻击和违纪性活动;后者包括神经质、考试焦虑和性回避。左其沛等人根据外部情境、内部动因、行为方式及其特点、行为后果、心理活动状态及个性特点、自我评价及体验、性质程度等指标,将问题行为分为以下四类:品德不良型、攻击型、过失型、压抑型。

概括国内外研究者的观点,儿童的问题行为主要分为两大类:外化问题和内化问题。具体到学前儿童问题行为的分类,根据不同的维度可以划分为不同的类别。从学前儿童问题行为的原因来看,有由发展不成熟、某些需要未被满足、特殊的生理和心理原因三类因素引起的问题行为。基于问题行为的严重程度分为轻度的可以忽略的问题行为、需要指导帮助的问题行为、需要特殊干预的问题行为;基于问题行为的表现分为生理性、心理性和品德性的问题行为三类。① 在这里主要呈现基于问题行为的表现划分的三种类型。

---

① 甘剑梅. 学前儿童社会教育[M]. 北京:中央广播电视大学出版社,2007:256.

1. 生理性的问题行为

学前儿童生理性的问题行为主要与儿童的发育成熟度有关,由于发育不成熟或某方面的缺陷导致,通过身体表现出来。例如泼洒、小便弄湿衣服、碰撞、吸吮手指等,这些行为属于生理性的,一般是暂时性的,在学前时期的某一阶段发生,在后期适当的教育训练下可以得到缓解、好转或消失。

📚 **案例 7-1** >>>

西西又吃手了

我班一位 4 岁的小女孩,聪明好学。老师、小朋友都很喜欢她,但就有一个坏习惯——爱吸吮手指。在午睡、上课、游戏时都会发现她将食指放入嘴里吸吮。当小朋友午睡起来时,就会听到小朋友的告状声:"老师,西西睡觉又吃手了!"这时,她又会用无辜的眼神看着我,仿佛在说:"我不是故意的。它自己要跑到我的嘴里。"有时候,看见她在吃手,我提醒她,她就把手指拿出来,一会儿又偷偷地吸吮手指了。

[评析] 案例体现的是幼儿吸吮手指的问题行为。

2. 心理性的问题行为

此类主要是由心理方面的原因造成的行为问题,表现为以下几种:一是由于矛盾心理引起的神经性行为,如强迫性行为、歇斯底里行为、神经性厌食等;二是情绪方面的问题,表现为过度敏感导致的神经质、焦虑、多疑、烦躁、过分依赖、敌对情绪等;三是性格方面的问题行为,如性格偏执、反复无常、爱发脾气、胆怯、退缩等;四是过度的行为问题,有注意障碍、综合多动症、冲动等。

📚 **案例 7-2** >>>

入 园 焦 虑①

月月刚入园,她一进教室,就哭:"我想妈妈。"妈妈一走,她就会找上一个老师,抱住大腿就要往上爬,嘴里说:"抱抱,抱抱。"老师还得做事,不可能总抱她,但她看到没法抱了,就还是跟着老师,拉着老师的手,她喜欢单独跟着一个老师或阿姨。老师要是抱抱她,她就不哭了,或者哭得小声了,要是老师抱别的小朋友,她又会使劲地哭,她的书包像是宝贝,整天背着都不嫌累,一说要拿走书包就哭。

[评析] 案例主要体现的是儿童入园后面对陌生的环境,不适应而产生的焦虑,属

---

① 曾小苓.幼儿入园焦虑分析与策略[EB/OL]. [2015-05-22]. http://www. fjzzjy. gov. cn/newsInfo. aspx?pkId=18218.

于情绪方面的问题。

3. 品德性的问题行为

品德性问题行为是由于接受不良教育而导致的问题行为,这类行为通常会伤害别人或违反道德规范准则,具有一定的道德评判意味。如攻击行为、偷窃、有意说谎、不遵守游戏规则等。这类问题需要教师与家长及时进行教育和指导,加以改善。

案例 7-3 >>>

说 脏 话

5 岁的辰辰看《大头爸爸和小头儿子》这部儿童电视剧已不止一遍了。那天他又在乐滋滋地看,奶奶凑上来问他某个情节,却不料,辰辰冲着奶奶脱口而出"你怎么像个白痴",奶奶和同时在场的妈妈听后都惊呆了。

[评析] 辰辰说脏话属于品德性的问题行为。在某种程度上"伤害"奶奶,父母应正确地加以引导其使用文明礼貌用语与他人进行交往。

二、学前儿童社会问题行为的影响因素

学前儿童的问题行为是如何产生的,哪些影响因素致使其发生发展? 这是我们需要进一步探讨的问题。在阐述问题行为发生机制的理论中,影响比较大的主要有社会标签理论、杰索的问题行为理论、信息加工理论以及生态系统理论[①],它们从不同的角度对问题行为的影响因素给予了解释。学前儿童社会问题行为是内外因素相互作用的结果,一方面受到个体生物和心理因素的影响,另一方面受到家庭、幼儿园、社区等社会环境因素的影响。因此,以下主要从个体因素和社会因素两个方面来分析。

(一) 个体因素

1. 生物因素

影响学前儿童社会问题行为的生物因素首先体现为遗传。个体遗传素质主要体现为机体的构造、形态、感官和神经系统的特征等通过基因传递的生物特性,人类行为遗传学的研究表明,人类的行为也是在遗传和环境的相互作用下发展的,人类的许多行为都是由遗传构造、神经功能和生理成熟所支配。研究表明,儿童的某些问题行为与遗传基因有关,例如,许多精神障碍诸如焦虑症、强迫症和情绪障碍等与一种神经递质五羟色胺相关,而五羟色胺的水平受遗传因素的影响。

其次,母孕期和围产期的危险和有害因素会直接或间接造成儿童脑功能损害,导致

---

① 董会芹. 学前儿童问题行为与干预[M]. 北京:清华大学出版社,2013:50.

神经系统发育迟缓,从而影响儿童日后行为的发展。母孕期的病毒感染和各种疾病,以及怀孕期间抽烟、喝酒等不良行为都会对胎儿造成不良影响。而且,母孕期的不良情绪状态如交流、过度担心、压抑、悲伤、恐惧等,也会增加幼儿产生问题行为的可能性。

2. 心理因素

影响问题行为的心理因素主要体现在学前儿童气质、情绪、智力和自控能力等几个方面。

案例 7-4 >>

哭闹的孩子①

有一对夫妇直到 30 岁事业有成后才打算要孩子。为此,他们做了大量的准备工作,装修了房子,买了很多玩具。当妻子顺利地生下一个 3.9 公斤的胖儿子时,全家都欣喜若狂。但是,当开始三人世界的生活时,夫妻都感到精疲力尽。因为儿子嘟嘟每一两个小时就要醒一次,饮食根本没有规律,只能是他什么时候哭,大人什么时候喂。几个星期下来,丈夫每天都得不到休息,上班感到非常疲惫,而下班回到家,看到妻子也是疲惫不堪。他们都感觉自己是不称职的父母,无法应对孩子的哭闹,甚至夫妻的感情也受到影响。当他们向周围的朋友求助时,发现每个家庭的孩子都各不相同,有的一出生就很乖,吃睡都很有规律,而有的也和他们的孩子一样。

在该案例中,影响问题行为的因素是什么?

[评析] 从案例中我们可以看到气质对儿童行为的影响。该儿童的气质类型属于困难型,生活的节律性差,情绪不愉快的时候居多,对其父母的生活甚至婚姻的满意度都有较大的影响。

气质是表现在心理活动的强度、速度、灵活性与指向性等方面的一种稳定的心理特征。主要表现在情绪体验的快慢、强弱、表现的隐显以及动作的灵敏或迟钝方面,因而它为人的全部心理活动表现染上了一层浓厚的色彩。托马斯和切斯将婴儿的气质类型划分为容易型、困难型和迟缓型三种类型,他们占被试的 65%,还有 35% 属于中间型。不同的气质其行为特征不同,无论是他们的活动频率与强度,反应的强度、速度和节奏等方面都存在差异,从而影响父母的教养态度和教养行为,甚至于影响亲子关系及幼儿日后的生活、学习环境等,最终影响儿童的行为发展。② 杨丽珠和杨春卿的研究表明,儿童较高的适应性、积极乐观的心境和较高的注意持久性易引发母亲的民主行为,而母亲民主性的教养方式易养成儿童积极主动、自信、自尊、独立等良好的个性品质。

---

① 王萍. 学前儿童问题行为及矫正[M]. 北京:清华大学出版社,2013:99.
② 董会芹. 学前儿童问题行为与干预[M]. 北京:清华大学出版社,2013:59.

情绪是人对反映内容的一种特殊态度,它具有独特的主观体验、外部表现和生理反应。研究表明儿童不同的情绪表现和反应会影响其问题行为的表现。艾森伯格等人的研究表明,紧张或消极的情绪出现频率高的儿童比其他儿童同伴接受性差,并且在儿童期和青少年期出现的问题行为多(Eisenberg,Fabes,Murphy,et al.,1995)。那些经常表现出消极情绪的儿童在社会交往情境中可能有社会性退缩表现,其社会技能水平较低(Rubin,Coplan,Fox,et al.,1995)。研究者对问题行为与个体情绪关系的研究发现,不论是外化的问题行为还是内化的问题行为都与消极情绪相关(Eisenberg,Sadovsky,Spinrad,et al.,2005),外化问题行为的儿童不善于控制自己的情绪表现,而具有内化问题行为的儿童则善于控制。[①]

自我控制能力也是影响学前儿童问题行为的心理因素之一,儿童的自我控制主要体现为自制能力、坚持性、自觉性和延迟满足。学前儿童表现出不同的自我控制能力,而自控能力不同的儿童在行为上有明显差异。有自控能力的孩子能够管得住自己,做事情认真、仔细,能够有始有终,不乱发脾气,行为习惯较好;而缺乏自控能力的儿童相对来说以自我为中心,做事情三心二意、虎头蛇尾,经常哭闹,易形成不良的行为习惯。

(二) 社会因素

生态系统理论指出,个体行为的发生与发展不仅受个体因素还会受社会环境因素的影响,这里主要阐述影响个体行为较为直接的家庭和幼儿园。

1. 家庭因素

家庭是儿童一诞生就处于其中的最重要的环境,父母是儿童成长过程中的重要他人,父母的教养方式、家庭关系、家庭氛围、家庭的社会经济地位等因素对学前儿童的行为起着关键作用。

父母的教养方式是父母的教养观念、教养实践及其对儿童情感表现的一种组合方式,这种组合方式相对稳定,不随情境的改变而变化,它反映了亲子交往的实质(Darling&Steinberg,1993)。从20世纪40年代开始,研究者大量运用实证研究探索家庭教养方式对儿童发展的影响,揭示家庭教养行为和教养方式的内在结构及特征。研究发现父母的教养观念决定了其采用的教养方式,而父母对儿童的教养态度和行为直接影响着儿童问题行为的形成和发展。[②] 对于教养方式的分类,在国内,理论界传统上分为专制型、溺爱型、放任型和民主型。以民主型为例,民主型的父母愿意以平等的身份与孩子进行交流,尊重并理解孩子,鼓励他们进行独立探索。这种教养方式可以满足孩子的归属感,让他们产生安全感,学会怎样去尊重别人,从而增强自信心和自尊心,形成健全的人格和良好的行为习惯。研究表明[③],对儿童的行为产生不良影响的教养方式主要包括

---

① 董会芹.学前儿童问题行为与干预[M].北京:清华大学出版社,2013:59.
② 董会芹.学前儿童问题行为与干预[M].北京:清华大学出版社,2013:61.
③ 肖凌燕.儿童行为问题产生的原因及家庭干预[J].中国特殊教育,2004(01).

教养技能缺失、父母角色能力不足、父母不良的人格特征和行为模式、父母关系不良等。凌辉(2004)的研究发现,温暖、理解的父母与儿童的品行问题、冲动、多动呈负相关;父母的情感支持行为可以减轻儿童的社交退缩、违纪、攻击性行为和强迫行为;而父母的拒绝、过度保护或溺爱则与儿童的行为问题呈正相关。研究表明,母亲温暖和指导性与儿童说谎呈显著负相关;母亲拒绝、惩罚和溺爱与儿童说谎呈显著正相关。即母亲对儿童温暖和指导性越低,拒绝、惩罚和溺爱越高,则儿童说谎行为越多。①

家庭关系包括婚姻关系和亲子关系,其和谐与否与儿童问题行为密切相关。婚姻关系好的家庭相对较为和谐,儿童在这样的关系中较容易获得安全感,善于与人交往,容易产生亲社会行为。反之,如果父母关系不好,经常争吵且冲突较多,孩子更容易出现多动不安、攻击性、违纪等问题行为。而且父母受到夫妻关系矛盾的困扰,往往忽视孩子或是通过溺爱孩子补偿对婚姻的遗憾,这都不利于儿童的发展。② 亲子关系影响儿童问题行为的发生发展,高质量的亲子关系是儿童问题行为发展过程中的保护因素,而不良的亲子关系尤其是母子关系是问题行为产生的潜在危险因素。研究者认为,与母亲建立起安全型依恋关心的儿童在其他的人际互动情境中更能表现出恰当的行为模式;不安全型依恋的儿童会表现出更多的攻击和其他外部行为问题。此外,父母的不恰当行为如攻击性行为、情绪化行为、撒谎行为、自私行为在潜移默化中也会影响儿童。

2. 幼儿园或托幼机构

幼儿园和托幼机构是除了家庭之外幼儿接触最多的环境,教师和同伴也是父母之外的重要他人,教师的素质、师幼关系、同伴关系、制度文化等都是幼儿园或托幼机构影响儿童心理发展的重要因素。

幼儿园教师应具有相关的专业知识和技能,同时更应该具有专业理念和师德,教师的专业素质直接影响到教师的教育观念和教育方式。教师的教育观念不正确或是教育方法不当可能会导致儿童的问题行为。研究表明,教师的教育观念在对儿童、教与学关系、幼儿园主要教育任务、教学与游戏等方面的认识存在明显的冲突,教育观念上的不正确认识会导致其在教育实践中表现出威胁、引诱、乱许诺和讥讽等不恰当行为③,从而引发问题行为。例如,刻薄的语言和讥讽可能会使儿童产生自卑、退缩、攻击和报复等问题行为。师幼关系的品质决定了儿童对他人和世界的基本认识,安全融洽的师幼关系能够使幼儿获得安全感,有助于其形成乐群、合作、友爱的良好个性;反之,不良的师幼关系则可能导致儿童的问题行为。同伴主要通过同伴的榜样作用和群体规范的约束作用影响儿童的社会性行为。④ 一方面,儿童具有较强的模仿能力,在同伴交往过程中,若观察到

①　董会芹.学前儿童说谎的一般特征及与母亲教养方式的关系[J].山东师范大学学报(人文社会科学版),2014(04).
②　王萍.学前儿童问题行为及矫正[M].北京:清华大学出版社,2013:113.
③　王萍.学前儿童问题行为及矫正[M].北京:清华大学出版社,2013:133.
④　董会芹.学前儿童问题行为与干预[M].北京:清华大学出版社,2013:69.

同伴的不良行为,很可能复制该行为。另一方面,儿童总是试图从穿着、言语和行为等方面与群体成员保持一致,若不一致可能会受到群体的排斥或抛弃,为了避免这种情况,儿童会自觉与群体行为一致。因此,如果加入不良行为群体,会增加问题行为产生的可能。

第二节 学前儿童常见的社会问题行为及干预

引导案例7-2

沉默寡言的苗苗①

河南省新乡某幼儿园中班的一名女孩子,代名为苗苗,4岁2个月。教师认为苗苗平素沉默寡言,基本听不到她说话,偶尔说话还吐字不清,极少参与同伴游戏,经常一个人玩,只是偶尔会与一个名叫田田的小朋友一起玩,但很少见到她们进行热烈的交流。如果教师和同伴主动找她说话,她会很害羞,基本不用语言回答,只是用点头、摇头等肢体语言作出回应。在教师的眼里,苗苗是个很不起眼的孩子,很被动、安静,表情不丰富,上课从不举手发言,生活自理能力较差,其他各方面能力表现一般。我们对苗苗的日常行为进行了观察,基本上验证了教师的描述。从心理行为言,她具有如下特征:①在社会情境下具有较多的旁观行为和独自游戏的行为;②在社会环境下比较害羞、被动,沉默寡言;③不愿意引起别人的注意,胆小敏感;④具有趋避动机的冲突和对社会环境的焦虑畏惧。

思考:1. 案例中苗苗的行为属于问题行为吗? 如果是,属于什么问题行为?

2. 苗苗的这种行为我们如何进行干预?

一、学前儿童常见的社会问题行为

(一)攻击性行为

案例7-5 >>>

"我是奥特曼"

小朋友陆续离开幼儿园了,活动室里还有五六个孩子坐在一起玩雪花片。飞飞刚用雪花片插了一把"宝剑",他的妈妈来了。我摸摸飞飞的头说:"看,妈妈来接你了。"飞飞

---

① 叶平枝.幼儿社会退缩游戏干预的个案研究[J].学前教育研究,2006(04):10-11.

抬起头,看着妈妈说:"我还要玩一会儿。"妈妈站在门口说:"不行,赶快走!"飞飞大喊:"我要玩。"妈妈生气地说:"你再不走,我走了。""不,我还要玩一会儿。"我见状立即对飞飞说:"妈妈回去还要做饭,我们就玩一小会儿,好吗?"飞飞高兴地答应了。于是,我示意让飞飞的妈妈到活动室里等他一会儿,飞飞的妈妈一脸不高兴地坐在飞飞的边上。飞飞拿着他插的宝剑在冰冰身边走来走去,说:"我是奥特曼,打死你这个怪兽。"说完,他用"宝剑"刺向冰冰的胸口。"宝剑"断了,于是飞飞用手当宝剑,在冰冰身上乱打,冰冰哭着喊:"老师,他打我。"飞飞的妈妈看见冰冰哭了,站起身来,"啪啪"给了飞飞两个耳光,气愤地说:"打呀,你再打打看。"飞飞嘴巴一咧,大哭起来。飞飞的妈妈生气地拉起飞飞的手,一边朝活动室门口走去,一边说:"看我回家怎么治你。"

案例中飞飞的行为属于哪种问题行为?

[评析]　飞飞的行为属于攻击性行为,"用手当宝剑,在冰冰身上乱打",对冰冰造成了伤害。

1. 攻击行为的含义

儿童的攻击性行为虽深为心理学家所重视且研究历时较长,但迄今为止尚无统一定义。20世纪20年代,"攻击性行为"被看作是"避免痛苦与寻求快乐的行为遭受挫折时的基本反应";20世纪30至70年代人们通过大量研究后,较多的心理学家赞同"以直接伤害他人为目的的任何行为序列"的定义。然而,班杜拉却认为,攻击性行为是一种复杂的事件,对其下定义不仅要考虑到伤害的意图,而且还要考虑到社会的判断,看究竟哪一种伤害行为称得上为"攻击性行为"。[①] 后来,L. D. Eron将其定义为"是一种经常性有意地伤害和挑衅他人的行为"[②]。我国的心理工作者认为,攻击性行为就是"伤害他人的身体行为或语言行为"[③],"是有意伤害别人且不为社会规范所许可的行为"[④]。研究者综合上述观点认为,伤害意图、伤害行动和社会评价是攻击性行为概念的三个要素,攻击者具有伤害他人的主观意图,目的是直接造成被攻击者的伤害或通过唤起被攻击者的恐惧而达到其目的。[⑤]

2. 攻击性行为的类型

根据攻击性行为者的动机以及是否对他人造成伤害,攻击性行为分为敌意性攻击行为和工具性攻击行为。前者以伤害他人或破坏他人物品为首要目的,如果伤害不是主要目的,而是为了获得他人的关注、某种物品或是资源,则属于后者。

根据行为的表现形式,研究者将其区分为主动攻击和被动攻击、直接攻击和间接攻

---

① 杨治良,刘素珍."攻击性行为"社会认知的实验研究[J].心理科学,1996(02):75-78.
② 张倩,郭念锋.攻击行为儿童大脑半球某些认知特点的研究[J].心理学报,1999(01):104-110.
③ 高桦.被攻击者的性别差异研究[J].社会心理科学,1997(4):27-29.
④ 章志光.社会心理学[M].北京:人民教育出版社,1996:317-344.
⑤ 智银利,刘丽.儿童攻击性行为研究综述[J].教育理论与实践,2003(07).

击、身体攻击和言语攻击。主动攻击是行为者在未受刺激的情况下主动发起的,主要表现为获取物品、欺负或控制同伴等;被动攻击则是受到他人攻击或刺激后作出的反应,主要表现为愤怒、发脾气或失控等。直接攻击包括身体侵犯和有敌意动机的言语侵犯行为;而间接攻击无明显身体接触,通常在攻击者和受害者之间具有某种媒介,诸如挑拨离间、散布谣言等形式,此种类型很少发生在学前期。

从攻击性行为发生的频率来看,将攻击性行为分为习惯性攻击和偶发性攻击行为。习惯性攻击通常指个体多次发生攻击行为却由于没有得到有效的控制,而养成习惯致使攻击行为经常发生。偶发性攻击行为只是偶然一、两次的行为,大多数儿童属于此种类型。[1]

案例 7-6 >>>

管不住手的皓皓[2]

皓皓是个聪明、调皮的男孩子,嘴巴很甜,老师都很喜欢他,而且他很喜欢和其他小朋友在一起玩耍,人缘很好,但是他与人交往的方式让大家有点吃不消,那就是他习惯用"动手动脚"来与别人打招呼、玩游戏。刚刚进入这个班的时候,我认识的第一个孩子就是皓皓,因为"皓皓"这个名字在其他幼儿嘴中出现频率最高。室内活动时,"老师,皓皓又打某某了";盥洗时,"老师,皓皓用脚踢我,还用水洒我";户外活动时,"老师,皓皓推我"等,类似情况时有发生。刚开始的时候,我把自己在学校里学到的一些理论知识直接硬搬到他身上,比如把他叫到面前或者到他座位上问他"碰"别人的原因,他每次都很诚恳地承认是自己做错了,也会向那个被打的小朋友道歉,并保证下次一定会管好自己的手。但是,后来我发现他被告状的频率一直没有降低,几乎每天都会上演这一幕,这让我非常纳闷,他怎么就管不住自己的手呢?

[评析] 从行为的表现形式来看,皓皓是主动的直接的对身体进行攻击,从攻击性行为的发生频率来说他是习惯性的攻击。

(二) 说谎行为

1. 说谎的含义

20 世纪 30 年代研究者开始对儿童说谎现象给予关注,20 世纪 80 年代之后开始对其进行系统研究,心理学工作者于 20 世纪末 21 世纪初对学前儿童说谎行为的发展机制与发展特点进行了深入系统的研究。心理学界对说谎的概念一直没有定论,总体而言,近期的研究者较为一致地认为,说谎是个体有意作出假的陈述并意图使接受者接受这一

---

① 王萍.学前儿童问题行为及矫正[M].北京:清华大学出版社,2013:8.
② 许倩."管不住手"的皓皓:幼儿攻击性行为的成因及对策[J].江苏幼儿教育,2014(07).

错误信念的行为①②。从儿童的社会性发展来看,说谎属于交际中的问题行为,从儿童的心理发展来分析,说谎属于认知活动,反映儿童心理理论能力的发展进程。

认知发展领域的研究揭示,两岁半儿童能够在错误信念任务中使用说谎行为,4 岁儿童能够区分说谎和讲真话之间的区别。近期观察与实验研究也指出,说谎行为在 2～4 岁间就已经出现。概括已有研究可知,3 岁左右应该是儿童说谎发生期。③

2. 说谎的类型

案例 7-7 >>>

"不是我,是哥哥"④

弟弟正在屋里扮侠客,手持大刀,身披斗篷。突然,刀到之处,砰的一声,花瓶碎了。爸爸闻声赶来:"这花瓶是你打碎的吗?""不是我,是哥哥。"而此时,哥哥正在厨房里吃饭呢!

案例 7-8 >>>

"今天我也过生日"④

一天早上,佳佳兴冲冲地跑进教室,"老师,今天我过生日。"我很高兴,立即组织全班幼儿向他祝贺,我们共同唱起了《生日歌》"祝你生日快乐……"手工课,孩子们正在为佳佳准备生日小礼物,突然,峰峰跑过来:"老师,今天我也过生日。"不用说,生日礼物一人一半,两人都美极了。下午放学时,峰峰的妈妈来接他,从他妈妈的口中得知:峰峰生日早过了。

案例 7-9 >>>

"我爸爸是警察"⑤

在一次游戏活动中,4 岁的宁宁和阳阳争抢玩具,阳阳把宁宁推倒在地。宁宁站起来后对阳阳说:"我爸爸是警察,我要让他把你抓起来……"而实际上,宁宁的爸爸是一位普

① Lee K. Lying as Doing Deceptive Things with Words: A Speech Act Theoretical Perspective[M]. Oxford, England: Blackwell Publishers, 2000.

② 张春兴. 张氏心理学辞典[M]. 上海:上海辞书出版社,1992:384.

③ 董会芹.学前儿童说谎的一般特征及与母亲教养方式的关系[J].山东师范大学学报(人文社会科学版),2014(04).

④王爱萍.幼儿说谎的心理分析及纠正方法[J].教育革新,2010(04).

⑤ 范元涛,邹梦溪.试析幼儿"说谎"行为的原因[J].教育导刊(下半月),2013(08).

通的职工。

对于儿童说谎类型的研究,皮亚杰按照说谎的程度及其发展特点进行了分类,他认为:第一种说谎是"顽皮的话";第二种是不符合事实的断言,儿童或许能够辨别出这种错误的断言是有意还是无意的;第三种是指任何有意图的错误陈述。纽森(Newson,1976)根据说谎的性质,将儿童说谎分为幻想型、夸张型和真实型三种,其中前两者并非真正意义上的说谎。有学者根据说谎的动机分类,主要体现为逃避惩罚说谎、为获得奖励说谎、为同伴做掩护的利他性说谎以及保护自尊的说谎等。

我国学者卢乐珍和徐丹丹(1999)根据儿童说谎的原因将说谎分为无意说谎和有意说谎两类。其中无意的说谎分为天真幼稚的、愿望与幻想导致的和争强好胜与满足虚荣心三种亚类型。有意说谎包括帮助同伴逃避惩罚而说谎、因恐惧而说谎、面对诱惑为得到利益而说谎。王先达(2003)根据儿童说谎目的将其分为想象性谎言、虚荣性谎言、创造型谎言、逃避性谎言四种。想象性谎言指儿童经常把想象的事当成事实,这主要是由于幼儿认知水平低,将想象与现实混为一谈;虚荣性谎言指儿童为了获得他人的赞美而说谎,主要受自我中心思维的影响;创造型谎言指儿童把自己的所见所闻混入自己虚幻世界中的各种素材,然后进行随意加工,变成故事、童话等,这种谎言是儿童好奇心和求知欲的直接外露;逃避型谎言指儿童为了逃避惩罚、受谴责或是推卸责任和逃避任务而说谎。

[评析] 案例7-7中弟弟是为了逃避责骂而撒谎;案例7-8中峰峰是由于记忆、想象上的错误而说出了与事实不相符合的话,属于想象性谎言;案例7-9中宁宁说自己的爸爸是警察的"谎言",就是因为在他的心目中,爸爸和警察都是非常"厉害"的角色,是可以保护自己不受欺负的,于是当他脱口而出"我爸爸是警察"时,只是出于自我防卫、加大威慑的目的。在教育实践中,教育者要具体分析学前儿童说谎的性质和动机,具体情况具体分析,采取不同的应对措施。

(三)社交退缩行为
1.社交退缩的含义

案例 7-10 >>>

退缩的兰兰①

兰兰,4岁,在幼儿园从不主动和同伴交往,通常是自己一个人玩,别的小朋友和她打招呼,想和她一起玩时,她却不怎么理睬。为了帮助兰兰乐于和别人交朋友,父母和老师都想了一些办法,爸爸妈妈会抽空带兰兰出去,鼓励她和别的小朋友一起玩。可是兰兰

---

① 嵇珺.心理分析视角下对学前儿童社交退缩行为的理解与干预[J].教育导刊(下半月),2013(05).

总是胆怯地躲在妈妈身后，不愿意离开妈妈去结交新的伙伴，幼儿园老师和兰兰讲了许多道理，告诉她认识新朋友、和小朋友一起玩是一件多么开心的事情，并且教给兰兰一些与他人交往的技能。比如作出合作、分享、轮流等行为，可是这些方法对于兰兰在社会交往方面的进步并没有起太多作用，兰兰依旧没有主动和他人交往的愿望和行为。

[评析] 兰兰"从不主动和同伴交往，通常是自己一个人玩"，"兰兰总是胆怯地躲在妈妈身后，不愿意离开妈妈去结交新的伙伴"等行为是典型的儿童社交退缩行为。

目前，关于"社交退缩"学术界并没有一个明确的概念和定义，至今还存在争议。在早期的研究中，"社交退缩"一般被定义为"低于正常频率的同伴交往"，即个体交往的次数、深度等明显低于正常频率。从同伴接纳或同伴拒绝的角度来讲，社交退缩被定义为低水平的同伴接纳或高水平的同伴拒绝。从症状学的角度来讲，社交退缩是指尽量回避与人交往，在不得不与他人进行交往时，常常有紧张、焦虑、不安、恐怖等情绪体验，常常感到孤独，希望别人主动来关心自己。Rubin(1988)等指出，社交退缩是独自一人，不与他人交往的活动。[1] Hart 等人将社交退缩界定为儿童在熟悉环境下的一种弥漫性的独处的行为模式，在这种模式下儿童一贯性地从同伴群体交往中脱离出来。[2] 还有研究者认为社交退缩泛指儿童在所有情景中的孤僻行为，它包括行为抑制、害羞、社会性孤独等。[3]

2. 社交退缩类型

儿童期的社交退缩是一种复杂的多维度的现象，儿童独处时可以表现出不同的行为，是由不同的原因导致的(陈会昌，2004)，分为不同的亚型。对社交退缩亚类型的研究集中在学前期，大多采用观察法，一般将早期儿童社交退缩划分三种亚类型，即安静退缩、焦虑退缩和活跃退缩。1990 年，Asendorpf 在 Rubin 两种亚型"活跃退缩型"和"安静退缩型"研究的基础上，提出社会退缩的第三种亚型"沉默寡言型"。后来，陈会昌在中国文化背景下的研究验证了这三种类型的存在。这说明这三种类型的划分具有跨文化的一致性(陈会昌，2005)。

(1)"安静孤独"又称主动退缩，表现为同伴环境中儿童独自游戏或独自进行探究活动的行为，儿童表现出对物比对人更感兴趣，反映了低交往的趋近动机和低交往的回避动机(Asendorf，1993；Coplanetal，1994；Coplan&Rubin，1998；Rubin，1982)。

---

① Rubin K H. The Waterloo Longitudinal Project：Correlate sand Consequences of Social Withdrawal from Childhood to Adolescence[J]//Rubin K H，Asendorpf J B，Social Withdrawal，Inhibition，and Shyness in Childhood，NJ：Lawrence Erlbaum Associates，1993：291-314.

② Hart C H，Yang C，Nelson L J，et al. Peer Acceptance in Early Childhood and Subtypes of Socially withdrawn Behavior in China，Russia and the United States[J]. International Journal of Behavioral Development，2000，24(1)：73-81.

③ 郑淑杰，张永红.学前儿童社会退缩行为研究综述[J].学前教育研究，2003(03).

案例 7-11 >>>

主动退缩型儿童

洋洋是独生子女,其性情温顺、孤僻,胆小,但他对语言活动很感兴趣,其父母对他宠爱有加,由于父母工作很忙,平时全由奶奶照料,奶奶更视他为掌上明珠,处处关心,事事包办。平时在家时,洋洋喜欢看书,玩玩具,极少出门。在幼儿园里,他经常一个人坐在椅子上,游戏时总是自己单独玩,从不与同伴一起玩,任凭老师怎样引导都无济于事,老师和小朋友邀请他时,他总是把头摇得像拨浪鼓似的。但是洋洋很爱听老师和小朋友讲故事,在上课集体回答问题时表现较积极,而在老师单独提问时却不说话了。

[评析] 洋洋"极少出门""喜欢看书,玩玩具""一个人坐在椅子上,游戏时总是自己单独玩,从不与同伴一起玩",从中可以看出他是低交往的趋近动机。

(2)"沉默寡言"又称为害羞型,表现为跨情境的旁观和无所事事的行为。Asendorf认为这种行为反映了儿童趋、避动机的冲突,既想参与又怕参与同伴互动的内心矛盾,表现出矛盾、胆小、拘谨等情绪问题。其根源可能来自儿童的抑制性气质或者儿童对负性评价的预期。这种行为处理不好可能发展为社交焦虑。

案例 7-12 >>>

沉默寡言型儿童

泡泡今年 4 岁半了,是一个漂亮的小女孩,生活在一个幸福的五口之家,爸爸妈妈工作比较忙,所以大部分时间由爷爷奶奶照料。在家里,泡泡是个安静、听话的孩子,喜欢一个人静静地玩玩具、发呆或者看动画片。在幼儿园教学活动时,她总是安静地坐着,极少发言,不愿表现自己,很少抬头看老师,而且经常走神。只有音乐课是泡泡最喜欢的,上音乐课时,她注意力集中的时间更长一些,节奏感也很好,学习歌曲也比较快。在幼儿园的日常活动中,泡泡更倾向于一个人独处,一般情况下不会主动与其他小朋友接近,即使侵犯到自己的利益时,她也不愿和其他小朋友说话。吃饭时,一张桌子的一边能坐下两个小朋友,由于桌子有限,有时会有三个小朋友挤在一边的情况,两边的小朋友先坐下了,应该坐在中间的泡泡就很难进入自己的座位,她站在小朋友的旁边,无所事事,直到老师发现,让旁边的小朋友起来,泡泡才坐到自己的位置上。

[评析] 泡泡"总是安静地坐着,极少发言,不愿表现自己,很少抬头看老师,而且经常走神""应该坐在中间的泡泡就很难进入自己的座位,她站在小朋友的旁边,无所事事",她相对比较胆小和拘谨,表现出无所事事的行为。

(3)"活跃孤独"又称被动退缩,表现为同伴在场时儿童独自一人频繁的、机械的身体运动和功能游戏以及独自一人的装扮游戏(陈会昌,2004)。活跃孤独的儿童喜欢参与同伴互动,交往趋近动机高,回避动机低,但由于常被同伴拒绝而不得不独自活动,反映了冲动和不成熟的行为(叶平枝,2005)。

案例 7-13 >>>

活跃退缩型儿童

小璇是独生子女,虽然父母在她小的时候没有办法亲自照顾她,但是她的祖父母对她的照顾也是无微不至,两位老人将所有的爱都放到了她身上,她在家里很安静、听话。小璇在幼儿园活动中表现出对同伴之间的游戏感兴趣,羡慕地看着别人游戏,也想参与进去,但总是被其他小朋友孤立。小璇说话带着一点方言,有时候小朋友会因此议论她、排斥她,这更使得她产生了自卑感,自信心不足,不敢与同伴交往。当教师眼神接触到她时,她总是特意回避,不敢与教师对视,表现得很不自在,但是如果有家长在场时,她的表现会好一些。教师主动询问她时,她只用点头或者简单的语词来回应。教师还注意到,小璇有几次在游戏中和小朋友发生冲突后,教师询问她时她却说谎,表示自己没有和小朋友争吵,而且非常固执不肯承认错误。分小组游戏时,教师会请小璇加入,游戏开始时都玩儿得非常开心,但当教师退出游戏后,小璇总是很快就从小组中被孤立出来了,询问小组中的孩子,她们只是说不想和小璇一起玩儿,教师如果再试图将小璇请入小组中,会遭到小璇的拒绝。

[评析]　小璇"分小组游戏时,教师会请小璇加入,游戏开始时都玩儿得非常开心,但当教师退出游戏后,小璇总是很快就从小组中被孤立出来了",说明她是被动退缩型儿童。

(四)孤独症

儿童孤独症(childhood autism)又称儿童自闭症,由美国精神科医生 Kanner 于 1943 年首次报道并命名,他通过对 11 名儿童的临床观察,在 1943 年发表了题为《情感交流的自闭性障碍》的论文,他的研究对后来研究者的影响很大,即使是在今天,其论文仍在被广泛地引用。

1. 孤独症的含义

儿童孤独症是一种精神发育障碍性疾病,具有社会交往、言语沟通和认知功能特定的发育延迟和偏离的特征,其严重的社会交往障碍和语言障碍及刻板重复等行为异常导致严重、广泛存在于儿童发育过程中的行为功能障碍,使大部分患儿不能融入社会,严重影响患儿身心健康及生活质量,给家庭和社会带来了沉重的负担。

儿童孤独症多起病于 30 个月以前,偶见 4~5 岁的儿童。其发病率最早报道为

5/10 000以下,但随着《美国精神障碍诊断与统计手册》第4版(DSM-Ⅳ)和《国际疾病分类》第10次修订本(ICD-10)等诊断标准的出台及应用,孤独症谱系障碍(ASD)逐渐取代了"孤独症"这一诊断名词,由此而致检出率增加;且随着人们对ASD认识不断加深及检查方法逐渐完善,均使ASD患病率总体呈上升趋势,至于确切发病率是否增高,目前尚无定论。截至2012年美国疾病预防控制中心报道孤独症患病率达1/88,以性别论,男性儿童中孤独症比例几乎达到女性儿童的5倍,每54名男性儿童中有1例孤独症患者,而每252名女性儿童中仅有1例患者。世界各国儿童孤独症的患病率大致为(2~13)/10 000,国内部分地区的调查为(2.8~12.25)/10 000,国内报道与国外相近。① 据估计我国有严重孤独症患者约65万,症状较轻者则有500多万。② 20世纪80年代后该病发病率有不断升高的趋势,已引起国内外学者的关注。

目前,38%的孤独症患儿不能独立生活,需终身照顾,给家庭和社会造成沉重负担。因此,各国学者对孤独症病因研究极为关注,但其病因至今不明,多数研究涉及遗传学、母孕期及围生期不良因素、免疫缺陷、脑影像学、神经生化等方面。

2. 孤独症的临床表现

案例 7-14 >>>

孤独症患儿③

×××,男,1995年9月22日出生。于1998年4月在其所在的幼儿园小班被我们发现。主要表现如下:对周围事物反应淡漠,兴趣狭窄,不与别人玩耍,不喜欢玩玩具;对家庭装修用的电动工具却很精通,能自己装、拆儿童三轮车;对成人的问话不能理解,只能简单重复;记忆力好,对电话号码、电视广告语等能熟练记忆;脾气暴躁,经常发脾气,用咬人、踢人等来伤害他人,不能适应正常的集体生活;老师反映他行为刻板,在语言、交往等方面有问题,动作发展不协调;家长也意识到自己的孩子与别人的孩子不一样,经常看着旋转的东西发呆,喜欢坐固定的座位并要求家人坐固定的座位、穿固定的拖鞋,拒绝环境的变化及一切新东西,表现出强烈的念旧情怀;母亲怀孕期间无特殊不良史,除对环境不熟悉、营养欠佳、被动吸烟严重外一切正常;父亲年幼时性格内向、孤僻(现已改变),无家族性疾病史;患儿系足月顺产,发育基本正常,一岁半走路,两岁开始说话,语言发育欠清晰;一到两岁期间几乎完全由祖父母抚养,缺乏母爱,身体素质差,经常感冒、发烧。

[评析] 从以上表现看出,儿童具有典型的孤独症行为表现,社会交往存在障碍,更多是沉浸在自己的世界中,行为刻板,语言能力发展也较弱。

---

① 李建华,钟建民,蔡兰云,等.三种儿童孤独症行为评定量表临床应用比较[J].中国当代儿科杂志,2005,7(1):59-62.

② 徐翠青,张建端,张静,等.儿童孤独症危险因素分析[J].中国妇幼保健,2005,20(8):982-983.

③ 邱学青.孤独症儿童游戏治疗的个案研究[J].学前教育研究,2001(01).

社会交往障碍、语言障碍和重复刻板行为是儿童孤独症的主要临床表现,又称为"Kanner 三联征",同时伴有智力异常、感知觉异常、兴趣单调、多动和注意力分散、自伤行为及情绪方面等特征。

孤独症儿童普遍缺乏社会性互动,缺乏对社交刺激的敏感和回应。表现对周围事物毫无顾忌,旁若无人,从不主动与其他小朋友玩儿,很难与人建立起社会性联系。

语言障碍常是最早被父母注意到的征兆,常被误认为是听力缺失。部分患儿虽具备语言能力但缺乏交流性,经常说出别人很难理解的话,与正常儿童大多偏好言语性声音特点不同的是,孤独症儿童更偏好非言语性声音。常表现自言自语或只是模仿和机械地重复别人的话,不会自己组织语言进行交谈,在非言语沟通方面也有更严重的损害。有些言语沟通问题与听觉反应异常有关,儿童的情绪、身体状态等都会影响患儿对声音的反应。

孤独症儿童经常表现出兴趣狭窄、重复的行为或刻板的动作,对环境要求十分苛刻,有强烈的要求维持环境不变的意愿,常较专注于某种或几种游戏活动,如反复地排列、堆高积木块和摆放拼图;着迷于玩具汽车轱辘、电风扇等旋转物体;喜欢听音乐、看电视广告和天气预报,对动画片却毫不感兴趣。多数报道显示患儿常形成对某一物品不寻常的依恋,吃较少类型的食物,要求穿某一特定的衣服,坚持同一作息时间,外出走固定的路线,也可能非得在固定地点大小便,有的会经常表现出重复的无目的的动作,如煽动手掌、抚弄手指、转圈等。①

研究发现,孤独症儿童中约 80% 存在智力缺陷,通常将智能正常的孤独症称为高功能性孤独症(HFA)。孤独症儿童大多存在多种感知觉及其相互配合能力的异常和缺陷。由于存在视-听觉整合障碍、视觉或听觉单通道登记信息、单通道输出、信息处理需较长的通道转换过程等感知觉障碍,常表现在视觉、听觉、辨别反应时均比正常儿童慢,即"听而不闻""视而不见"的状态。通过把握孤独症患儿对视觉信息的理解相对较快的特点,把各种学习信息转化为视觉信息,是孤独症患儿教育训练的关键。大多数孤独症儿童存在多动和注意力分散等注意障碍,表现注意力分散或极其专注而不能有效转移。患儿存在脑干觉醒系统的过分活动,使患儿在持续与切换注意上存在困难,注意不能有效选择,并存在对新刺激的定向和分类方面的问题。情绪不稳定是孤独症儿童的固有表现,长期压抑各种情绪体验,到学龄期情绪、行为问题逐渐增多,由于情绪问题的长期困扰,一些孤独症儿童会有极端的自伤和攻击行为。②

二、学前儿童社会问题行为的干预

上述的案例表明,学前儿童的问题行为给幼儿及周围的人造成了影响,这些行为如

---

① 王梅,张俊芝.孤独症儿童的教育与康复训练[M].北京:华夏出版社,2007:6-18.
② 刘志云.儿童孤独症的研究现状[J].中国慢性病预防与控制,2008(02):105.

果不能选择有效的方式加以干预和矫正,将不同程度地影响个体在社会交往等各方面的发展,影响幼儿的身心健康成长,甚至导致心理和发育障碍问题。作为教育者,我们必须了解常见的干预与指导方法,并学会在实践中正确运用。下面介绍几种常见的方法。

（一）自然后果法

法国教育家卢梭提出"我们不能为了惩罚孩子而惩罚孩子,应当使他们觉得这些惩罚正是他们不良行为的自然后果"。① 作为教育者,当学前儿童犯了错误,成人不应该过多地给予批评,而是让幼儿自己承受其行为造成的后果,教育者可以帮助幼儿找出他们行为和结果之间的关系,有效地教导儿童,让他们自觉地纠正错误。

案例 7-15

"这是他的豆浆"

三岁多的叮叮是班上出了名的捣蛋鬼,经常不是撕人家的纸,就是抢人家的积木,或者把自己不吃的东西扔到别人碗里,是一个典型的"小攻击狂"。这不,下午吃点心时,叮叮居然把自己吃剩的豆浆倒进对面小朋友的杯中。我没有去责备叮叮,而是一声不响地走过去,把他倒了豆浆的那只杯子里的豆浆一起倒回他自己的杯子里,然后给对面孩子杯子中重新倒了一杯豆浆。小朋友都在津津有味地吃着,我在暗中偷偷地观察他。只见叮叮两眼愣愣地盯着豆浆,看了一下没有吃,眼睛不时地偷看老师。看看老师没反应,他有点急了,眼睛里快爆出眼泪了:"老师,我不要这个豆浆。"我故意装作若无其事地说:"这不也是豆浆吗? 为什么不要呢?""这是他的豆浆。"叮叮还有点不服气。我装作奇怪状问:"咦! 这不是你刚才倒进去的豆浆吗?"这时他才低下头小声地说:"这里有他吃了的豆浆,我妈妈说的,不能吃别人吃过的东西。"我立即接话:"你妈妈说得很对。那你吃过的豆浆能倒进别人的杯子里吗?""不能。"这时叮叮才彻底低下了霸气的头。

这件事情过后,叮叮再也没有倒豆浆到别人的杯子里。有时吃饭时当他把不吃的东西放到别人碗里或偶尔撕坏了别人的红花时,我也会用同样的方法惩罚他:把他放的东西勾回他的碗里,拿他的小红花给别的小朋友补上。渐渐地,叮叮彻底改变了不良行为,同时其他的孩子也得到了教育。

[评析] 教师运用"自然后果法则",让叮叮尝试自己所犯错误的直接后果,可以让孩子获得"以己推人"的深切体验,达到纠正错误行为的目的。

在运用自然后果法的过程中要注意以下问题②,以达到较好的教育效果。

① [法]卢梭.爱弥尔[M].天津:天津人民出版社,2008.
② 张岩莉.学前儿童社会教育[M].上海:复旦大学出版社,2012:116-117.

1. 让儿童对自己的行为负责

"自然后果法"的目的是让学前儿童感受到自己的行为带来的"自然后果"从而意识到要对自己的行为负责。因此,在此过程中教育者要尽量减少对幼儿行为的干涉,让他们自己进行选择,成人避免唠叨、埋怨甚至惩罚,而是让他们在实践中体会自己选择的后果。

2. 成人态度要坚决,但要充满爱心

当幼儿出现某种不良行为时,成人一定要让孩子接受这种不良行为造成的后果,避免过于严厉,对孩子大声责骂,变成成人对幼儿的惩罚。成人在此过程中可以进行善意的提醒。

3. "自然后果法"并不适用于幼儿的所有行为

一般来说,只有当过失行为后果不影响幼儿的身心健康时,教育者才可以让幼儿尝试这种后果带来的惩罚。如果可能给幼儿的心理上造成折磨,建议成人最好不要使用,避免对孩子造成伤害。

(二)强化法①

强化法是指系统地应用强化手段去增加某些适应性行为,以减弱或消除某些不适应行为的心理疗法。强化具体包括正强化、负强化、消退和惩罚四种类型。其中正强化和负强化都是提高反应发生的概率。

表7-1　四种强化类型的使用情况

类型	正强化	负强化	消退	惩罚
刺激	增加奖励刺激	减少厌恶刺激	不施加任何刺激	呈现厌恶刺激
目的	增加反应概率	增加反应概率	减少反应概率	减少反应概率
应用	塑造良好行为	塑造良好行为	消除不良行为	消除不良行为

心理学家用强化来解释特定事件,能够增强条件刺激引发条件反应的趋势,这些事件叫强化物。强化物能满足儿童的需要,从而使某种行为产生的概率升高,因此,强化物具有非常重要的作用。强化物一般可分为以下几类:

表7-2　强化物类型

消费性强化物	糖果、饼干、水果、饮料等
活动性强化物	看动画片、去游乐园、看电影等
操作性强化物	绘画、游戏、玩球、玩橡皮泥等
拥有性强化物	漂亮的衣服、玩具、贴纸等可以拥有享受的物品
社会性强化物	微笑、抚摸、拥抱、注视、讲故事、口头表扬等

---

① 王萍.学前儿童问题行为及矫正[M].北京:清华大学出版社,2013:176-182.

针对学前儿童的心理发展特点,具体介绍正强化和负强化。

1. 正强化

正强化指当一操作行为在某种情境或刺激下出现后,及时得到一种强化物,如果这种强化物能够满足行为者的需要,则以后在那种情景和刺激下,这一特定的操作行为的出现概率会升高。

正强化法是行为矫正技术中最基本的方法,其操作程序如下:

① 正确选择要强化的行为。这种行为应该是具体的、可观察的、可控并且可评价的行为。②正确选择强化物。选择的强化物要因人而异,每个幼儿对于强化物的喜爱情况是不同的。③正确实施强化。首先,强化实施之前,教育者应采用简单、生动的语言将计划告诉幼儿,以期积极配合;其次,在所需要的行为出现后立即强化,不要耽搁过长时间。在给予强化物时,要向幼儿描述被强化的具体行为。例如,表扬幼儿时应该说"你把所有的东西都摆放回原位了",让幼儿明确今后应该怎么做;最后,分配强化物时,最好能结合其他奖励,如抚摸、拥抱、微笑等。④逐渐脱离强化程序。当目标行为的发生频率达到预期时,应逐渐减少可见强化物的使用情况。而采用社会性强化物继续维持行为,以帮助幼儿逐渐脱离强化物的适应,真正建立了良好的积极的目标行为。

2. 负强化

负强化法是指幼儿发出某一种行为,可以减少或消除幼儿厌恶的刺激,则以后在同样的情景下,该行为的出现率会提高。

运用负强化法矫正幼儿的不良行为主要遵循以下程序:①确立目标行为。明确说明用何种良好行为代替不良行为,且不良行为最好是可观察或可测量的。②选择适当的厌恶刺激。选择的厌恶刺激必须能使幼儿产生极大的不适感,但必须是学校教育和社会道德所能容忍的,不影响幼儿的身心安全,是一种在满意的行为出现时能立即终止的刺激物。③选定警告刺激。它是几秒钟后厌恶刺激到来的信号,教师注视的目光、皱眉、口语等都可作为警告刺激。④尽量减少不良行为产生的诱因。矫正初期要尽量控制不满意行为的刺激,要尽量消除对不满意行为的可能的强化。

（三）模仿法

模仿法是基于观察学习的原理,通过观察学习模仿对象行为,来增加、获得良好行为,减少或消除不良行为的方法。班杜拉指出,儿童的很多行为并不是受到强化刺激形成的,而是仅仅通过观察学习他人的行为,产生共鸣,达到模仿学习。

要有效地运用模仿法,主要遵循以下程序:①选择好要改变的行为。所确定的行为必须是可观察和可测量的;必须是儿童有能力模仿的;必须是可以并且已经清楚地分解为一个个小步骤的行为。②确定学习、模仿的榜样。榜样的特点对模仿的效果有很大的影响。确定的榜样应与儿童的年龄、性别等相似,越相似越容易引起模仿效果;或者,确定儿童熟悉的名人、心目中崇拜者,这样更容易引起模仿。③吸引幼儿注意力。在示范某种特定行为时,最好能用语言给儿童以暗示,引起他注意观察要模仿的行为。一般应在儿童专心注意示范者时,紧接着立即示范想要他模仿的行为。④增加示范行为呈现的时间。示范行为不仅要明确清楚地呈现,而且应慢慢地展示或在示范终止前暂停一会儿,以增加示范行为呈现的时间,让儿童多一点儿时间观看示范行为。⑤模范行为产生后要给予强化。被矫正的儿童每一次正确模范或与示范行为大致相同的模仿之后都要立即强化。同时,要用口头赞赏的口吻说明行为与强化之间的关系,让儿童明白其行为哪里是正确的。但是,当个体的行为学会以后,要改用间歇强化方式,致使儿童持续表现此行为。⑥确切记录模仿情况。记录时,只需要在每次示范后记录儿童的行为正确与否。必要时,改进整个行为矫正方案,但切忌发火训斥儿童。①

（四）代币法

案例 7-16 >>>

"好孩子"评比②

某幼儿园开展"幼儿良好行为习惯培养策略"的实践探索,大班李老师采用的一个策略是全班性的"好孩子"评比。她用彩色的海绵纸做了一个"好孩子"评比栏,实际上就是一个 5 列 39 行的大表格。表格第一行罗列着要评比的项目,共 4 项:学习、运动、游戏、生活,表格左边是全班 38 个孩子的姓名。李老师把这个评比栏展示在黑板上,告诉孩子们:"我们班要开展评选好孩子的活动,评出的好孩子,就会得到奖品。怎样才算是好孩子呢? 那就是在学习、运动、游戏和生活上都要表现得好(李老师边说边指着评比栏上的汉字)。每表现好一次,老师就在你的名字后面贴一颗星。如果你在 4 周内得到了 10 颗星,老师就会发一个奖品。"

[评析] 教师主要运用代币法进行行为塑造,要强化的目标行为是"良好的行为习惯",而使用的强化物是"奖品"。

代币法是指用代币强化物来进行行为矫正的方法。代币是指那些可以累积起来交换别的强化物的条件刺激物。例如五角星、小红旗或其他明确单位的都可以作为代币,当它积累到一定数量时,可以换取玩具、游戏等幼儿所喜欢的强化物。代币法的基本步骤③:

1. 明确的目标行为

确定目标行为最终要把焦点放在一个或一个以上所希望增加的良好行为上,并进行明确地界定。避免使用抽象和含糊的词语。要指出具体的肯定行为,教师所要强化的目

---

① 王萍.学前儿童问题行为及矫正[M].北京:清华大学出版社,2013:193.

② 张冬梅.代币法在班级幼儿行为塑造中的运用[J].教育导刊(下半月),2011(07).

③ 甘剑梅.学前儿童社会教育[M].北京:中央广播电视大学出版社,2007:276-277.

标行为是幼儿在学习、运动、游戏和生活等方面的良好表现,同时每个方面的行为要具体化。例如,老师说:"现在请告诉我,我们在学习上应该怎么做呢?"幼儿答:"好好学习,听老师的话。"老师说:"上课的时候怎样学习才叫好呢?"幼儿答:"不随便下座位。""举手回答问题。""不准讲话。""不能撕书,要爱惜。"

2. 建立基线

在实施代币法之前,必须根据特定的目标行为的反应特点,选择合适的方法,测定基线数据,为指导程序正式开始后观察行为的变化提供一个比较基础。

3. 确定代币

代币必须是马上可以利用的实物或象征性的东西;必须是可以计数,具有吸引力,并且简单、轻便可携的;必须是能够随时都可以方便发放的;必须是幼儿不容易复制的;必须是不具备其他实用功能的,也不易与别的东西相混淆的东西。案例 7-16 中星星是代币物。

4. 选定支持强化物

幼儿在领取代币后,会拿它来交换作为报酬的支持强化物。选择支持强化物的方法与选择强化物的方法基本一致。选择时既要考虑它的强化价值,也要考虑到购置这些强化物的经济价值。对学前儿童来说,可以自由支配的时间、能够玩自己喜欢的玩具等都是比较常见的、容易的、可供选择的强化物。应尽可能广泛地使用不同强化物,特别是代币法程序执行的初期,选择使用一些可以发放和很快消费的支持强化物。案例 7-16 中未知的奖品("好孩子"徽章、一盒炫彩棒)及"好孩子"的荣誉是强化物。

5. 拟定代币交换系统

代币交换系统应指出何种行为可以获得一个代币或几个代币(代币必须在期望行为发生后立即给予);应给所有选定的有效强化物确定一个价值,让学前儿童知道积累多少代币才能换得相应的支持强化物;规定交换时间、地点,并监督其交换。案例 7-16 中的代币交换系统体现为 4 周内获得 10 颗星星就可以兑换奖品。

6. 严格具体操作

把计划告诉儿童,让他们了解操作的内容和要领。设计一个适当的储存柜,陈列支持强化物。在一个特定的时间内,应指派专人来强化某一特定行为。代币总在满意反应出现后立即以积极且明显的方式发给。在发给代币时,友好地、微笑地赞许也应该同时出现,且应告知学前儿童为什么得到代币。代币换取支持强化物的次数开始时应该多一些,然后逐渐减少。在履行职责时,教师应当保持恰当和稳定的情绪,以及操作的一致性。

7. 把代币泛化到自然情境中

当学前儿童的目标行为反应达到期望满意程度后,还应该帮助幼儿脱离代币,以适应自然环境。常用的方法有两种:一种是逐步地取消代币,即通过逐步取消代币的数量,或延长目标行为和代币发放之间的时间来实现;第二种方法是逐渐降低代币的价值,即通过减少一定量的代币可以兑换到支持强化物的数量,或逐渐延长获得代币和兑换支持强化物之间的时间来实现。

(五) 游戏疗法

游戏是儿童的主体性活动,它对儿童身体发育、心智发展有着重要意义。在针对有心理障碍的儿童的心理治疗中,游戏治疗独具特色,近一个世纪以来迅速发展,并广泛应用于心理咨询和心理治疗。游戏治疗是指采用游戏的手段来矫正儿童心理行为异常的一种治疗方法,是一种利用语言媒介手段来实现心理健康教育的心理学治疗技术。

游戏治疗的产生源于精神分析学派,弗洛伊德在心理分析中发现了游戏对儿童精神分析的意义。他认为,人格结构中本我(id,伊底)所遵循的快乐原则是人类一切心理活动和行为的首要原则。游戏和其他的心理事件一样,都受快乐原则的驱使。在儿童的游戏中,表现为游戏能够满足儿童的愿望,掌握创伤事件和使受压抑的敌意冲动得到发泄,游戏是儿童症状的表现,于是他将游戏作为精神分析的内容。随后,安娜(Anna Freud)和克莱因(Melanie Klein)在儿童精神分析中使游戏治疗系统化和理论化,承认游戏是儿童自由表达愿望的方式。这些精神分析学家的研究,革命性地改变了对儿童及儿童问题的态度,之后关于游戏治疗的理论研究、实验验证和临床应用越来越普遍。国际上游戏治疗不仅用于儿童,而且用于成人的心理治疗,不仅用于个体,而且用于团体的心理治疗。[1]由于心理治疗师不同的理论取向,发展出个人中心游戏治疗、认知行为游戏治疗、格式塔游戏治疗、心理动力游戏治疗等不同流派。关于游戏治疗适用范围和疗效的研究结果显示,游戏治疗对于多种儿童心理障碍都有比较好的治疗效果,其中包括:情绪障碍、自我意识不良、多动症、退缩行为、学习困难、攻击行为、被忽视、各种生活适应问题、离婚家庭子女的心理调适不良等问题。[2]

案例 7-17 >>>

孤独症儿童的游戏疗法治疗个案[3]

涛×,男,2004 年 4 月出生,父亲是一名普通工人,母亲没有固定工作,负责照顾涛×。2009 年确诊为孤独症,符合《中国精神障碍分类与诊断标准》(第三版)(CCMD-3)。涛×能够用简单的语言或动作与家人交流沟通,对周围事物反应淡漠,但记忆力很好,能很快地记下电话号码等;脾气暴躁,经常发脾气,生气时会乱摔东西。由于涛×存在许多行为问题,爸爸经常会训斥他,所以他对爸爸很疏远,父子关系有些冷淡。母亲平时就以

---

①　曹中平,蒋欢. 游戏疗法的历史演变与发展取向[J]. 中国临床心理学杂志,2005,13(2):489-491.
②　韦耀阳,马小琴. 亲子游戏治疗儿童心理障碍[J]. 中国儿童保健杂志,2008(6).
③　游颖. 游戏治疗对孤独症儿童社会交往的个案研究[J]. 新课程学习(下旬),2014(11):181.

涛×为生活中心,在生活和学习上照顾他,所以涛×与妈妈的关系比较亲密。

治疗方案:(1)家庭游戏治疗。①参与治疗人员:研究者、涛×、妈妈。②治疗时间:每周日9:30—10:30,15:00—16:00。③治疗内容:推车游戏、串珠游戏、拣金豆、生活游戏等。(2)学校游戏治疗。①参与治疗人员:研究者、涛×、涛×的两名同学。②治疗时间:每周三14:30—16:00。③治疗内容:伙伴合作游戏、角色游戏等。(3)参与治疗人员的访谈。每天与涛×的妈妈进行一次电话访谈;每周还与涛×的家长、同学进行一次面对面的交流,并针对涛×的情况及时制订或调整治疗计划。

治疗过程:(1)家庭治疗过程。①通过观察,发现并理解涛×与家人的交流方式。在家庭游戏治疗中,最有效的途径是进行亲子游戏治疗,治疗师训练并指导父母,通过特殊的以儿童为中心的游戏治疗程序,帮助父母为他们的孩子营造出一种易接受的、安全的环境,使儿童能充分表达他们的感受并建立起对自己和父母的信心。②情感认知能力的提高,训练要做的是讲简单的情感故事,这项工作主要由妈妈在每天晚上进行。故事内容相对简单,一般以幼儿故事为主,在讲时要尽量将情节讲得生动,词汇更贴切生活,如:想念、害怕、伤心、盼望等等。使儿童理解尽量多的感情和感觉,并能运用到生活中。③创设情境,主要是生活情境,如厨房生活。游戏来源于生活,生活游戏能使涛×更好地学会表达自己的情感并与人交流。在情景训练中,家长运用的语言应是简洁的、具体的,这样更利于涛×的理解。(2)学校游戏治疗过程。学校治疗训练时长为一个月,在治疗中以伙伴合作游戏和角色游戏为主。在进行伙伴合作游戏时,需要同伴带动涛×参与到游戏中来,同伴要主动邀请涛×参与游戏并主动积极地与涛×进行交流沟通。游戏过程中,同伴带动涛×共同游戏,让一名同学跟在涛×身边,让涛×能始终进行游戏。在进行角色游戏时,角色的分配尽量由游戏者自己进行分配,这样可以促进涛×与其他伙伴的交流。游戏结束后,研究者分发奖励物,提高学生参与游戏的积极性。

[评析] 案例中采取的主要是指导性游戏治疗,研究者针对涛×的问题行为从家庭治疗和学校治疗两个方面着手制订治疗方案,开展治疗过程。

目前游戏治疗主要分为两大类,即指导性游戏治疗和非指导性游戏治疗。前者主要针对不同的心理行为问题设计不同的游戏方案,强调在治疗前对幼儿心理问题的诊断。而后者强调充分地相信幼儿的内在能力,深信幼儿有能力自我指导和走向成熟,因而主张由幼儿主导治疗过程而无需事先选择治疗方案。游戏治疗中要经历几个阶段,包括熟悉/引导阶段、评估阶段、中期阶段和后期/结束阶段。①熟悉/引导阶段:主要是治疗师与儿童建立良好的关系,着重于探索性、非特定性、创造性的游戏。②评估阶段:儿童提供有关家庭、个人的资料给治疗师,通过探索性、关系性游戏,着重于了解儿童的内心体验。③中期阶段:制订治疗计划,针对儿童的问题,如增强自我控制能力、提高成就感、学习在面对特定情境时以更具适应性的方式进行反应。④后期/结束阶段:以戏剧性、角色扮演性游戏为主。儿童建立了与治疗师的关系,将自己的焦虑、挫折、愤怒表达出来;儿童体验到自主的游戏时间,得到真诚的关怀和赞许,被允许去发展自我;在治疗师的调整下,儿童学会自我控制,促进内在的平衡。儿童及其家庭为治疗结束做准备。

注意事项:①游戏治疗室的设置。游戏室的大小以 14～18 平方米为宜,足够给 2～3 名儿童提供团体治疗。墙壁以乳白色系为佳,可以造成一种明亮、愉快的气氛。在两面墙边放置玩具架,展示各种不同的玩具和器材。一张桌子、两张儿童椅子,一张靠椅。有条件的地方,应安装单面镜及摄像机,用于亲子团体治疗,让父母观看治疗师如何与他们的孩子玩。选择玩具的原则:其一,要与游戏治疗的目标相符;其二,与游戏治疗的理论相符。②治疗师应该无条件地接受儿童,营造一种宽容的氛围,使儿童能充分表达他的感受。③治疗师必须具有洞察力,能够迅速识别儿童所表达的情感体验。④治疗师应该始终尊重儿童自己解决问题的能力,相信他们能够自己处理困难;不能以任何方式直接指导儿童的行为。⑤治疗是一个渐进的过程,治疗师不能试图加快治疗过程,而只是跟随儿童的步伐。⑥治疗师只能建立一些必不可少的限制,以保护儿童的安全,这些限制应该尽量保持在最少的数量,在治疗开始前明确宣布,使儿童认识到自己的责任。

延伸阅读 7-1 ▷▷

攻击性儿童的行为疗法、认知疗法个案

本研究以一个 8 岁儿童为研究对象,从家庭的角度对其进行干预。主要以正强化法、惩罚法的行为疗法为主,结合贝克认知疗法,梅琴鲍姆的自我指导训练对其进行综合性干预训练,以期消除其攻击性行为。

一、研究对象

1. 基本情况

东东(化名),男,8 岁,小学二年级,独生子女。剖官产,出生后由人工喂养。智力正常。性格活泼好动,比较任性,脾气暴躁,易生气。

2. 家庭背景

自幼父母离异,随妈妈、外公、外婆住在一起。妈妈无固定职业,性格急躁,对孩子时而宠爱备至,有求必应,时而粗暴相对。外婆则是溺爱有余,管教不足。外公是一知识分子,主张讲道理式的教育,但对小孩呵护过于小心。

3. 问题行为表现

目前,东东的攻击行为主要是在其要求未得到满足的时候发生。7 岁之前以哭闹为主,7 岁以后开始表现为破坏物品(摔东西、踢桌椅)。主要发生在家中,一般每天发生一到两次,每次持续时间以其需要得到承诺或满足为止。

二、问题行为分析及诊断

首先是儿童自身的原因。东东属于难养型气质,精力过剩、活动量大、情绪强度高。

其次是家庭原因。一方面,东东的父母性格都比较急躁,这使孩子在潜移默化中形成了攻击性行为模式。另一方面,其家庭教育方式不一致。妈妈的严厉粗暴、外婆的连哄带骗导致了东东情绪的不稳定,形成了价值判断方面的无所适从和认知方面的片面狭隘。另外家长与孩子之间缺乏充分的情感交流。家长很少倾听孩子的想法,也不主动与其交流沟通,这样导致孩子的心理压力和感受无处表达和发泄,最后只好采取攻击这种扭曲的方式。

三、矫治措施

1. 准备工作

(1) 制订计划

通过对东东两个星期的观察和交谈,对家长的调查,针对其攻击性行为产生的原因和表现形式,笔者采用正强化、负惩罚为主,以贝克认知疗法和梅琴鲍姆的自我指导训练法为辅的矫治方案。儿童的攻击性表现形式以摔东西和踢桌椅为主,先从摔东西矫治入手,再扩展到对踢桌椅等行为的矫正。全部过程三个月,每一个月为一个阶段。最终矫正目标是将其攻击性行为从每天两次降低到一月一次或者消失。

(2) 取得家长的支持与配合

在矫治前,笔者将矫治计划和方案告诉家长,使家长明确并积极参与到矫治过程中来。

2. 矫正方法

(1) 正强化

在需求受阻后以积极行为代替攻击性行为的时候,即时给以一种强化。确定对孩子有效的强化物,并按刺激量由弱到强的顺序进行排列。主要有消费性强化物:如喜欢吃的东西和玩具;活动性强化物:如看奥特曼动画片,画画,帮妈妈做菜(尤其炸馒头片),打乒乓球;社会性强化物:如家长的微笑、拥抱和表扬。

(2) 惩罚法

在儿童出现攻击行为的时候,及时施予一种厌恶刺激或惩罚物,以此来阻止或消除这种不良行为。根据东东的情况,本研究中主要采取暂停和剥夺其兴趣活动为主要惩罚方式,与正强化相呼应,即所谓的"大棒加胡萝卜"策略。

(3) 贝克认知疗法

强调儿童对自己行为的认识,注意通过直接干预和重建等手段来改变其认知,从而改变其行为。在此疗法中赋予该儿童更多的责任,使其在整个过程中承担一种主动的角色。

(4) 梅琴鲍姆的自我指导训练法

主要通过教会儿童自我指导,正确对待产生焦虑和应激情景的刺激,从而形成良好的应答行为来取代不良行为。主要可以分为自我观察、开始一种新的自我对话、学习新的技能三个阶段。

3. 矫正过程

（1）第一阶段（矫正的第一个月）

以矫正摔东西行为作为开端，选择不相容行为进行强化。笔者在和东东建立良好关系后，要求东东在生气时不可以随便摔东西，如果生气了就在白纸上画画或者乱涂鸦。如果做到，那么妈妈就会给他买喜欢吃的巧克力作为奖励，否则就取消晚上看动画片的活动。

同时进行贝克认知疗法。首先笔者在矫正前与东东建立起了相互比较信任的良好关系。在此基础上了解、分析他的认知活动和存在的错误想法。例如：有一次东东因为妈妈拒绝给他买玩具，于是就大发脾气，乱扔东西。待他平静后，通过提问和自我审查的方法确定了其问题所在。东东一方面认为可以通过摔东西等攻击行为使妈妈最后答应他的要求。另一方面认为妈妈没有满足他的要求就是不爱他的表现。由此，笔者发现东东的这种不良认知结构是早期家长的娇纵和缺乏父爱所导致，于是请家长配合，首先要统一教养方式，对其不合理的要求不予满足，并建议采用冷处理平息其激动情绪。这样让孩子通过真实性检验使其发现自己的消极认知观念是不符合实际的。自己破坏东西并不能得到想要的东西，相反还会受到惩罚。同时，通过摆事实、举实例来让他重新认识家人其实都很爱他，未满足他的要求，是因为各种客观原因。经过一个月的训练，东东变成每天发一次脾气，摔东西的频率逐渐降到每周2~3次。

（2）第二阶段（矫正的第二个月）

继续对前期不相容的行为进行强化，同时，对其踢桌椅等破坏行为选择新的不相容行为，增加活动性强化物。笔者告诉东东，如果他能在发脾气的时候不摔东西和不踢桌椅，并能在四天内保持良好行为，那么星期五晚上就可以和妈妈一起做饭，并且奖励他独自炸馒头片。如果他能做到一星期都不发脾气、破坏物品，那么周末一家人就会带他到体育馆和小朋友一起打乒乓球（这是东东最喜欢做的一件事情），否则就会撤销这些活动。在此期间，笔者也提醒家长无论奖惩，一定要遵守承诺和规则，并且保持一致的教育方式，这样才能有助于矫正方案顺利实施。

笔者通过与东东进一步地交谈、接触，鼓励他矫正其认知上的歪曲与错误，逐步帮助他建立一些新的正确认知。使其逐步地去自我中心化。如在发脾气前自我反省自己的要求是否合理，或者教给他一些新的交流技巧，以与家长商量和沟通的方法代替以往的乱摔东西。

在矫正取得一定效果的时候，开始辅以自我指导训练法，来进一步帮助东东克服攻击行为。首先通过前期的认知疗法，东东已经知道有些想法不合适。然后笔者示范适当的行为，并口头说明有效的活动方式及策略，让孩子宣称自己能胜任并打消乱摔东西的念头。接着指导他配合口头说明，先自导自演几次，再经过想象在内心重复演练几次。下一步让儿童进行应激预习,让他回忆以前碰到过的应激情景,从中让他学习适宜的应答技能。经过两个月的矫正,东东发脾气时破坏东西的行为降低到每月3~4次。

(3)　第三阶段(矫正的第三个月)

逐渐采用间歇强化,并不断减少强化次数,强化物也慢慢转变为社会性强化物为主,以维持积极行为,并达到泛化。在跟踪阶段撤离强化物,检查干预的效果。继续巩固认知疗法和自我指导训练。帮助儿童进入自然的应激情景之中,把学到的应答技能迁移过来。比如抵制消极的自我判断,告诫自己爱攻击的孩子没人喜欢;或者引入一些放松训练(如在生气前进行呼吸放松法)。整个治疗过程中,家长和笔者要适时地给以反馈。当他成功对付应激情景,控制住了其攻击行为,应指导其马上进行肯定的自我判断,并予以及时的积极强化。

四、矫治效果

经过三个月的矫正,东东的攻击性行为(摔东西、踢桌椅)明显减少。由最初每天一到两次变成一个月发生一次左右。当遇到问题和挫折的时候能够向母亲或者外公外婆征求意见。有一定需要时也愿意和家长进行交流沟通。情绪较以前变得稳定许多。即使在烦躁、生气的时候也会运用一些合理的方法来宣泄,比如去打乒乓球、帮妈妈做菜、大声唱歌等。

五、讨论

(1)本研究表明,将行为矫治和认知疗法相结合来矫正儿童的攻击性行为有明显的效果。以往对儿童的问题行为更多的是采用单一的行为矫正法。虽然在短期内能取得明显的效果,但也只是治标,要真正治本,还要追本溯源,将分析的落脚点放在早年形成的不良认知结构上。通过认知疗法来挖掘其根本原因,这样才能够更好地对症下药。

(2)儿童的问题行为,总是源于有问题行为的家长。从本案例中可以发现,该儿童的问题产生的原因多是由于家庭的残缺,教育方式的不恰当、不一致以及家长自身不良的行为榜样所导致。所以,整个矫正过程不仅是针对儿童,也是对家长的一次再教育。在实践中将专业技能矫正与家庭配合训练相结合,不仅教给家长一些有效的教育方式,更重要的是在矫正的过程中也帮助家长树立一种正确的教养观念。因为父母对待孩子的正确态度、和谐的家庭气氛、严而适当的教育方式及父母的榜样示范作用是孩子形成健康个性和行为的必要条件。另外,矫正过程并非一帆风顺。面对治疗效果的反复,家长应该保持冷静和耐心。及时地给予孩子鼓励,慢慢形成良好的表达情感方式,帮助孩子树立新的形象。

(3)在进行强化法和惩罚法的时候应该根据儿童的具体情况有针对性地选择有效的强化物和惩罚物,避免盲目性和主观性。强化和惩罚在行为出现后必须及时进行。

在矫正实施前要把计划告知孩子,以期取得其积极配合。同时笔者也强调了惩罚法的作用。因为恰当的惩罚通常会导致孩子对攻击行为的焦虑,从而有助于抑制儿童攻击行为的发生。当然,在实施惩罚的时候一定要恰当、适度。否则反而会增加儿童攻击行为。

(4) 与被矫正者建立良好的关系是开展认知疗法的基础。除了传统的交谈等方式,笔者还以游戏或者该小孩感兴趣的活动为切入点,与其逐步建立相互信任的关系。在治疗过程中,治疗者应该善于引导求助者自己去思考,而不要给求助者灌输某种思想。整个认知矫正过程的关键点是调动孩子自身的潜力,自己解决问题。

(5) 本研究还有需要深入的地方。在对儿童攻击行为的认知研究中尝试把情感的作用考虑在内,并予以充分重视。通过情感教育的模式对儿童的问题行为进行辅导治疗,以达到更好的效果。

(资料来源:张骄,刘云艳.攻击性儿童行为矫正和认知疗法的个案研究[J].中国特殊教育,2008,01.)

延伸阅读 7-2 >>>

幼儿社交退缩行为游戏干预个案

一、被矫正幼儿的情况分析

1. 幼儿的一般情况

小寒(主动退缩),女,5岁半,身体健康。该幼儿表现出在同伴情境下,幼儿独自安静地进行探索活动或建构活动,主动脱离同伴群体。该被试在《幼儿社交退缩教师评价问卷》中退缩总分明显偏高,并且其害羞沉默、主动退缩的得分亦偏高,因此她初步被筛选为被试。被试在"喜欢看别人玩儿""对玩儿没有兴趣""同伴玩儿的时候,自己无所事事或独坐""喜欢一个人玩儿"这四个项目中的得分都偏高,其表现既包含了无所事事和旁观行为,又包含了对游戏兴趣的缺乏和独自游戏的偏爱。

2. 幼儿的家庭情况

小寒自出生一直与父母生活在一起。小寒家境较好,母亲是全职妈妈,所以将全部精力都投入在照顾小寒身上。其母亲因为担心孩子在幼儿园的饮食及其他日常生活受不到最好的照料,所以只要孩子表示不愿去幼儿园,就答应孩子的要求。从小班到大班三年的时间,小寒很少坚持入园,这使得她每隔一段时间就与班级内其他小朋友的学习进度产生一定的差距,并且由于小寒长期限于与父母交往,她的社会性发展受到了一定的限制,同伴交往能力很难得到有益发展。

3. 幼儿问题行为表现

教师访谈中,了解到小寒一般自己独自坐在一边儿发呆,有时也观察其他小朋友的游戏,或者自己玩自己的玩具,不与别人分享,同时也不接受别人的玩具。在各种环境里,小寒总是有些主动退缩行为的表现,她常常主动脱离集体,偶尔会向教师寻求帮助。

小寒会在老师的鼓励下或是家长陪伴着的时候,与其他小朋友玩游戏。小寒由于缺少与同伴交往的技能和机会,也很少与同伴发生冲突,对陌生环境的适应性较差,而且很依赖家人,尤其是她的妈妈。班级内的其他小朋友也愿意主动找她一起玩,她有时会和同伴一起玩儿,但时间持续也很短,有时甚至会直接拒绝同伴的邀请,选择自己一个人玩。例如,玩"编花篮"的游戏时,教师看她一直远远地观察着小朋友们游戏,就邀请她加入一个游戏小组,小组中的其他几个成员言言等很开心地接纳她,并教给她游戏的方法,但游戏进行得并不顺利,每次开始花篮还没有转几圈,就从小寒这里断开了。过了一会儿,教师再看到小寒时,她又独自在场地一边玩儿了。

研究者观察小寒平常的表现,她在理解教师和同伴的话时,表现得有些迟缓,对她的提问常常得不到回答,她并不是注意力不集中,只是反应性和主动性都明显较弱。她在新的环境中,如在科学发现室活动时,对于新事物、新刺激的反应较慢,但随着活动的进行,她也渐渐地对活动产生兴趣,慢慢地活跃起来。另外,小寒虽然有一些退缩行为的表现,但在平常总是能见到她淡淡地微笑,很少会在她的脸上看到不悦的表情,情绪起伏不大。虽然以《幼儿社交退缩教师评价问卷》得分来看小寒在害羞沉默、主动退缩两个维度的得分皆比较高,但结合教师访谈和研究者观察到的该幼儿行为表现,并按照阿森帕多夫提出的社交退缩的三分法,应将其界定为主动退缩型幼儿。

二、干预方案

小寒缺乏社会交往经验,自我效能感低,主动脱离群体,喜欢旁观游戏和独自游戏,并表现出同伴关系不良。针对小寒的干预重点是改善她的同伴关系,帮助她获得同伴交往的经验,提升自我效能感。主要选择角色游戏帮助她建立同伴交往,角色游戏的社会效度经研究证明更高一些。在游戏中增加各种角色,从而扩大其同伴交往的范围,增加她对于与同伴一起游戏的兴趣。

干预周期	干预地点	干预实施者	干预游戏
第一阶段(第1~4周,每周二、周四下午2:40—3:25)	幼儿园大班教室及幼儿园室外活动区域	幼儿教师	游戏名称:人际交往——找朋友 1. 目标:练习简单社交礼仪,学习同伴交往技巧和交际语言,增加社会交往意识。 2. 方法:全班围坐在一起,宝宝一边蹦蹦跳跳地走,一边拍手念儿歌:"拍拍手,向前走,向前走,找朋友,找到朋友握握手。"念完,宝宝握住其他人的手说:"我和你是好朋友!"这个小朋友就跟幼儿一起说:"好朋友,好朋友,握握手来点点头!"边说边做动作。然后幼儿再重复念儿歌,找其他人做朋友。

（续 表）

干预周期	干预地点	干预实施者	干预游戏
第二阶段（第5~8周，每周二、周四下午2:40—3:25）	幼儿园大班教室及幼儿园室外活动区域	幼儿教师	一、游戏名称:结构游戏——我的城堡 1. 目标:(1)通过建构活动,加深对物体外形特征的认识,能够运用排列、组合、链接等建构技能;(2) 提高幼儿的创造力、想象力和空间感知能力,培养幼儿的审美能力;(3)幼儿能够与同伴合作游戏,共同使用建构材料完成游戏。 2. 准备:雪花片、塑料球、积塑块、积木及各种辅助建构材料。 3. 方法:由幼儿与同伴共同完成城堡的搭建。 二、游戏名称:角色游戏 1. 目标:作为结构游戏——我的城堡的延伸活动,幼儿能够继续运用各种建构材料,进行主题游戏,激发幼儿合作的意识和爱家的情感,体验同伴合作游戏的快乐。 2. 准备:结构游戏中建构的城堡,雪花片、塑料球、积塑片、塑料小人、积塑块、积木及各种辅助建构材料。 3. 方法:幼儿自由选择角色游戏的主题,以建构的城堡为中心,主动开展游戏活动。幼儿与同伴共同合作游戏。
第三阶段（第9~12周,每周二、周四下午2:40—3:25）	幼儿园大班教室及幼儿园室外活动区域	幼儿教师	游戏名称:体育游戏——毛毛虫 1. 目标:(1) 引导幼儿体验合作成功的快乐,培养幼儿的团队精神;(2)幼儿尝试蹲地前行,发展手脚协调能力,在游戏中,鼓励幼儿学会与人友好合作并初步掌握合伙的技巧。 2. 准备:幼儿已经学会爬的动作,并掌握了动作要领。 3. 方法:幼儿首先做热身运动。幼儿分组,每一组成为一只毛毛虫。玩游戏的时候,每组的小朋友成竖列蹲在地上时,必须紧紧地贴在一起,不能让毛毛虫的身体断开,每组的最后一个小朋友超过终点时比赛完成,最先完成的一组就是第一名。在前进过程中,如果有幼儿松开双手或者是倒地,应该回到起点重新开始。

三、干预过程

第一阶段（第1~4周）

为丰富小寒的社会交往技能,教师在干预开始阶段选择了"做客"的游戏。让小寒能够学会基本的社交礼仪,体验同伴交往的乐趣。教师将区角的游戏区布置成"娃娃家",区域内有各种家具、玩具等。在游戏开始之前,应该由教师示范正确的交际礼仪,让幼儿清楚地理解这些基本的交际知识。教师交代给小寒做客的礼仪,学会敲门、问候主人以及成为主人的家人,在游戏的过程中,不断加入其他的角色,比如主人的孩子、朋友等,让小寒学习对不同的人要使用不同的正确的称谓。在游戏中,教师还根据小寒的表现,常常提示她该怎样行动或者是怎样表达。在"娃娃家",主人主动邀请小寒一起游戏,度过了愉快的游戏时间。做客结束时,小寒与小主人告别,还主动邀请小主人也去自己家做客。游戏结束后,教师要对小寒游戏中的行为表现作出及时的点评,鼓励强化小寒的正确的做法,并且给予了小寒小小的奖励。

第二阶段(第5~8周)

在这一阶段,教师仍然选择了角色游戏来针对小寒的干预。在角色游戏中,幼儿可以自主选择感兴趣的或者是熟悉的角色,也可以与其他同伴一起选择一样的角色,在游戏中,让小寒直接观察和学习其他幼儿的社会交往的动作及语言等。为了扮演好这个角色,小寒就必须从角色的角度出发,体验角色的情感。例如:角色游戏"乐乐甜品店",这是该幼儿所在的大班区域活动中最受孩子们喜爱的游戏。游戏前,孩子们的兴趣就高涨起来,纷纷讨论自己要扮演哪个角色,区域中的材料非常充分,如:餐桌、椅子、厨房,用废旧材料制作的甜点、托盘、饮料、收款台、围裙等。小寒在教师的帮助下选择扮演出售甜点的服务员,她模仿着自己见过的服务员的动作和语言,看起来有模有样的。小寒在游戏中学会了计算货物的价格,将包装好的甜点用礼貌的方式递到顾客手上,以及如何找零给顾客。虽然动作不是很迅速,小寒还是努力地做好自己的"本职工作",认真地为顾客服务。

通过这样的角色游戏,使小寒对社会角色有更深的理解和亲身体验,帮助她形成社会性行为规范,积累社会经验。游戏过程中自然地提高了同伴交往的频率,幼儿在淋漓尽致地享受游戏的同时,体验到同伴交往的快乐。

第三阶段(第9~12周)

教师继续对小寒的社交退缩行为进行干预。这一阶段主要选择了体育游戏。体育游戏"搭建山洞"主要是针对发展小寒的同伴合作能力而设计的,干预过程中,小寒模仿其他幼儿的动作,努力地尝试用不同的方法"搭山洞",在教师的指导下,小寒和同伴共同探索游戏。在游戏过程中,小寒由开始不放松到后来动作灵活自如,渐渐地融入合作游戏的乐趣之中,游戏结束时,教师特别点评了游戏中表现得努力、有创造性的幼儿,并奖励小寒和她的同伴及其他几名幼儿再玩一会滑梯,以此强化小寒的同伴交往行为,让她意识到同伴交往的意义。教师选择体育游戏,让幼儿可以在充分体验运动快乐的同时,在同伴情境中自然地游戏。小寒在整个游戏过程中,都有很高的积极性,没有表现出不耐烦的情绪。

四、干预结果

在经过10周的干预后,小寒的无所事事和旁观行为显著减少,她对于独自游戏的偏爱开始转化为倾向与同伴一起游戏。干预结束后在主动退缩分量表上的得分为5分,较干预之前分数有所降低。小寒在班级内的表现也有可喜之处,当老师提问时,她经常主动举手回答问题,说话的声音也变得洪亮了,并且与同伴之间的主动交往次数增多。

(资料来源:杨靓.幼儿社交退缩行为游戏干预的个案研究[D].山东师范大学,2013.)

本 章 小 结

当前,学前儿童的问题行为发生率呈现上升趋势,引起全社会的广泛关注,这些问题行为对学前儿童的成长有很大的影响,因此,选择"学前儿童社会问题行为及其干预"作为学前儿童社会教育拓展部分的内容之一,希望学习者在学习本章之后对学前儿童社会性发展中出现的一些常见行为问题有基本的认识,同时,能够运用所学理论对现实中幼儿的行为问题进行分析。

本章主要介绍了问题行为的概念、类型,并从个体生物因素和社会因素两个方面对影响学前儿童问题行为的因素进行分析。在此基础上介绍了攻击性行为、社交退缩行为和说谎行为三种常见的学前儿童社会问题行为,从三种问题行为的含义、类型等方面进行了具体阐述,并进一步介绍了常见的问题行为的干预与指导方法。

检　　测

1. 请从家庭因素分析学前儿童说谎问题行为产生的原因,并进行举例说明。

2. 结合见实习经历谈谈你所看到的学前儿童的问题行为,并分析其典型表现。

3. 案例分析题:浙浙属于哪种问题行为? 可以采取哪种方法来教育该学前儿童?

案例:浙浙9月底满3岁,现上幼儿园小班。入园第一天就听到老师抱怨:"这孩子倒不像其他的孩子那样哭闹,家长离开时只有片刻会情绪低落,很快就自己玩了。但有一点不好,特别爱打小朋友。一个早上,班上的小朋友几乎都被他打过。""这个孩子,各方面的能力还可以,说话、吃饭、上厕所、收拾自己东西、玩都很好,但就是爱打小朋友,还咬人。今天,一会儿就把两个小朋友的脸抓破了,还把一个小朋友的鼻子咬肿了。"浙浙性格开朗外向、活泼、动手能力很强,喜欢集体生活,喜欢上幼儿园。在班级中比较受其他小朋友喜欢,但经常推打小朋友,有时还咬其他小朋友。浙浙在幼儿园是个让小伙伴们"又爱又恨"的伙伴,是老师"既喜欢又头疼"的幼儿,在家是父母眼中"既乖巧又执拗"的孩子。因爱动手打人,老师曾多次向父母"投诉",还有被打孩子的家长时常找父母"讨说法",带班教师和父母为此很苦恼。

4. 案例分析题:设计一套进行学前儿童问题行为常识的宣传与普及的方案。

参 考 文 献

1. 中文著作

白爱宝,邹晓燕.幼儿园领域课程资源[M].北京:教育科学出版社,2014.

陈帼眉,冯晓霞,庞丽娟.学前儿童发展心理学[M].北京:北京师范大学出版社,1999.

陈鹤琴.陈鹤琴全集(第二卷)[M].南京:江苏教育出版社,1987.

陈会昌,庞丽娟,申继亮,等.中国学前教育百科全书(心理发展卷)[M].沈阳:沈阳出版社,1994.

陈帼眉.幼儿心理学[M].北京:北京师范大学出版社,1999.

[美]戴维·谢弗.社会性与人格发展(第5版)[M].陈会昌,译.北京:人民邮电出版社,2012.

董会芹.学前儿童问题行为与干预[M].北京:清华大学出版社,2013.

甘剑梅.学前儿童社会教育[M].北京:中央广播电视大学出版社,2007.

朱智贤.中国儿童青少年心理发展与教育[M].北京:中国卓越出版社,1990.

[美]劳拉·E贝克.儿童发展(第五版)[M].吴颖,译.南京:江苏教育出版社,2002.

陆有铨.皮亚杰理论与道德教育[M].北京:北京大学出版社,2012.

李贵希.幼儿社会教育与活动指导[M].北京:北京师范大学出版社,2013.

李洪亮.幼儿社会教育[M].西安:陕西师范大学出版总社有限公司,2013.

李季湄,冯晓霞.《3～6岁儿童学习与发展指南》解读[M].北京:人民教育出版社,2013.

林崇德.发展心理学[M].北京:人民教育出版社,1995.

[美]林格伦.课堂教育心理学[M].章志光,张世富,杨继本,等,译.昆明:云南人民出版社,1983.

[法]卢梭.爱弥尔[M].天津:天津人民出版社,2008.

吕炳君.学前儿童社会教育[M].武汉:华中师范大学出版社,2013.

[新西兰]玛格丽特·卡尔,温迪·李.学习故事与早期教育:建构学习者的形象[M].周菁,译.北京:教育科学出版社,2015.

[美]马乔里·J克斯特尔尼克.儿童社会性发展指南理论到实践[M].邹晓燕,译.北

京：人民教育出版社，2014.

庞丽娟. 教师与儿童发展[M]. 北京：北京师范大学出版社，2003.

强海燕. 性别差异与教育[M]. 西安：陕西人民教育出版社，2000.

施晶晖. 学前儿童社会性教育——兼论儿童职业意识培养[M]. 合肥：中国科学技术大学出版社，2010.

王道俊，郭文安. 教育学[M]. 北京：人民教育出版社，2009.

王梅，张俊芝. 孤独症儿童的教育与康复训练[M]. 北京：华夏出版社，2007.

王萍. 学前儿童问题行为及矫正[M]. 北京：清华大学出版社，2013.

王振宇. 儿童心理学[M]. 南京：江苏教育出版社，2000.

杨丽珠，刘文. 毕生发展心理学[M]. 北京：高等教育出版社，2006.

杨丽珠，吴文菊. 幼儿社会性发展与教育[M]. 大连：辽宁师范大学出版社，2000.

俞国良，辛自强. 社会性发展心理学[M]. 合肥：安徽教育出版社，2004.

[美]珍妮丝·英格兰德·卡茨. 促进儿童社会性和情绪的发展——基于教师的反思性实践[M]. 洪秀敏，译. 北京：机械工业出版社，2015.

张春兴. 张氏心理学辞典[M]. 上海：上海辞书出版社，1992.

张明红. 学前儿童社会教育与活动指导（第2版）[M]. 上海：华东师范大学出版社，2014.

张同道，李跃儿. 小人国的秘密[M]. 北京：京华出版社，2010.

张文新. 儿童社会性发展[M]. 北京：北京师范大学出版社，1999.

张岩莉. 学前儿童社会教育[M]. 上海：复旦大学出版社，2012.

章志光. 社会心理学[M]. 北京：人民教育出版社，1996.

周梅林. 学前儿童社会教育活动指导（第二版）[M]. 上海：复旦大学出版社，2012.

周世华，耿志涛. 学前儿童社会教育[M]. 北京：高等教育出版社，2011.

周世华，耿志涛. 学前儿童社会教育（第二版）[M]. 北京：高等教育出版社，2014.

周宗奎. 儿童社会化[M]. 武汉：湖北少年儿童出版社，1995.

2. 中文期刊

蔡军. 从幼小衔接到入学准备：一种新的研究视角[J]. 教育导刊（下半月），2010（6）：14-17.

曹中平，蒋欢. 游戏治疗的历史演变与发展取向[J]. 中国临床心理学杂志，2005，13（2）：489-491.

常娟. 儿童入学准备生态化环境的建构[J]. 幼儿教育（教育科学版），2006（7）：9-11.

董会芹. 学前儿童说谎的一般特征及与母亲教养方式的关系[J]. 山东师范大学学报（人文社会科学版），2014（04）.

范元涛，邹梦溪. 试析幼儿"说谎"行为的原因[J]. 教育导刊（下半月），2013（08）.

盖春明,王春来.论儿童自我控制能力的培养[J].黑龙江教育学院学报,2007(6):61-63.

高桦.被攻击者的性别差异研究[J].社会心理科学,1997(4):27-29.

甘剑梅.学前儿童社会教育的内涵、性质与课程地位[J].学前教育研究,2011(1).

韩进之,杨丽珠.我国学前期儿童自我意识发展初探[J].心理发展与教育,1986(3):1-13.

黄娟娟.对积极有效师幼互动的探索与思考[J].幼儿教育,2010(7-8):8-10.

金盛华.自我概念及其发展[J].北京师范大学学报(社会科学版),1996(1):30-36.

蒋静,张明红.独一无二的我(大班)[J].幼儿教育,2015(05):23-25.

嵇珺.心理分析视角下对学前儿童社交退缩行为的理解与干预[J].教育导刊(下半月),2013(05).

雷雳,王争艳,李宏利.亲子关系与亲子沟通[J].教育研究,2001(6):49.

李杜芳,吴建民.从"小朋友"到"小学生"——北师大实验小学新生入学适应教学革新记[J].人民教育,2014(16):66-67.

李建华,钟建民,蔡兰云,等.三种儿童孤独症行为评定量表临床应用比较[J].中国当代儿科杂志,2005,7(1):59-62.

李小静.浅谈促进幼儿自尊发展的方法[J].成功(教育),2009(11):75.

李晓巍,刘艳.国外学前儿童入学准备:危险因素与保护因素[J].中国特殊教育,2013(10):65-71.

刘春梅,陈一心,张宁.亲子依恋研究新进展[J].中国儿童保健杂志,2012(7):610-612.

刘焱.入学准备在美国:不仅仅是入学准备[J].比较教育研究,2006(11):28-32.

刘志云.儿童孤独症的研究现状[J].中国慢性病预防与控制,2008(02):105.

卢乐珍.关于"师幼互动"的认识[J].早期教育,1999(2):28-29.

陆岩.社会主义核心价值体系引领多元文化的几个关键点[J].北京师范大学学报(社会科学版),2012(1):125-131.

马英伟.儿童自信心的培养[J].辽宁教育研究,2006(2):108-109.

欧阳春玲.我是好孩子——0岁～6岁儿童自我评价的发展[J].家庭教育(幼儿家长),2007(12):29-31.

庞丽娟.幼儿同伴社交类型特征的研究[J].心理发展与教育,1991(3):19-27.

邱学青.孤独症儿童游戏治疗的个案研究[J].学前教育研究,2001(01).

冉乃彦.3～9岁儿童的自我意识与社会性发展[J].心理发展与教育,1994(4):112-115.

孙蕾,邵宇,于涛.优质家庭环境的特点:对高入学准备水平幼儿家长的访谈研究

［J］.东北师大学报(哲学社会科学版)，2009(5)：196-201.

王娥蕊，杨丽珠.3～9岁儿童自信心发展特点的研究［J］.辽宁师范大学学报(社会科学版)，2006(3)：45-48.

吴玉萍，张睿，梁宗保，等.儿童早期自我控制的发展及培养策略述评［J］.幼儿教育(教育科学)，2015(1、2)：78-81.

席庆兰，杨育林，魏霞，等.对286名幼儿性教育现状调查［J］.中国校医，2005，19(1)：56-59.

肖凌燕.儿童行为问题产生的原因及家庭干预［J］.中国特殊教育，2004(01).

徐翠青，张建端，张静，等.儿童孤独症危险因素分析［J］.中国妇幼保健，2005，20(8)：982-983.

许倩."管不住手"的皓皓：幼儿攻击性行为的成因及对策［J］.江苏幼儿教育，2014(07).

杨丽珠，董光恒.3～5岁幼儿自我控制能力结构研究［J］.心理发展与教育，2005(4)：7-12.

杨丽珠，张丽华.3～9岁儿童自尊结构研究［J］.心理科学，2005(1)：23-27.

杨丽珠，张丽华.论自尊的心理意义［J］.心理学探新，2003(4)：10-14.

杨治良，刘素珍."攻击性行为"社会认知的实验研究［J］.心理科学，1996(02)：75-78.

叶一舵，白丽英.国内外关于亲子关系及其对儿童心理发展影响的研究［J］.福建师范大学学报(哲学社会科学版)，2002(2)：130.

游颖.游戏治疗对孤独症儿童社会交往的个案研究［J］.新课程学习(下旬)，2014(11)：181.

于开莲.幼儿园社会领域课程目标的比较［J］.学前教育研究，2012(03)：50-51.

袁桂峰.大班幼小衔接活动：整理小书包［J］.早期教育(教师版)，2012(3)：39.

岳小芳.论幼儿自我概念的培养［J］.山西煤炭管理干部学院学报，2013(3)：156-157.

王爱萍.幼儿说谎的心理分析及纠正方法［J］.教育革新，2010(04).

王芳，刘少英.幼儿同伴关系发展特点及交往能力培养［J］.幼儿教育，2011(3)：16-17.

王云峰，冯维.亲子关系研究的主要进展［J］.中国特殊教育，2006(7)：77.

王雁，焦艳.优化幼儿电脑活动的环境——电脑使用不当的弊病及预防［J］.学前教育研究，2003(5)：30-32.

韦耀阳，马小琴.亲子游戏治疗儿童心理障碍［J］.中国儿童保健杂志，2008，16(6).

吴文前.儿童财商教育方法应用探析［J］.教育与教学研究，2011(5)：50-53.

张冬梅.代币法在班级幼儿行为塑造中的运用[J].教育导刊(下半月),2011(07).

张萍,梁宗保,陈会昌,等.2～11岁儿童自我控制发展的稳定性与变化及其性别差异[J].心理发展与教育,2012(5):463-470.

张倩,郭念锋.攻击行为儿童大脑半球某些认知特点的研究[J].心理学报,1999(01):104-110.

张晓,陈会昌.儿童早期师生关系的研究概述[J].心理发展与教育,2006(2):120-124.

张向葵,孙蕾,李大维,等.教师关于儿童入学准备的观念[J].心理发展与教育,2005(4):73-78.

郑金洲.多元文化激荡中的教育变革[J].学术月刊,2005(10):36-41.

郑淑杰,张永红.学前儿童社会退缩行为研究综述[J].学前教育研究,2003(03).

智银利,刘丽.儿童攻击性行为研究综述[J].教育理论与实践,2003(07).

周宗奎,孙晓军,赵冬梅,等.同伴关系的发展研究[J].心理发展与教育,2015(1):62.

3. 学位论文

韩春红.上海市二级幼儿园师幼互动质量研究[D].上海:华东师范大学,2015.

吕正欣.儿童入学准备发展水平对其学校适应状况的预测[D].长春:东北师范大学,2008.

杨洁.3～4岁幼儿入园生活适应的研究——基于人类发展生态学理论[D].武汉:华中师范大学,2014.

张玮.小学一年级学生入学适应现状及影响因素研究[D].西安:陕西师范大学,2011.

邹卓伶.婴幼儿入园适应的过程研究[D].上海:华东师范大学,2007.

4. 外文参考文献

Birch S H, Ladd G W. The Teacher-child Relationship and Children's Early School Adjustment[J]. Journal of School Psychology,1997,35(1):61-79.

Chien N C, Howes C, Burchinal M, et al. Childern's Classroom Engagement and School Readiness Gains in Prekindergarten[J]. Child Development, 2010,81(5):1534-1549.

Daniel H Pink. A Whole New Mind: Why Right-Brainers Will Rule the Future [M]. Renguin, 2006.

Dockett S, Perry B. Readiness for School: A Relational Construct [J]. Australasian Journal of Early Childhood, 2009,34(1):20-26.

Gredler G R. Early Childhood Education-assessment and Intervention: What the Future Holds[J]. Psychology in the Schools, 2000, 37(1): 73-79.

Hamre B K, Pianta R C. Early Teacher-child Relationships and the Trajectory of Children's School Outcomes through Eighth Grade[J]. Child Development, 1900,72(2):625-638.

Hart C H, Yang C, Nelson L J, et al. Peer acceptance in Early Childhood and Subtypes of Socially withdrawn Behavior in China, Russia and the United States[J]. International Journal of Behavioral Development, 2000,24(1):73-81.

Hair E, Halle T, Elizabeth T-H, et al. Children's School Readiness in the ECLS-K: Predictions to Academic, Health and Social Outcomes in First Grade[J]. Early Childhood Research Quarterly, 2006, 21(4): 431-454.

Howes C, Matheson C C, Hamilton C E. Maternal, Teacher, and Child Care History Correlates of Children's Relationship with Peers[J]. Child Development, 1994, 65(1):264-273.

Lee K. Lying as Doing Deceptive Things with Words: A Speech Act Theoretical Perspective[M]. Oxford, England: Blackwell Publishers, 2000.

McLoyd V C. Socioeconomic Disadvantage and Child Development [J]. American Psychologist, 1998,53(2):185-204.

Mischel W, Shoda Y, Peake P K. The Nature of Adolescent Competencies Predicted by Preschool Delay of Gratification[J]. Journal of Personality and Social Psychology, 1988,54(4):687-696.

Nancye C, Williams B. The Relationship of Home Environment and Kindergarten Readiness[J]. Educational Leadership, 2002 : 8-15.

National Association for the Education of Young Children: Promoting Excellence in the Early Childhood Education [R]. NAEYC Position Statement on School Readiness, 1995.

National Education Goals Panel. Reconsidering Children's Early Development and Learning: Toward Common Views and Vocabulary[EB/OL]. http:// govinfo. library. unt. edu/negp/Reports/child-ea. htm, 1995.

Palermo F, Hanish L D, Martin C L, et al. Preschoolers' Academic Readiness: What Role does the teacher-child Relationship Play? [J] Early Childhood Research Quarterly, 2007,22(4):407-422.

Pianta R C, Steinberg M. Teacher-child Relationships and the Process of Adjusting to School[J]. New Directions for Child & Adolescent Development, 1992(57):61-80; Pianta R C. Patterns of Relationships between Children and Kinder-garten Teacher[J]. Journal of School Psychology, 1994,32(1): 15-31.

Rubin K H. The Waterloo Longitudinal Project: Correlates and Consequences of Social With drawal from Childhood to Adolescence[J]//Rubin K H, Asendorpf J B, Social Withdrawal, Inhibition and Shyness in Childhood, NJ: Lawrence Erlbaum Associates,1993:291-314.

Siegel D J. Mindsight: the New Science of Personal Transformation[M]. New York: Bantam Book, 2011.

Yoder J, Proctor W. The Self-confident Child[M]. The United States of America: Facts On File Publications, 1988.